D1731596

Die Tschechoslowakei 1945/48 bis 1989

*Studien zu kommunistischer Herrschaft
und Repression*

Herausgegeben
im Auftrag der Bundesstiftung zur Aufarbeitung der SED-Diktatur, Berlin
und dem Institut für das Studium der totalitären Regime, Prag.

Pavel Žáček, Bernd Faulenbach, Ulrich Mählert (Hg.)

Die Tschechoslowakei 1945/48 bis 1989

Studien zu kommunistischer Herrschaft
und Repression

LEIPZIGER UNIVERSITÄTSVERLAG 2008

Bibliografische Information der Deutschen Bibliothek
Die Deutsche Bibliothek verzeichnet diese Publikation in der deutschen
Nationalbibliografie; detaillierte bibliografische Daten sind im Internet
über http://dnb.ddb.de abrufbar.

© Leipziger Universitätsverlag GmbH 2008
Umschlaggestaltung: berndtstein | grafikdesign, Berlin
Gesamtherstellung: Arnold & Domnick, Leipzig

ISBN 978-3-86583-264-1

Inhaltsverzeichnis

III.

Pavel Žáček / Bernd Faulenbach / Ulrich Mählert

Vorwort

1918, 1938, 1948, 1968 – ähnlich der Neun in der deutschen Geschichte gibt die Acht jener Tschechiens die Prägung. 2008 jähren sich die Gründung eines selbständigen tschechoslowakischen Staates zum neunzigsten, die deutsche Okkupation zum siebzigsten, die kommunistische Machtübernahme zum sechzigsten und der Prager Frühling zum vierzigsten Mal. Insoweit die tschechoslowakische Geschichte des 20. Jahrhunderts in der deutschen Öffentlichkeit breitere Aufmerksamkeit findet, richtet sie sich im Jahr 2008 vor allem auf den Prager Frühling und dessen brutale Niederwerfung im August 1968. Die Bilder der von Menschenmengen umringten sowjetischen Panzer auf dem Prager Wenzelsplatz gehören zu den fotografischen Ikonen des zurückliegenden Jahrhunderts. Die Intervention des Warschauer Paktes beendete für viele Menschen die Hoffnung auf einen „Sozialismus mit menschlichem Antlitz" – und dies keineswegs nur in der damaligen Tschechoslowakei. Die Dramatik jener Wochen, die sich auch Jahrzehnte später noch durch die Wucht der überlieferten Bilder vermittelt, verstellt dabei allzu leicht den Blick auf die Geschichte der kommunistischen Diktatur in der Tschechoslowakei nach dem Ende des Zweiten Weltkriegs.

Als sich die tschechoslowakischen Kommunisten am 25. Februar 1948 in Prag an die Macht putschten, war dies zugleich ein Signal für die offene Sowjetisierung Ostmitteleuropas. Seit der Überwindung dieser Regime im Jahre 1989, die mit einer Öffnung der Archive von Partei, Staat und Geheimdienst einherging, wurde und wird die Geschichte der kommunistischen Machtergreifung und -sicherung in allen ostmitteleuropäischen Staaten mehr oder minder ausführlich erforscht und beschrieben. Insbesondere im wiedervereinigten Deutschland ist seit 1990 eine kaum noch überschaubare Zahl an Studien über die Geschichte der Sowjetischen Besatzungszone in Deutschland und der DDR erschienen. Bezeichnend dabei ist jedoch, dass der Appell, die Genese und die Geschichte der SED-Diktatur in die Geschichte der ostmitteleuropäischen Volksdemokratien einzuordnen und mit diesen zu vergleichen, zwar seit langem und vielstimmig formuliert, indes kaum eingelöst wird. Um Missverständnisse zu vermeiden: Was für die zeitgeschichtliche Forschung und Debatte in Deutschland gilt, trifft umgekehrt auch für die anderen postkommunistischen Staaten zu. Diese Feststellungen sind nicht als Vorwurf gedacht. Nach 1989 galt es zunächst in allen Ländern gleichermaßen, sich vieler „weißer Flecken" in der eigenen Geschichte anzunehmen. Auch wenn die Öffnung der Archive in den betroffenen

Ländern unterschiedlich rasch und nicht allerorten gleichermaßen weitgehend erfolgte, war die sich hier ergießende Quellenflut für die jeweilige Historikerzunft zunächst eine immense Herausforderung. Und schließlich war und ist da das Sprachproblem, das die wechselseitige Rezeption der Forschungsergebnisse erheblich erschwert.

Der vorliegende Sammelband soll im Jahr 2008, in dem sich die Etablierung der kommunistischen Herrschaft in der Tschechoslowakei zum 60. Mal sowie der Prager Frühling und dessen Niederschlagung zum 40. Mal jähren, einen Beitrag dazu leisten, in Deutschland den Blick auf die tschechoslowakische Nachkriegsgeschichte zu weiten. Die dreizehn von einem knappen Überblicksbeitrag eingeführten Aufsätze erheben nicht den Anspruch, diese Nachkriegsgeschichte in allen Facetten zu rekonstruieren. Es handelt sich vielmehr um Studien, die die Institutionen, Instrumente und Methoden der kommunistischen Machterringung und -sicherung umreißen und exemplarisch in großer Anschaulichkeit beschreiben. Man wird auch in diesem Kontext manche Themen vermissen: Opposition, widerständiges Verhalten und auch außenpolitische Rahmenbedingungen kommen nur am Rand in den Blick.

Das Buch ist in drei Abschnitte gegliedert. Der erste Teil präsentiert sechs Überblicksartikel und Fallstudien, darunter zur Kollektivierung der Landwirtschaft, zur Kirchenpolitik der KPTsch sowie zur Manipulation der Medien und zur Zensur in der Tschechoslowakei. Vier Beiträge widmen sich im folgenden Teil der tschechoslowakischen Staatssicherheit sowie dem Gefängniswesen in der ČSSR. Der dritte Schwerpunkt vereint fünf Studien, die Momente der Absicherung und Abschottung der Tschechoslowakei nach außen veranschaulichen. Die Indienstnahme von NS-Kriegsverbrechern für Spionagezwecke in der Bundesrepublik, das tschechoslowakische Grenzregime an der westlichen Staatsgrenze und die Zusammenarbeit zwischen den Sicherheitsapparaten der DDR und der ČSSR dürften bei der deutschen Leserschaft auf besonderes Interesse stoßen.

Der Sammelband geht auf eine Studienreise zurück, zu der die Bundesstiftung zur Aufarbeitung der SED-Diktatur im Jahr 2002 Vertreter von wissenschaftlichen Einrichtungen, Institutionen der politischen Bildungsarbeit, Museen und Gedenkstätten nach Prag eingeladen hatte. Teil des Programms war der Besuch der UDV, der 1995 gegründeten Behörde für Dokumentation und Untersuchung der Verbrechen des Kommunismus, die als Teil der tschechischen Kriminalpolizei und des staatsanwaltschaftlichen Untersuchungsdienstes sowohl strafrechtliche Ermittlungen zu politisch bedingten strafbaren Handlungen im Zeitraum 1948 bis 1989 als auch zeithistorische Forschungen zur Geschichte der kommunistischen Repression und insbesondere des Geheimdienstes in der Tschechoslowakei betrieb. Im Rahmen des Besuchs vereinbarten die UDV und die Bundesstiftung Aufarbeitung die gemeinsame Herausgabe eines Sammelbandes, der die Forschungserträge der Prager Behörde einem breiten Publikum in Deutschland vorstellt und umfänglichere Monographien und Dokumentationen, die aus der Arbeit der UDV hervorgegangen sind und nur in tschechischer Sprache vorliegen, beispielhaft und anschaulich zusammenfasst.

Das 2002 vereinbarte Projekt sollte die beteiligten Partner viel länger als geplant beschäftigen. Es dauerte seine Zeit, bis die Beiträge geschrieben, sachgerecht übersetzt und schließlich lektoriert waren. Weiter trat hinzu, dass es in jüngerer Zeit zu einer institutionellen Neuordnung in Prag kam, in deren Folge die UDV aufgelöst und schließlich im Herbst 2007 vom tschechoslowakischen Parlament die Gründung eines Instituts für das Studium der totalitären Regime und eines Archivs der Sicherheitseinheiten in Prag beschlossen wurde, die Anfang 2008 ihre Arbeit aufnahmen. Diese weitsichtige Entscheidung bedeutet eine Stärkung der Aufarbeitung der kommunistischen Diktatur in all ihren Facetten und verstärkte die Aufmerksamkeit für die tschechoslowakische Nachkriegsgeschichte, die in der tschechischen Gesellschaft aus den unterschiedlichsten Gründen nicht selten ausgeblendet wurde bzw. wird. Das genannte Archiv hat die Dokumente und Unterlagen systematisch zu sammeln, zu erfassen und der Forschung bereitzustellen, die durch die Tätigkeit der Sicherheitseinheiten und der in ihrem Rahmen wirkenden Organe der Kommunistischen Partei oder der Nationalen Front zwischen dem 4. April 1945, dem Tag der Konstituierung der ersten tschechoslowakischen Nachkriegsregierung und Ernennung des ersten kommunistischen Innenministers, und dem 15. Februar 1990, dem Tag der Auflösung dieser Sicherheitspolizei durch den ersten nichtkommunistischen Innenminister, entstanden sind.

Auch wenn das neu gegründete Institut formal kein Rechtsnachfolger der UDV ist, knüpft es an deren Arbeit an und hat zum Teil deren wissenschaftliches Personal übernommen. Zu den zentralen Aufgaben des Instituts für das Studium der totalitären Regime zählt die Forschung über die Zeit der Diktatur (1948 bis 1989) sowie über jene historischen Prozesse, die zur Machtübernahme durch die KPTsch geführt haben sowie eine umfassende Dokumentation der nationalsozialistischen und kommunistischen Verbrechen. Neben den klassischen Formen wissenschaftlicher Arbeit beteiligen sich Mitarbeiter des Instituts am gesellschaftlichen Diskurs über diese Fragen durch Ausstellungen, Filmvorführungen, Konferenzen und Vorträgen in der Öffentlichkeit, hier vor allem in den Schulen. Die Arbeitsergebnisse sind in Periodika dokumentiert, so in dem vierteljährlichen Magazin „Erinnerung und Geschichte" oder im Jahrbuch „Securitas Imperii".

Nach einer allzu zögerlichen Beschäftigung mit der Nachkriegsgeschichte in den vergangenen fast zwei Jahrzehnten schließt Tschechien mit der Institutsgründung nun zu jenen Staaten des einstigen Ostblocks auf, die die Auseinandersetzung mit der kommunistischen Diktatur zum Teil bereits in den frühen 90er Jahren auf eine angemessene institutionelle Grundlage gestellt haben.

Vertreter des nunmehr tätigen Instituts für das Studium der totalitären Regime und der Bundesstiftung zur Aufarbeitung der SED-Diktatur kamen noch 2007, also im Vorfeld der mit dem Gesetz 181/2007 beschlossenen Gründung des Hauses, rasch überein, die bereits etablierte tschechisch-deutsche Partnerschaft bei der Aufarbeitung der kommunistischen Nachkriegsdiktaturen fortzusetzen. Sie dokumentierten dies zunächst mit einer gemeinsamen Diskussionsveranstaltung zur Erinnerungskultur im heutigen Tschechien, zu der sie am 18. Februar 2008 in die Tschechische Botschaft in Berlin einluden.

Dieser Sammelband erscheint als gemeinsame Publikation beider Häuser und will die grenzüberschreitende Zusammenarbeit bei der Aufarbeitung der kommunistischen Diktaturen in Tschechien und Deutschland weiter befördern.[1]

Prag / Berlin im Juni 2008

Informationen zum Institut für das Studium der totalitären Regime und zur Bundes-stiftung zur Aufarbeitung der SED-Diktatur
http://www.ustrcr.cz
http://www.stiftung-aufarbeitung.de

---

1   Vgl. Vademecum Contemporary History Czech Republic. A Guide to Archives, Research Institutions, Libraries, Associations, Museums and Places of Memorial. Edited by Oldrich Tuma, Jitka Svobodova, Ulrich Mählert. Commissioned by Stiftung zur Aufarbeitung der SED-Diktatur. Berlin, Praha 2005; Auseinandersetzung mit der totalitären Vergangenheit. Deutsche und tschechische Wege nach 1989 – Ein Vergleich. Hrsg. von Stiftung zur Aufarbeitung der SED-Diktatur, Botschaft der Tschechischen Republik, Tschechisches Zentrum, Berlin 2008.

Klára Horalíková

Zur Einführung in das Thema

Die ČSSR galt bis 1968 als sicherster sowjetischer Vorposten. Nachdem Sozialisten und Bürgerliche 1948 von der Macht verdrängt worden waren, privates Wirtschaften unterbunden wurde und nicht zuletzt nach den Stalinistischen Schauprozessen schien der Weg treuer Gefolgschaft der UdSSR ebenso irreversibel wie alternativlos. Hierzu passte, dass man schon 1960 das Ziel des Aufbaus des Kommunismus proklamierte. Die Entwicklung der folgenden Jahre mit ihrem Gipfel im Schicksalsjahr 1968 war umso überraschender, weckte unzählige Hoffnungen und endete doch – im wahren Wortsinn – mit einer großen Enttäuschung. Es folgten Jahre tiefgehender Frustration und Stagnation, scheinbaren gesellschaftlichen Stillstandes bei sich leidlich verbessernder materieller Lebenslage: Und doch sammelten sich, von vielen Beobachtern erst spät bemerkt, mancherlei Energien im Verborgenen. Aber als die weltpolitische Situation es zuließ, traten diese umso kraftvoller und entschlossener hervor, und im Zuge einer heute zumeist als „samten" erinnerten Revolution trat der Staatssozialismus in spektakulärem Tempo von der politischen Bühne des Landes ab.

***

Die Frage, was von den Jahren 1945 bis 1990 zukünftigen Generationen in Tschechien im Gedächtnis bleiben wird, ist noch längst nicht entschieden. Deshalb ist umso wichtiger, in subtiler Forschungsarbeit gerade jene Bereiche der Vergangenheit offenzulegen, die sich bislang dem kollektiven Gedächtnis entzogen haben. Der Gegenstand dieses Buches zählt zu diesen bisher wenig untersuchten Abschnitten, wobei hinzutritt, dass es um politisch überaus brisante Zusammenhänge geht. Gerade deshalb, um hier eine Einordnung besser vornehmen zu können, ist hilfreich, diesem Buch einleitend eine grobe Periodisierung der tschechoslowakischen Geschichte seit 1945 voranzustellen.

Nach der Befreiung der Tschechoslowakei durch die Alliierten im April 1945 übernahm eine sogenannte „Nationale Front" – häufig wird diese politische Praxis auch mit dem Begriff „Volksdemokratie" charakterisiert – die Regierungsmacht im Land. Stärkste Kraft unter den sich der politischen Linken bzw. der Mitte zurechnenden Parteien und Bürgervereine war die Kommunistische Partei der Tschechoslowakei (KPTsch). Ihre Mitglieder besetzten die Schlüsselpositionen im Staat, unter anderem hielten sie das einflussreiche Innenministerium in ihren Händen. Die schrittweise Machtübernahme durch Kommunisten auch in jenen Bereichen der Gesellschaft, die zunächst noch von den demokratischen Bündnispartnern dominiert waren, gipfelte 1948 in einem gewaltsamen Umbruch, der im damaligen Sprachduktus als „Siegreicher Februar" gefeiert wurde.

Im vorhergehenden Winter 1947/48 hatten die schnell zunehmenden politischen Spannungen im Land ihren Höhepunkt erreicht. Die KPTsch startete eine abschließende Offensive im „Kampf gegen die Reaktion", die sich gegen alle anderen politischen Kräfte, ja selbst gegen einzelne Bürger der ČSR mit nichtkommunistischer Gesinnung richtete.

Eine Serie von mannigfaltigen Ereignissen und auch gewalttätigen Zwischenfällen kulminierte am 25. Februar 1948 in der Annahme der Rücktrittsgesuche der nichtkommunistischen Minister durch den tschechoslowakischen Präsidenten Eduard Beneš, das jene bereits fünf Tage zuvor eingereicht hatten. Beneš beauftragte daraufhin den Führer der KPTsch, Klement Gottwald, mit der Bildung einer neuen Regierung. Zwar gehörten auch diesem Kabinett noch Minister anderer Parteien an, doch handelte es sich dabei jetzt ausnahmslos um Sympathisanten der Kommunisten. In dieser Konstellation ist der Grund zu sehen, warum Gottwald am Nachmittag des 25. Februar 1948 einer versammelten Menge auf dem Altstädter Ring in Prag die „Niederlage der reaktionären Kräfte" verkünden konnte.

***

Das neue Regime brauchte jedoch einige Zeit und veränderte Bedingungen, um sich umfassend etablieren zu können. Eine Grundvoraussetzung zur Beherrschung aller gesellschaftlichen Prozesse war die Schaffung eines starken Sicherheitsapparats, der hier in Gestalt des tschechoslowakischen Staatssicherheitsdienstes (StB) konstituiert worden ist. Daneben entstand das Ministerium für Nationale Sicherheit, das über ähnliche Kompetenzen wie das Ministerium für Staatssicherheit (MfS) in der DDR verfügte. Anders als beim deutschen Nachbarn bestand dieses Ministerium in der ČSR allerdings nur von 1950 bis 1953. Danach fiel seine Aufgabe an das Innenministerium der Tschechoslowakei zurück, und das Ministerium für Nationale Sicherheit wurde aufgelöst.

Repressionen, die dem „Siegreichen Februar" folgten, richteten sich vor allem gegen Vertreter ehemaliger demokratischer Parteien, Repräsentanten der Intelligenz, nichtkommunistische Armeeangehörige, vormalige Unternehmer, private Landwirte, Gewerbetreibende und andere, gleichfalls als „unzuverlässig" eingestufte Bevölkerungsgruppen. Die Unterdrückung der Kirchen gehörte zu dieser Politik und nicht zuletzt richteten sich – ähnlich wie in anderen kommunistischen Ländern – politische Säuberungen und Prozesse auch gegen Mitglieder der KPTsch selbst. Tausende Bürger der Tschechoslowakei wurden im Verlauf dieser Repressionen zu langjährigen Haftstrafen verurteilt, manche von ihnen sogar hingerichtet – „die Revolution fraß ihre Kinder".

In diesem gesellschaftlichen Kontext waren, ungeachtet aller Repressionen, dennoch auch immer wieder Momente des Unmuts und Zorns spürbar. Sie mündeten etwa ab 1953 in die Atmosphäre einer allgemeinen Unzufriedenheit, wohl erstmals deutlich spürbar im Zusammenhang mit der Währungsreform Mitte 1953. Vor allem Arbeiter, die nach der offiziellen Lesart die „herrschende Klasse" im Staat sein sollten, gingen beispielsweise in Pilsen auf die Straße. Sicherheitskräfte schritten hier ein und nahmen hunderte Demonstranten vorübergehend fest.

Im Zuge einer „Entstalinisierung" nach dem Tod des sowjetischen Diktators im März 1953, die in allen volksdemokratischen Ländern – wenngleich keineswegs einheitlich und mit durchaus unterschiedlichen Ergebnissen – ablief, kam es in der Tschechoslowakei zu einer leichten Entspannung im Innern. Es gab auch einzelne Versuche, die „Unrechtmäßigkeiten", zu denen es in der ersten Hälfte der fünfziger Jahre gekommen war, zu revidieren. Der Sicherheitsapparat der KPTsch milderte die Repressionen gegen die eigene Bevölkerung, wiewohl von Bemühungen um eine vollständige Demokratisierung des Landes in der Ära des Innenministers Rudolf Barák nicht gesprochen werden kann.

Die Zeit am Ende der fünfziger und in der ersten Hälfte der sechziger Jahre brachte einerseits manche Fortschritte der gesellschaftlichen Entwicklung in den Ländern des Staatssozialismus, insbesondere der Bereich der Kultur profitierte von der so genannten „Tauwetterstimmung". Doch schlug sich die Stabilisierung der Herrschaft nicht in einer Zurückhaltung der Sicherheitskräfte nieder. Die Zusammenarbeit des Staatssicherheitsdienstes mit seinen internationalen Partnerorganisationen – in der DDR vor allem mit dem MfS – funktionierte bereits damals einwandfrei. Ähnliche innere Problemlagen begünstigten diese Kooperation: Die ČSSR hatte wie auch die DDR in jenem Jahrzehnt zunehmend mit wirtschaftlichen Problemen zu kämpfen. Auf der tschechoslowakischen Seite fand dieser Umstand in der wachsenden Unzufriedenheit der Gesellschaft seinen Ausdruck, die schließlich in den „Prager Frühling" mündete. Im August 1968 schlugen die im Warschauer Pakt verbündeten Armeen diesen Versuch eines Übergangs zu einem „Sozialismus mit menschlichem Antlitz" gewaltsam nieder.

***

In der Tschechoslowakei brach danach eine Zeit so genannter „Normalisierung" an. Das kommunistische Regime entledigte sich aller Reformkräfte und zwang den knapp 15 Millionen Bürgern ein „Stillhalteabkommen" auf: Solange sie Ruhe bewahrten, garantierte ihnen das Regime – getreu dem Motto „Brot und Spiele" – soziale Sicherheit und einen bescheidenen individuellen Freiraum. Wer mit diesem Abkommen nicht einverstanden war, zog unweigerlich die Aufmerksamkeit eines gestärkten und reorganisierten Staatssicherheitsdienstes auf sich. Doch der Preis des Stillhalteabkommens war hoch: Mit dem kulturellen und gesellschaftlichen Aufschwung der sechziger Jahre war es vorbei, die Menschen zogen sich zunehmend in die Privatsphäre ihrer Plattenbauwohnungen und Wochenendhäuser zurück.

In dieser gesellschaftlichen Lähmung verharrte die Tschechoslowakei bis in die zweite Hälfte der siebziger Jahre. Erst jetzt, knapp ein Jahrzehnt nach den Ereignissen von 1968, kam es zu neuem gesellschaftlichen Aufbegehren.

Im Herbst 1976 hatte ein Prozess gegen Mitglieder einer Underground-Band stattgefunden. Als Reaktion auf dieses Gerichtsverfahren entstand im Januar 1977 eine Erklärung von Mitgliedern verschiedener oppositioneller Formierungen, die als „Charta 77" schnell Bekanntheit erlangte und deren Bedeutung als Basis-Plattform der oppositionellen Kräfte bis zum Sturz des totalitären Regimes im November 1989 seine Gültigkeit behielt. Auf dem Weg dorthin bildeten sich weitere oppositionelle Gruppierungen, beispielsweise entstand im April 1978 das „Komitee zur Verteidigung unrechtmäßig Verfolgter" (VONS).

Ein akutes Problem für die Sicherheitsapparate in den damaligen staatssozialistischen Ländern war die zunehmende internationale Vernetzung der Opposition, die gegen Ende der siebziger Jahre in rasantem Tempo voranschritt. Dank veränderter internationaler Rahmenbedingungen, zu denen insbesondere der KSZE-Prozess führte, erheblicher Reiseerleichterungen innerhalb des Staatenblocks und des Ausbaus des Tourismus über Ländergrenzen hinweg konnten sich die Vertreter oppositioneller Gruppen besuchen, Meinungen und Materialien austauschen oder gemeinsame Aktionen verabreden. Die formale Akzeptanz der Schlussakte von Helsinki wurde für die totalitären Regime zu einer großen Belastung, denn der internationale Druck, grundlegende Menschenrechte einzuhalten, nahm jetzt beträchtlich zu.

Noch zu Beginn der achtziger Jahre schien die „schweigende Mehrheit" in der Tschechoslowakei kaum an einer Veränderung im Land interessiert. Von Forderungen der Opposition nach Wiederherstellung der bürgerlichen Freiheiten erfuhr sie praktisch nichts; wenn doch, dann verzerrt aus den Medien, die der Zensur ausgesetzt waren. Die Staatssicherheit konzentrierte ihre Aufmerksamkeit – ähnlich wie das MfS der DDR – auf junge Menschen und die intellektuellen Kreise der Gesellschaft. Sie hatte längst erkannt, wo die eigentliche Gefahr für die Stabilität der totalitären Regime lauerte.

∗∗∗

Der Machtantritt Michail Gorbatschows in der Sowjetunion kam für die Repräsentanten der kommunistischen Tschechoslowakei einem Erdbeben gleich. In Moskau versuchte man plötzlich, wenigstens die allernotwendigsten Reformen zu verwirklichen, um der katastrophalen wirtschaftlichen, aber auch gesellschaftlichen Situation im gesamten sowjetischen Imperium Herr zu werden.

Viele Bürger – nicht nur in der ČSSR – wurden jetzt wach. Ende der achtziger Jahre fanden zunehmend regimekritische Veranstaltungen verschiedenster Art statt. Es entstanden neue Bürgerbewegungen, insbesondere traten politisch aktive Gruppierungen hervor, die auf ökologische Missstände aufmerksam machten.

Die tschechoslowakische Regierung indes hielt trotz der eingetretenen Entwicklung im wesentlichen an ihren langjährigen Positionen und Dogmen fest und vertraute dabei nicht zuletzt auf den Sicherheitsapparat. Dadurch wuchsen die Spannungen und die Unzufriedenheit in der Gesellschaft weiter an. Es war von tiefem symbolischen Gehalt, dass das kraftlose Regime sehr schnell in sich zusammenbrach, nachdem seine Sicherheitskräfte mit völlig unverhältnismäßiger Härte gegen eine Studentendemonstration am 17. November 1989 in Prag eingeschritten waren.

Übersetzt von Heiko Krebs

I.

Jan Kalous, Milada Kadlecová

Zu den Deportationen tschechoslowakischer Bürger in die Sowjetunion nach 1945

Aus dem gesamten hinzugewonnenen Machtbereich der Sowjetunion sind nach Kriegsende Menschen in die UdSSR verbracht worden, die zu langjährigen Haftstrafen verurteilt worden waren. Heute ist unstrittig, dass neben berechtigten Anklagen und Bestrafungen ein beträchtlicher Teil dieser Urteile stalinistischer Willkür entsprang und Hunderttausende Menschen allein zum Zwecke der Ausbeutung ihrer Arbeitskraft in den Lagern des GULag verschwanden. Die damit verbundenen individuellen Tragödien sind derart erdrückend, dass die zunächst festzustellende Tatsache, dass die Verhaftung und Verschleppung einer nicht mehr gänzlich zu rekonstruierenden Zahl unschuldiger Ausländer in die UdSSR sowohl gegen nationales Recht wie international akzeptierte Normen verstieß, eher nachrangig erscheint.

Die Behörde zur Dokumentation und Ermittlung der Verbrechen des Kommunismus (UDV) hat zwischen 1995 und 2005 eine ansehnliche Zahl von Vorfällen untersucht, bei denen tschechoslowakische Bürger durch Sondereinheiten der Sowjetarmee nach Kriegsende in die Sowjetunion deportiert worden waren.[1] Das dabei entstandene Bild gestattet erste Verallgemeinerungen.

***

Ebenso wie in den anderen eroberten Staaten ging die UdSSR nach dem Zweiten Weltkrieg in der Tschechoslowakei vor: Sie etablierte mit Unterstützung der Kommunisten im Lande sehr schnell das System stalinistischer Machtausübung. Diese Praxis hatte zur Folge, dass die Freude der Bevölkerung über den Sieg über die faschistischen deutschen Okkupanten und die Teilhabe an einer neu gewonnenen Freiheit schon sehr bald in ein Gefühl der Unsicherheit darüber umschlug, wie ihr Leben unter der totalitären Herrschaft des nunmehrigen Regimes weitergehen würde. Dies trifft kei-

---

[1] Der Beitrag bezieht sich auf drei von der Behörde veröffentlichte Publikationen zu dieser Problematik. Der erste Text erschien im ersten Sammelband „Securitas imperii"(Prag 1994, S. 128–139). Darin befasst sich Petr Čuka mit der Deportation von Augustin Volosin. Die zweite Studie von Petr Čuka mit dem Titel „Deportationen von Menschen aus der Tschechoslowakei durch den sowjetischen KGB" wurde im Sammelband „Securitas imperii" Nr. 7 veröffentlicht (Prag 2001, S. 192–223). In der Edition „Zeitzeugen" erschien der Text von Vladimir Bystrov „Deportationen tschechoslowakischer Bürger in die Sowjetunion in den Jahren 1945 bis 1955" (Prag 2003).

neswegs nur auf in Böhmen und Mähren zu, sondern auch, wie wir heute wissen, auf die in der Slowakei, in der Sowjetischen Besatzungszone Deutschlands oder in Polen lebenden Menschen. Da Großbritannien und die USA nicht vermochten, sich mit der UdSSR über die deutschen Reparationsleistungen zu einigen, sah Moskau es als eines seiner Rechte an, auf dem von ihm besetzten Territorium die Kriegsbeute für die selbst erlittenen Verluste drakonisch einzutreiben. Die westlichen Demokratien haben gegen dieses überaus willkürliche Vorgehen nicht protestiert, vielmehr tolerierten sie es stillschweigend.

Neben diese materiellen Leistungen an den Sieger traten zusehends Inhaftierungen von Bürgern der Tschechoslowakei, die zumeist das Kommando der militärischen Abwehr der Sowjetunion SMERSCH vornahm. Der Name entstand aus einer verkürzten Zusammenführung der beiden russischen Wörter *Smert' spionam* – Tod den Spionen –, die so benannte Sondereinheit bestand von April 1943 bis März 1946. Danach übernahm die dritte Verwaltung des umstrukturierten sowjetischen Ministeriums für Staatssicherheit – kurz MGB, später KGB – ihre Aufgaben. Die sowjetischen Sicherheitskräfte gingen dabei in aller Regel willkürlich vor, die Koordination für ihr Auftreten in der Tschechoslowakei oblag der KGB-Zentrale für Mittel- und Osteuropa in Wien.

∗∗∗

Betroffen von dieser Willkür waren zunächst vor allem antibolschewistische Emigranten, die nach der Niederlage der „Weißgardisten" im Bürgerkrieg in den zwanziger Jahren in der damaligen Tschechoslowakei Zuflucht gefunden hatten. Sie sind in vielen Bereichen der Gesellschaft sehr aktiv gewesen – es gab ein reges Vereinsleben, ein eigenständiges Schulwesen – unter anderem mit einer eigenen Universität –, in Prag stand ihnen das Russische Auslandsarchiv zur Verfügung. Es erschienen Zeitungen, Zeitschriften und Bücher für die russische Minderheit.

Hervorhebenswert ist, dass die Tschechoslowakei unter Masaryk die russischen Emigranten nicht nur mit offenen Armen empfangen, sondern auch materiell unterstützt hatte. Viele von ihnen ließen sich daher gern hier nieder, gründeten Familien und fühlten sich in Sicherheit. Sie hatten in der Zeit zwischen dem Ersten und dem Zweiten Weltkrieg entweder die tschechoslowakische Staatsbürgerschaft erhalten oder waren im Besitz des international anerkannten sogenannten Nansen-Passes für staatenlose Flüchtlinge und Emigranten.

Nach der Besetzung eines Teil des tschechoslowakischen Territoriums durch sowjetische Truppen begann die bereits erwähnte Sondereinheit der militärischen Abwehr sogleich, zahlreiche dieser russischen Emigranten zu verhaften und in die UdSSR zu verschleppen. Offensichtlich hatte die SMERSCH einen umfassenden Überblick über diese Personen, sehr wahrscheinlich standen ihr Listen mit den Namen jener Personen zur Verfügung, die verhaftet werden sollten. Doch wer hatte sie erstellt? Und warum? Und wann waren sie entstanden?

Unzweifelhaft hatte der sowjetische Nachrichtendienst in der Zwischenkriegszeit alle Aktivitäten der russischen Emigranten überwacht, so dass hier ein Ausgangspunkt vermutet werden darf. Eine zweite Informationsquelle dürften jene tschechischen Kommunisten gewesen sein, die nach Moskau ins Exil gegangen waren. Es muss allerdings auch erwogen werden, ob nicht einige der russischen Emigranten, sei es bewusst oder unbewusst geschehen, zum Entstehen dieser Listen beigetragen haben.

Doch alle diese Umstände hätten den sowjetischen Sicherheitskräften nichts genutzt, wenn es nicht möglich gewesen wäre, ungehindert auf dem tschechoslowakischen Territorium zu agieren. Das von den Kommunisten beherrschte Innenministerium hat nicht nur von den Aktivitäten der sowjetischen Sondereinheiten gewusst, es hat ihnen sogar Helfer an die Seite gestellt, die bei der Deportation tschechoslowakischer Staatsbürger zur Hand gingen. Und das Innenministerium kam auch mit anderen Gefälligkeiten entgegen: Das so genannte „Rückführungs-Zentrum sowjetischer Staatsbürger" wurde in den Prager Stadtbezirk Letná verlegt. Dort konnten die Offiziere ihre Methoden und Verfahren der Repression ungehindert anwenden. Sobald die Sowjets an einem tschechoslowakischen Staatsbürger Interesse hatten, genügte es, ihn eines Kriegsverbrechens zu bezichtigen. Unverzüglich erkannte das tschechoslowakische Innenministerium dem Betroffenen die Staatsbürgerschaft ab und verwies ihn des Landes. Es erscheint heute wie ein Hohn, dass die einzelnen Abteilungen der SMERSCH sogar wetteiferten, wer die meisten tschechoslowakischen Staatsbürger festnahm und in die UdSSR deportierte.

Auch die tschechoslowakische Diplomatie hat hier versagt. Viele Familienangehörige verschleppter Personen wandten sich mit der Bitte um Rückführung der Betroffenen an das Czernin-Palais – das tschechoslowakische Außenministerium, das hier seinen Sitz hatte – und hofften auf entschiedene diesbezügliche Schritte. Doch die UdSSR war jetzt ein ein Verbündeter Prags, das Außenministerium wollte die Beziehung zu Moskau nicht belasten. Der tschechoslowakische Botschafter in Moskau, Laštovička, machte das im November 1948 unmissverständlich klar, als er betonte: „Interventionen zugunsten der ehemaligen russischen Emigranten … sind ganz und gar unerwünscht, auch wenn es sich formal um unsere Staatsbürger handelt."

Die Lebensbedingungen in den Lagern des sowjetischen GULag sind auch heute kaum vorstellbar, wenngleich es Augenzeugenberichte – etwa aus der Feder Alexander Solshenizyns oder Warlam Schalamows – und zunehmend Sachbücher hierzu gibt. Aber man weiß heute, dass die Gefangenen einem unerbittlichen Regime der Macht ausgesetzt waren: Sie trugen anstelle einer Identität nur noch eine „Nummer", sie waren keine Individuen mehr, sie erlitten physische und psychische Gewalt. Sie waren der

Willkür ihrer Aufseher voll und ganz ausgeliefert, mussten zumeist unter unwirtlichen Naturbedingungen härteste Sklavenarbeit leisten. Tausende von ihnen starben, und Tausende weitere Gefangene nahmen umgehend ihre Plätze ein.

Sofern die verschleppten tschechoslowakischen Bürger das Glück hatten, die Revision ihrer politischen Prozesse und die allgemeine Entspannung in der Gesellschaft nach Stalins Tod zu erleben, konnten sie nach Jahren dieser unvorstellbaren Leiden und Entbehrungen in die Tschechoslowakei zurückkehren. In den Archiven befinden sich hierzu Listen, die Auskunft über die Rückkehrer von 1953 bis 1956 geben. Das letzte archivierte Dokument dieser Art stammt aus dem Jahre 1964.

Ein Beispiel soll diese Befunde hier illustrieren: Im September 1955 übernahm die tschechoslowakische Staatssicherheit an der Grenze zur UdSSR 23 Personen. Waren die betroffenen Personen in der UdSSR verurteilt worden, dann empfahl das Zentralkomitee der KPTsch, dass sie den Rest ihrer Strafe in tschechoslowakischen Gefängnissen abzusitzen hätten. Folgerichtig wurden alle, die auf diesem Wege „zurückkehrten", sofort in Gefängnisse des Innenministeriums gebracht.

Die anderen Gefangenen mussten erneut Verhöre über sich ergehen lassen. Nach dieser Vernehmung wurden sie aufgefordert, eine Verpflichtung unterschreiben, wonach sie über alles, was sie in der UdSSR erlebt hätten, Stillschweigen zu bewahren hatten. Zudem wurden sie aufgefordert, jede Person bei der Staatssicherheit anzuzeigen, die sich für ihr Schicksal in jenen Jahren interessierte. Erst danach wurden sie aus der Haft entlassen. Es sei erwähnt, dass einige von ihnen dem Druck der Staatssicherheit nicht standhalten konnten und sich in dieser Zeit mit ihrer Unterschrift zu einer Zusammenarbeit verpflichteten. Viele der Rückkehrer blieben ohnehin unter Beobachtung der tschechoslowakischen Staatssicherheit. Ihre Resozialisierung gestaltete sich äußerst kompliziert, denn ihre sowjetische Haftzeit wurde auch in den Personalunterlagen vermerkt.

∗∗∗

Zur Veranschaulichung individueller Schicksale sollen hier einige Fälle dienen, die von der UDV untersucht worden sind. In ihrer überwiegenden Zahl ist nicht mehr gelungen, die Personen ausfindig zu machen, die direkt für die Deportation der tschechischen Staatsbürger in die UdSSR verantwortlich waren. So konnten sie auch nicht strafrechtlich zur Rechenschaft gezogen werden.

KAREL SETUNSKÝ war im Februar 1950 aus der Tschechoslowakei in die Bundesrepublik Deutschland emigriert. Im Januar 1952 wurde er von der österreichischen Grenzpolizei festgenommen und sowjetischen Behörden übergeben. Setunský war zu jener Zeit zunächst als Agent für den französischen, später auch für den britischen Nachrichtendienst tätig gewesen. Mit dem Flugzeug wurde Setunský nach Moskau deportiert und dort im April 1952 wegen Spionage zu 25 Jahren Zwangsarbeit verurteilt. 1955 konnte er in die Tschechoslowakei zurückkehren, kam dort aber sofort in das Gefängnis Prag-Ruzyně. Für dieselbe Straftat wurde Setunský im August 1956 vom Obersten Militärgericht in Prag erneut verurteilt: abermals zu 25 Jahren Freiheitsentzug.

PETR TACHAJ-ŠTEFÁNEK wurde im Januar 1949 in Most verhaftet. Bei den Verhören versuchte man, ihn zu einem Geständnis zu zwingen, wonach er mit einem feindlichen, gegen die UdSSR gerichteten Nachrichtendienst zusammengearbeitet hätte. Dies gelang jedoch nicht, er wurde daraufhin wieder auf freien Fuß gesetzt. Unmittelbar im Anschluss daran verschleppte ihn der sowjetische Geheimdienst in seine Besatzungszone in Österreich, es folgte die Deportation in die UdSSR. In die Tschechoslowakei kehrte Tachaj-Štefánek erst 1956 zurück.

ADOLF KOS wurde wegen des Verdachts auf Zusammenarbeit mit dem deutschen Nachrichtendienst während des Zweiten Weltkriegs im August 1949 verhaftet und in der UdSSR zu zehn Jahren Haft verurteilt. 1955 wurde er entlassen und den tschechoslowakischen Behörden übergeben. Aus der Haft in der Tschechoslowakei kam er ein Jahr später frei. In seinem Fall wurde sogar ein schriftlicher Befehl zu seiner Festnahme gefunden, den ein nicht namentlich genannter ranghoher Staatssicherheits-Offizier unterschrieben haben soll. In Anbetracht der Zeit, in der Kos Verhaftung erfolgte, könnte das entweder Karel Šváb (später im Zuge der so genannten Slánský-Prozesse hingerichtet) oder Jindrich Vesely (der im März 1964 Selbstmord verübte) gewesen sein.

DIMITRIJ NASTURNAK, geboren in der ukrainischen Bukowina (in der Zeit zwischen den beiden Weltkriegen gehörte das gesamte Gebiet zu Rumänien), war seit 1939 als Agent mit dem Decknamen STANIVSKIJ für den NKWD tätig. Nach der deutschen Besetzung Rumäniens 1941 wurde er von der rumänischen Abwehr angeworben und erhielt jetzt den Decknamen TURKU. 1942 siedelte Nasturnak mit seiner Frau nach Liberec über. Hier wurde er im August 1949 festgenommen, in die UdSSR verschleppt und dort zu einer 25-jährigen Haftstrafe verurteilt.

Im Zuge der Amnestie von 1956 freigelassen, kehrte er im Februar 1958 in die Tschechoslowakei zurück und wurde bald darauf, im Juli 1958, zur Zusammenarbeit mit der Staatssicherheit mit dem Decknamen WAGNER verpflichtet. Sein Auftrag zielte auf die Ausspähung der sogenannten ukrainischen Nationalisten. Die Zusammenarbeit mit der tschechoslowakischen Staatssicherheit währte bis zum April 1985.

Ein anderer deportierter tschechoslowakischer Staatsbürger war der Russe ALEXEJ MAKARENKO. 1941 kam er in deutsche Kriegsgefangenschaft. Ihm gelang 1943 die

Flucht, danach setzte er als Partisan seinen Kampf gegen den Faschismus fort. Nach der Befreiung blieb er in der Tschechoslowakei und erhielt 1949 deren Staatsbürgerschaft. Kurz darauf wurde er jedoch vom sowjetischen Geheimdienst verhaftet und im Sammellager im Prager Stadtteil Letná interniert. Von hier aus wurde er an einen unbekannten Ort verbracht, seine Spur konnte bis heute in den russischen Archiven nicht mehr weiterverfolgt werden.

ALEXANDER KOLOSCHA, ursprünglich Weißrusse, erhielt im Juni 1947 die tschechoslowakische Staatsbürgerschaft. Schon zwei Tage nach dem kommunistischen Februar-Putsch, am 27. Februar 1948, forderte die Botschaft der UdSSR in Prag von der tschechoslowakischen Regierung, den „Kriegsverbrecher" Koloscha festnehmen zu lassen. Daraufhin wurde er im März 1948 verhaftet.

Im April wurde ihm die tschechoslowakische Staatsbürgerschaft aberkannt und im Januar des folgenden Jahres wurde er aus der Tschechoslowakei ausgewiesen. In Weißrussland, wohin er verschleppt worden war, verurteilte ihn ein Gericht zu 25 Jahren Gefängnis. 1955 wurde er zurück in die Tschechoslowakei ausgewiesen. Auch dort wurde er wegen angeblicher Zusammenarbeit mit den Deutschen strafrechtlich verfolgt. Noch bis Juli 1956 saß Koloscha in Haft.

Monsignore AUGUSTIN VOLOSIN (geb. 1874) hatte sich nach Ende des Ersten Weltkriegs für den Anschluss der Karpato-Ukraine an die Tschechoslowakei eingesetzt. Von 1925 bis 1929 war er Parlamentsabgeordneter der tschechoslowakischen Volkspartei in der Nationalversammlung. Im Jahr 1938 bekleidete Volosin Regierungsämter in der Landesregierung der Karpato-Ukraine: Er war Minister und zugleich Ministerpräsident der Landesregierung. Im Juli 1939 siedelte er nach Prag um, wo er – bereits betagt und krank – zurückgezogen lebte.

Anfang Mai 1945 geriet Volosin ins Fadenkreuz des sowjetischen Geheimdienstes. Russisch sprechende Männer suchten ihn in seiner Wohnung auf und verhörten ihn. Mitte desselben Monats wurde er verhaftet. Der Bericht über die Festnahme ist von einem Hauptmann namens Schibajlov unterschrieben. Kurz darauf wurde er nach Moskau deportiert, wo er sich nachweislich am 20. Mai 1945 befand – an diesem Tag wurde sein Häftlingsformular im Lefortowo-Gefängnis ausgefüllt. Aufgrund seiner stark angeschlagenen Gesundheit konnte er weitere Ermittlungsqualen nicht mehr durchstehen. Volosin starb am 19. Juli 1945 im Gefängniskrankenhaus in Butyrka.

Zu den ersten Verhafteten nach dem Eintreffen der SMERSCH-Einheiten in Prag zählte der ehemalige russische Konsul in der Tschechoslowakei, WLADIMIR RAFALSKI. Nach Aufzeichnungen von Vladimir Bystrov hatte Rafalski nach dem bolschewistischen Putsch der Lenin-Regierung den Gehorsam verweigert und bis Anfang der dreißiger

Jahre im Exil in der Tschechoslowakei die russische Exil-Interimsregierung repräsentiert. Rafalski, der im Besitz des Nansen-Passes war, genoss unter den russischen Emigranten hohes Ansehen.

Bereits am 11. Mai 1945 wurde er verhaftet. Entweder noch am selben Tag oder am 12. Mai soll er angeblich Selbstmord verübt haben. Es gibt jedoch auch eine Version, wonach Fremdeinwirkung zum Sturz aus dem Fenster geführt haben soll. Diese Version ist nie offiziell widerlegt worden.

Ingenieur BORIS FUSS verließ am 14. September 1946 seine Wohnung in Begleitung eines unbekannten Staatssicherheits-Mitarbeiters. Da Fuss nicht zurückkehrte, alarmierte seine Ehefrau die tschechischen Behörden. Man fand ihn schließlich in einem Krankenhaus in der nordböhmischen Stadt Česká Lípa. Dort war er mit einer Schädelverletzung eingeliefert worden. Es wurde festgestellt, dass Fuss nach einem Autounfall ins Krankenhaus gekommen war. In dem Auto befanden sich außer ihm der Staatssicherheits-Mitarbeiter und Dolmetscher Karel Wimmer sowie zwei nicht namentlich bekannte Männer (einer von ihnen vom NKWD).

Boris Fuss war festgenommen worden, weil er angeblich ein Konfident der Gestapo war. Er kehrte im Oktober 1947 in die Tschechoslowakei zurück und sollte fortan stets behaupten, dass er von Deutschen verschleppt worden wäre.

∗∗∗

Wie viele tschechoslowakische Bürger sind auf diese oder ähnliche Weise vom sowjetischen Geheimdienst verschleppt worden? Vladimir Bystrov gibt keine genaue Zahl an – es muss sich aber um Tausende gehandelt haben. Petr Čuka führt alle Fälle an, die von der Behörde zur Dokumentation und Untersuchung der Verbrechen des Kommunismus dokumentiert worden sind. Danach wurden vom Territorium der heutigen Tschechischen Republik insgesamt 295 Personen deportiert. In der Slowakei handelte es sich um Tausende. Von 234 der Deportierten ist die Staatsbürgerschaft bekannt: 188 Personen hatten die tschechoslowakische Staatsbürgerschaft, 42 waren Inhaber des Nansen-Passes und vier hatten eine andere Staatsbürgerschaft. Was den Zeitpunkt der Deportation anbelangte, so kam Petr Čuka zu folgenden Ergebnissen: bis Februar 1948 wurden 236 Fälle registriert, ab Februar 1948 bis 1954 noch weitere 20 Fälle. Bei 44 Personen konnte der genaue Zeitpunkt ihrer Verschleppung nicht mehr festgestellt werden.

Die UDV hat sofort nach ihrer Gründung im Januar 1995 damit begonnen, die Fälle deportierter tschechoslowakischer Bürger zu untersuchen. Sie hat sie sowohl dokumentiert, als auch Ermittlungen in den einzelnen Fällen angestellt. Dazu hatte die Behörde bereits einen Teil der Unterlagen, die zuvor von ihren Vorgänger-Institutionen gesammelt worden waren, übernommen: von der Behörde zur Dokumentation und Ermittlung der Tätigkeit des Staatssicherheitsdienstes StB sowie vom Zentrum für die Dokumentation der Unrechtmäßigkeit des kommunistischen Regimes beim Justizministerium der Tschechischen Republik. Von großer Bedeutung für die Forschungen der Behörde war auch die Kooperation mit der „Konföderation der politischen Gefangenen" sowie mit dem Komitee „Sie waren die Ersten".

Unter dem Titel „Die Deportation tschechoslowakischer Bürger in die UdSSR" hat die UDV die einzelnen Fälle dokumentiert. Dafür wurden zahlreiche Dokumente zusammengetragen. Eine strafrechtliche Verfolgung war allerdings aus verschiedenen Gründen ausgeschlossen. Es gelang der Behörde, unter anderem mit Hilfe der tschechischen Botschaft, in Moskau Kontakt zu russischen Einrichtungen zu knüpfen, die zu einzelnen Fällen die entsprechenden Unterlagen heraussuchten und zur Verfügung stellten.

Genutzt wurden die auf diese Weise gewonnenen Hinweise beispielsweise bei der praktischen Ausführung des Gesetzes Nr. 172/2002 vom 9. April 2002 über die Entschädigung von Personen, die in die UdSSR oder in Lager deportiert worden waren, die die UdSSR in anderen Staaten eingerichtet hatte. Die Tschechische Sozialversicherung, die über die Entschädigungsansprüche zu befinden hat, forderte die UDV-Behörde in Hunderten von Fällen zu einer Stellungnahme auf.

Die Ermittlungsabteilung der UDV stieß in einigen Fällen der Deportation tschechoslowakischer Bürger in die Sowjetunion nach 1945 allerdings auch auf Probleme. Dazu zählt beispielsweise, dass Archivquellen nur sehr unvollständig vorhanden sind (entweder waren keine schriftlichen Aufzeichnungen angefertigt oder sie waren nur noch teilweise erhalten bzw. fehlerhaft). Zuweilen hat die russische Seite auch nicht auf die Anträge auf Herausgabe der Dokumente reagiert. Aufgrund der langen Zeit, die inzwischen verstrichen ist, gelang zudem oft nicht mehr, Täter oder Zeugen auf tschechischer Seite ausfindig zu machen. Denn an den Deportationen tschechoslowakischer Bürger waren nachweislich häufig auch Mitarbeiter der Staatssicherheit sowie des Nachrichtendienstes der Armee direkt beteiligt.

Nichtsdestotrotz konnte immerhin im Fall der Deportation von Oberst Bohumil Borecký auf der Grundlage von Archivmaterial die Person ausfindig gemacht werden, die unmittelbar zu seinem bitteren Schicksal beigetragen hatte. Borecký, Offizier a. D. der tschechoslowakischen Armee, war auf Anweisung der tschechoslowakischen Staatssicherheits-Zentrale im Juni 1949 verhaftet und sofort sowjetischen Dienststellen übergeben worden.

Bohumil Borecký war sowohl im ersten als auch im zweiten tschechoslowakischen Widerstandskampf aktiv tätig gewesen. Zum Verhängnis wurde ihm seine Teilnahme an einem Kampfeinsatz der tschechoslowakischen Legionen gegen die Bolschewiken. Im März 1950 wurde er von einem Gericht zu 25 Jahren Haft in einem Umerziehungslager verurteilt. Oberst Borecký starb nach Angaben von Vladimir Bystrov 1954 in der UdSSR.

Die Ermittlungen gegen den Staatssicherheits-Mitarbeiter, der sich von tschechoslowakischer Seite an Boreckýs Deportation beteiligt hatte, wurden aufgrund einer Amnestie des Präsidenten später eingestellt.

Übersetzt von Heiko Krebs

Šárka Rokosová

Die Liquidierung der privaten Landwirtschaft auf dem Amtsweg

Bei der Verstaatlichung der Wirtschaft gingen die Kommunisten in der Tschechoslowakei nach ihrer Machtübernahme 1948 so radikal wie in keinem anderen Ostblockland vor. Während in den meisten kommunistischen Satellitenstaaten private Kleinunternehmen auch weiter geduldet wurden, zerschlug die tschechoslowakische Politik das private Unternehmertum vollständig. Auch landwirtschaftliche Betriebe waren davon betroffen.

Schon sehr bald nach Kriegsende, weit vor dem Februar 1948, zeichnete sich ab, in welche Richtung sich die tschechoslowakische Landwirtschaftspolitik entwickeln sollte. Ein deutliches Signal dafür war, dass die frühere Agrarpartei nicht wieder zugelassen wurde. Sie hatte vor dem Zweiten Weltkrieg zu den streng konservativen politischen Parteien im Lande gehört. Während des deutschen Protektorats in Böhmen und Mähren war sie – wie die meisten anderen Parteien – verboten worden. Die neue Regierung ordnete in ihrer ersten Erklärung nach Kriegsende an, eine Wiedergründung aller Parteien, deren Vertreter sich der Kollaboration mit den deutschen Besatzern schuldig gemacht hatten, zu verbieten. Dieser Entschluß galt für alle konservativen Parteien und wurde folgerichtig auch auf die Agrarpartei angewendet. Somit verschwand eine Partei aus dem politischen Spektrum, die sich vorrangig für die Interessen der Bauern – von den Groß- bis zu den Kleinbauern – eingesetzt hatte. Die Volkspartei, deren Wählerstamm ebenfalls hauptsächlich in den ländlichen Regionen zu finden war, konnte deren Rolle nicht übernehmen.

Bereits im Mai 1945 wurde der „Verband der tschechoslowakischen Landwirte" gegründet, der künftig die Bauerninteressen wahrnehmen sollte. Sehr bald schon machten Anhänger der Kommunistischen Partei die Mehrheit in diesem Verband aus. Mittel- und Kleinbauern, die in der Regel Mitglieder anderer politischer Parteien waren, hatten die Bedeutung dieses Bauernverbands unterschätzt. Die Kommunisten dagegen ließen unmissverständlich erkennen, dass auch der Kampf um die ländlichen Regionen zu ihren politischen Zielen gehörte. Sie machten sich die desolate Wirtschaftslage nach dem Krieg und die daraus resultierenden sozialen Probleme zunutze und feierten nicht zuletzt dank ihres populistischen Auftretens manche Erfolge. So sah das Landwirtschaftsprogramm, das kurz vor den Wahlen 1946 während des VIII. Parteitag der KPTsch veröffentlicht worden war, eine schnelle Revision der Bodenreform aus der Zeit der Ersten Republik von 1918 bis 1939 vor, die den Kommunisten nicht weit genug gegangen war.

Nachdem sie aus den Wahlen 1946 als stärkste Partei hervorgegangen war, riss die KPTsch das Landwirtschaftsressort an sich. Minister für diesen Bereich wurde Július Ďuriš. Der Kommunistischen Partei oblag nun, den Teil des Regierungsprogramms auszuarbeiten, der die Landwirtschaft betraf. Im Laufe des Jahres 1946 legte der Landwirtschaftsminister sechs Gesetzesentwürfe vor. Die wichtigsten und zugleich umstrittensten darunter waren das Gesetz über die Revision der Bodenreform sowie das Flurbereinigungsgesetz. Doch nicht ein einziges der sechs Papiere wurde in der vorgelegten Form verabschiedet. Während einige Entwürfe völliger Ablehnung verfielen, setzten bei den übrigen die anderen Parteien teilweise weitreichende Änderungen durch. Nach diesem Misserfolg nahm die KPTsch einen sehr ungewöhnlichen Schritt vor. Sie übermittelte die Gesetzesentwürfe an alle lokalen Bauern-Organisationen und löste eine öffentliche Diskussion zu ihnen aus. Die Kommunisten organisierten sogar die Übergabe einer Petition ihrer Wähler an das Parlament. Dieses Vorgehen verärgerte die Oppositionsparteien zunehmend. Im Parlament wurden vereinzelt Rücktrittsforderungen an Landwirtschaftsminister Ďuriš gerichtet, der allerdings im Amt blieb.

Ungeachtet dessen setzten die Kommunisten ihren Vormarsch in den ländlichen Regionen fort. Im April 1947 hielt Ďuriš eine Grundsatzrede, in der er vor allem den baldigen Abschluss der Enteignung von „Verrätern" und Kollaborateuren und die Umverteilung deren Eigentums, eine Überprüfung aller landwirtschaftlichen Güter mit einer Fläche von über 50 Hektar und deren „Aufkauf" sowie ihre Zuteilung an Kleinbauern, die Enteignung von Spekulationsflächen sowie eine Flurbereinigung forderte. Um die Mittelbauern, auf deren Wählerstimmen er angewiesen war, nicht gegen sich aufzubringen, versprach er ihnen, Grundeigentum von bis zu 50 Hektar verfassungsmäßig zu garantieren. „Damit wird die Beunruhigung darüber, dass wir Kolchosen und Sowchosen schaffen wollen, endgültig besänftigt", erklärte er. Als weitere Ziele formulierte der Minister, die Pflichterfassung landwirtschaftlicher Erzeugnisse gesetzlich zu verankern, die Mechanisierung der Landwirtschaft zu fördern, eine einheitliche Landwirtschaftssteuer, günstige Kredite für Landwirte sowie eine speziell auf ihre Bedürfnisse zugeschnittene Versicherung zu schaffen. Nicht zuletzt forderte er ein neues Genossenschaftsgesetz, das nach dem Prinzip „Demokratie von unten, jedes Mitglied – eine Stimme" funktionieren solle. Das heißt, dass jedes Mitglied in der Genossenschaft das gleiche Mitspracherecht haben sollte, ungeachtet der von ihm eingebrachten Bodenanteile. Diese Forderungen gingen als „Königgrätzer Programm" in die tschechoslowakische Geschichte ein.

Das „Königgrätzer Programm" stieß bei der Opposition auf starke Kritik. Noch mehr Öl ins Feuer gossen die Kommunisten mit ihren im Laufe des Jahres 1947 geäußerten Vorschlägen, die wirtschaftlichen Probleme auf Kosten der vermögenden Bürger mit einer so genannten Millionärssteuer lösen zu wollen. Es gelang ihnen jedoch nicht, diesen Plan durchzusetzen. Doch die politischen Konflikte, die nicht nur die Landwirtschaft betrafen, wurden aufgrund solcher Vorstöße immer heftiger. Sie gipfelten schließlich im kommunistischen Putsch vom 25. Februar 1948.

Nach dem Putsch der KPTsch stand der Kollektivierung der Landwirtschaft nichts mehr im Wege. Bereits im März beschlossen die Kommunisten die Enteignung aller Güter, die mehr als 50 Hektar Land umfassten. In Wirklichkeit waren aber auch Bauern mit einem weitaus kleineren Landbesitz von der Bodenreform betroffen, obwohl der Besitz von weniger als 50 Hektar verfassungsmäßig geschützt werden sollte. Ein Jahr später, 1949, verabschiedete die Regierung das Gesetz über die „Einheitlichen Landwirtschaftlichen Produktionsgenossenschaften" (JZD). Zugleich begann ein gezielter Angriff gegen alle Privatbauern. Etwa erklärte Präsident Gottwald während des IX. Parteitag der KPTsch: „Wir müssen die Landbevölkerung für den Sozialismus gewinnen, dagegen die Klein- und Mittelbauern und die Großbauern isolieren."

Auf dem X. Parteitag fünf Jahre später führte sein Nachfolger, Präsident Antonin Novotny, unter anderem aus: „Untrennbarer Bestandteil des Aufbaus des Sozialismus in unseren Dörfern ist es, die Kulaken konsequent zu diskriminieren und schließlich zu verdrängen, sie wirtschaftlich und politisch von den Massen der Klein- und Mittelbauern zu isolieren, ihr Eindringen in die Genossenschaften zu verhindern und ihre schädlichen Tätigkeiten zu vereiteln." Auf dem darauf folgenden XI. Parteitag der KPTsch wurde als Ziel im Bereich der Landwirtschaft formuliert, die sozialistische Umgestaltung des Dorfes mit der „endgültigen Auslöschung des Kulakentums" zum Abschluss zu bringen. Die KPTsch hat in den folgenden Jahren im Kampf gegen die Bauern alle nur erdenklichen Mittel angewandt. Dabei wurde der Begriff „Großbauer" oder die aus dem Russischen übernommene Bezeichnung „Kulak" sehr weitläufig und unklar definiert. Zu den „Kulaken" zählten keineswegs nur alle Landwirte mit einem Bodenbesitz von mehr als 20 Hektar. Wenn ein Privatbauer bestimmte Kriterien erfüllte, beispielsweise höhere Erträge als die Genossenschaft angemeldet hatte, einbrachte, genügten schon sechs bis sieben Hektar Landbesitz, um ihn als „Kulaken" zu diffamieren.

Unter dem Vorwand, die Klein- und Mittelbauern von der „Ausbeutung durch die bis heute überdauernden kapitalistischen Elemente" zu befreien, hatte die Kommunistische Partei ein ausgeklügeltes System zur Liquidierung der privaten Landwirtschaftsbetriebe erarbeitet. In Wirklichkeit ging es den Kommunisten darum, sich so leicht und schnell wie möglich das Eigentum reicher und erfolgreicher Bauern einzuverleiben. Zugleich wollten sie den politischen Einfluss der Großbauern eindämmen, denn diese behinderten die Kommunisten nach Kräften dabei, die Kollektivierung der Landwirtschaft abzuschließen und damit all das zu zerstören, was viele Bauern-Generationen zuvor aufgebaut hatten. Im Frühjahr 1952 beauftragte das Politbüro des ZK der KPTsch die Minister für Nationale Sicherheit, Karel Bacílek, Innenminister Václav Nosek, Justizminister Štefan Rais und Landwirtschaftsminister Josef Nepomucký damit, die bisherigen „Arbeitsmethoden" zu überprüfen, zu ergänzen und sie in ein komplexes System administrativer Maßnahmen zu integrieren. Das hier verfolgte Anliegen ist eindeutig: Unter dem Deckmantel von Gesetzen und Bestimmungen zur allgemeinen Förderung der volkswirtschaftlichen Entwicklung gelang es den Kommunisten, in nur wenigen Jahren eine gesamte soziale Gruppe zu liquidieren.

Eine verlässliche und effiziente Methode, um das Gleichgewicht in der Landwirtschaft zu stören, war, den Bodenbesitz anzutasten: Flächen der privaten Landwirtschaftsbetriebe wurden verkleinert, Felder mit fruchtbaren Böden gegen Felder mit weniger fruchtbaren Böden getauscht. Die administrativen bauernfeindlichen Maßnahmen waren darauf ausgerichtet, das private Grundeigentum immer weiter zu reduzieren, womit sich dramatische Konsequenzen verbanden: Die Bauern verloren nicht nur ihr Eigentum, es wurde ihnen zugleich immer schwerer, wenn nicht sogar unmöglich gemacht, die immer höheren Abgabe-Auflagen zu erfüllen. Damit wiederum gewannen die Kommunisten einen Vorwand, die Privatbauern noch stärker zu verfolgen. Mit dem konfiszierten Eigentum unterstützten die Kommunisten die Genossenschaften. Entweder sie übergaben es an bereits bestehende Genossenschaften oder sie gründeten neue. Die Beseitigung des privaten Grundbesitzes wurde somit zu einer zentralen Aufgabe bei der Diskriminierung und Verdrängung der Großbauern.

Es gab mehrere Mittel, dieses Ziel zu erreichen. Das erste war die bereits erwähnte Bodenreform vom März 1948. Nach dem Motto „Der Boden gehört denen, die darauf arbeiten" wurde festgelegt, dass der private Bodenbesitz – egal ob landwirtschaftlich nutzbar oder nicht – nicht mehr als 50 Hektar ausmachen dürfe. Bis Ende 1949 waren unter dieser Devise in der Tschechoslowakei insgesamt 4.143.148 Hektar Grundbesitz, davon 2.135.798 Hektar landwirtschaftliche Nutzfläche, beschlagnahmt worden.

Mit der Entwicklung der landwirtschaftlichen Produktionsgenossenschaften wurde das Flurbereinigungsgesetz zu einem neuen Mittel im Kampf gegen den privaten Grundbesitz. Es bildete die rechtliche Grundlage für die Zusammenlegung von Flächen zugunsten von Genossenschaften mit gemeinsamer Pflanzen- und Tierproduktion. Die Flurbereinigung war eine heikle Angelegenheit für das gesamte Dorf, denn es betraf nicht nur die großen Landwirtschaftsbetriebe. Darum riet die KPTsch, umsichtig vorzugehen, „… die grundlegende politische Linie muss eingehalten werden", wonach man sich auf den Kleinbauern stützen, dem Mittelbauern nicht zu nahe treten und den Großbauern vertreiben solle. Jeder Bauer, der seine Ländereien im Zuge der Flurbereinigung verlor, hatte einen rechtlichen Anspruch auf einen adäquaten finanziellen Ausgleich oder auf Ersatzflächen von gleicher Größe und gleicher Bodenqualität. Wie dieses Gesetz jedoch in der Praxis umgesetzt wurde, zeigt der Vorschlag, den der stellvertretende Generalsekretär der KPTsch, Josef Frank, auf einer Sitzung des Präsidiums der KPTsch im Mai 1950 unterbreitete: Wenn ein Grundstück eines Groß-bauern der beabsichtigten Flächenzusammenlegung im Wege stand, schlug er vor, zu überprüfen, ob dem betroffenen Bauern die Nichterfüllung von staatlichen Auflagen angelastet werden könne. In diesem Falle sollte das Eigentum an die örtliche Genos-senschaft zwangsverpachtet oder unter Zwangsverwaltung gestellt werden. Dabei wur-de der Verpachtung stets der Vorzug gegeben, weil diese für die Genossenschaft nicht so kostenaufwändig war. War dem Bauern keinerlei Verstoß anzulasten, sollte zumin-dest dafür gesorgt werden, dass er im Zuge der Flurbereinigung Ersatzländereien „am Rand eines Jagdgebietes bzw. des Katasters, oder mit dem schlechtesten Boden" erhält.

Der Zwang zur Verpachtung oder die Verhängung einer Zwangsverwaltung waren wirksame und erfolgreiche Mittel im Kampf gegen das private Grundeigentum. Nach dem Gesetz über die Förderung der Bauern, die den landwirtschaftlichen Produkti-onsplan erfüllten, konnten diejenigen Bauern enteignet bzw. zur Verpachtung ihres Bodens gezwungen werden, die den Auflagen des so genannten einheitlichen Wirt-schaftsplans nicht nachkamen. Das war dann der Fall, wenn sie den Boden unzurei-chend bestellten, die Anbaufläche nicht einhielten, die vorgeschriebene Pflanzenart nicht anbauten oder nicht die vorgeschriebene Art und Menge an Düngemitteln ver-wendeten. Die Großbauern allerdings wurden von vornherein bezichtigt, die Abgabe-Auflagen bewusst nicht zu erfüllen und auf Grund ihrer „Klassenzugehörigkeit" gar nicht anders zu können, als Sabotage zu betreiben oder zumindest der volksdemokra-tischen Gesellschaftsordnung gegenüber feindlich gesinnt zu sein. Darum sollten de-ren Absichten durch eine verschärfte Kontrolle der landwirtschaftlichen Betriebe rechtzeitig aufgedeckt werden. Wurde auch nur ein Anzeichen einer antisozialistischen Haltung entdeckt, folgte sofort die Anordnung einer Zwangsverpachtung oder Zwangs-verwaltung. Auf diese Weise erhielten bis zum März 1951 die Genossenschaften im ganzen Land insgesamt weitere 18.106 Hektar, die tschechoslowakischen staatlichen Güter 15.200 Hektar und Einzelpersonen 19.395 Hektar Land.

Aufgrund der negativen Rahmenbedingungen, für die die Kommunisten bei den Großbauern gesorgt hatten, konnten viele von jenen die Auflagen schon bald nicht mehr erfüllen. So traten sie ihre Felder oft auch freiwillig ab. Als einzigen Ausgleich erhielten sie eine geringe Pacht. Der bereits erwähnte stellvertretende KPTsch-Gene-ralsekretär Josef Frank leistete in den Genossenschaften Überzeugungsarbeit, damit diese die Ländereien von den Großbauern übernahmen. Um sie mit der Pacht jedoch finanziell nicht zu stark zu belasten, schlug er eine Änderung des Pachtgesetzes vor. Danach sollte die Pacht von drei auf ein Prozent, in einigen Fällen noch weniger, ge-senkt werden. Wenn es allerdings nicht gelang, die Ländereien einer Genossenschaft oder einem staatlichen Gut zu geben, sollten die Großbauern dazu verpflichtet werden, die Felder weiter allein zu bewirtschaften. So kamen sie in einen Teufelskreis: Sie mussten ihre Ländereien behalten und weiterhin alle Sanktionen ertragen, die ihnen auferlegt wurden, weil sie den Wirtschaftsplan nicht erfüllen konnten.

Aber auch wenn ein Großbauer freiwillig seine Ländereien abgetreten hatte, sah ihn das kommunistische Regime weiterhin als „Gefahr" für die Genossenschaften an. Die Kommunisten waren davon überzeugt, dass die „Kulaken" mit Macht in jene eindringen wollten, um sie „von innen zu zersetzen". Die Ursachen für alle Schwierigkeiten bei der Gründung und dem Betrieb der Genossenschaften wurden auf die Großbauern geschoben. So hatten die Organe der Volksverwaltung streng darauf zu achten, dass kein ehemaliger Großbauer als Genossenschaftsmitglied aufgenommen wurde.

Wie es in dem erwähnten Entwurf von Frank weiter hieß, sollte zudem alles dafür getan werden, dass der Großbauer „bis auf Ausnahmen und in begründeten Fällen nicht in seinem früheren Wohnort blieb, sondern in einen anderen Ort zog". Der Vorschlag für ein derartiges Vorgehen ist in dieser Form jedoch nicht angenommen worden. Er wurde vielmehr mit einer Klausel abgeschwächt, wonach die betroffene Großbauern-Familie nur dann zwangsumgesiedelt würde, wenn es sich um „offensichtliche Saboteure oder Feinde" handele. In allen anderen Fällen mussten die örtlichen Verwaltungsorgane allerdings dafür Sorge tragen, dass die ehemaligen Großbauern und ihre Familienangehörigen andere Arbeitsplätze erhielten. Dies waren bereits die Vorzeichen für die so genannte Aktion „K", in deren Rahmen ein Jahr später mit der Zwangsumsiedlung von Familien begonnen wurde, die für das Regime „unbequem" waren.

Nach dem X. Parteitag der KPTsch 1954 wurde die Lösung der Boden-Frage mit noch größerer Schärfe vorangetrieben. Im Rahmen ihrer Landwirtschaftspolitik hatte sich die Kommunistische Partei das Ziel gestellt, die landwirtschaftliche Produktion wesentlich zu erhöhen, Genossenschaften höheren Typs zu entwickeln und damit die Kollektivierung der Landwirtschaft abzuschließen. Das bedeutete zugleich, dass der Kampf gegen die „Kulaken" zum Abschluss gebracht werden sollte. Um diese Ziele zu erfüllen, gab das Landwirtschaftsministerium eine Direktive heraus, die forderte, streng zwischen der Lösung wirtschaftlicher Schwierigkeiten der „zugrunde gehenden Landwirtschaftsbetriebe der Kulaken" und „der Landwirtschaftsbetriebe der Klein- und Mittelbauern, die unzureichend mit Arbeitskräften ausgestattet waren", zu differenzieren. Danach sollten die Betriebe der Großbauern, die in Schwierigkeiten geraten waren, weil sie die übertriebenen Abgabeforderungen nicht erfüllen konnten, keine staatliche Unterstützung erhalten. Vielmehr sollten sie darauf vorbereitet werden, vom sozialistischen Sektor übernommen zu werden. Dagegen sollte Klein- und Mittelbauern alle nur mögliche Unterstützung ihrer Arbeit gewährt werden.

Bei jenen großbäuerlichen Landwirtschaftsbetrieben, die trotz aller Schikanen in der Lage waren, den Auflagen der Abgabe nachzukommen, sollten die zuständigen Organe darauf achten, ob sie dem Besitzer nicht andere Verstöße nachweisen konnten.

Wenn ein Großbauer um Aushilfe bei einer der Maschinen- und Traktorenstationen (MTS) anfragte, durfte ihm diese erst dann gewährt werden, wenn die Arbeiten in Genossenschaften und bei Klein- und Mittelbauern beendet waren. Fehlte es den Großbauern an Arbeitskräften, konnten sie sich zwar Hilfe aus der nächsten Umgebung organisieren. Sie durften jedoch nicht, wie es traditionell war, Familienangehörige zur Mitarbeit heranziehen, weil diese inzwischen in anderen Zweigen der Volkswirtschaft beschäftigt waren. Weiter hieß es in der Direktive: Im Falle, dass es ein Großbauer nicht schafft, seine Ländereien zu bewirtschaften, „... kann er seinen Landwirtschaftsbetrieb freiwillig abtreten oder unentgeltlich einem staatlichen Gut, einer Genossenschaft oder einem anderen sozialistischen Landwirtschaftsbetrieb zur Nutzung überlassen. ... Tritt er seinen Betrieb nicht freiwillig ab ... weist das Exekutivorgan des örtlichen Nationalausschusses an, den Großbauernhof einem staatlichen Gut, einer Genossenschaft oder einem anderen sozialistischen Landwirtschaftsbetrieb zuzuführen. ... Es kann auch angewiesen werden, Wohngebäude zur Nutzung ... zu überlassen."

Diese Direktive zählte letztlich noch zu den gemäßigteren. Wenn das Exekutivorgan des örtlichen Nationalausschusses der Meinung war, dass der Eigentümer eines großbäuerlichen Betriebes die Abgabe-Auflagen bewusst nicht erfüllte oder gar Sabotage betrieb, wurde gegen ihn Strafanzeige bei der Staatsanwaltschaft gestellt. Dies kam de facto einer Verurteilung gleich. Das Eigentum des Großbauern wurde dann verstaatlicht und er selbst wegen Sabotage und Nichterfüllung des Wirtschaftsplans mit einer Freiheitsstrafe belangt.

Mitte der fünfziger Jahre verfügte die Kommunistische Partei schließlich über die erforderlichen Mittel für den Kampf gegen alle selbständig wirtschaftenden Bauern, die der vollständigen Kollektivierung der Landwirtschaft im Wege standen. Da der Begriff „Kulak" nur unklar definiert war, konnte im Prinzip jeder in diese Kategorie fallen, ungeachtet dessen, wie groß sein Landbesitz war. Doch auch die versprochene Hilfe für Klein- und Mittelbauern gab es nur auf dem Papier, selbst diese konnten sich im Handumdrehen auf der Liste feindlicher Personen wiederfinden, wenn es die bürokratischen Kommissionen des örtlichen Nationalausschusses in ihrer Willkür so bestimmten. Die strenge Kontrolle der Einhaltung der unverhältnismäßig hohen Auflagen zum einen sowie die stark eingeschränkte wirtschaftliche Hilfe zum anderen führten die Bauern faktisch unausweichlichen in den Ruin. Sofern sie in Schwierigkeiten gerieten, konnten sie ihr gesamtes Eigentum entweder freiwillig abtreten oder wurden wegen Sabotage des Wirtschaftsplans und der Lebensmittelversorgung der Bevölkerung angeklagt. Das Ergebnis war in jedem Fall gleich: Die ersatzlose Verstaatlichung des mobilen und immobilen Eigentums. Hatten die Bauern in den vergangenen Jahren noch einen geringen Pachterlös erhalten, so sorgte das Regime jetzt dafür, dass sie alles verloren: ihren Boden, ihr Inventar und sogar ihre Häuser.

Eine weitere administrative Maßnahme zur Diskriminierung der eigenständigen Landwirtschaftsbetriebe war die Zwangsabgabe landwirtschaftlicher Produkte und deren Erfassung. Jeder Betrieb, ganz gleich ob Genossenschaft oder privat, war dazu verpflichtet, einen bestimmten Anteil seiner Produktion an den Staat abzuführen. Die Art und Weise der Lieferungen, deren Menge und die Personen, die für die Erfassung sorgten, waren gesetzlich festgelegt. Eine Regierungsanordnung schrieb vor, dass jeder Landwirtschaftsbetrieb einen verbindlichen Vertrag über die Zwangsabgaben abzuschließen hatte. Gesetzlich war festgelegt, auf welche landwirtschaftlichen Produkte sich die Zwangsabgabe bezog sowie die Kategorie der Betriebe, nach der die Höhe des zu erbringenden Soll unterschieden wurde. Der Landwirtschaftssektor wurde dazu in insgesamt sieben Kategorien unterteilt: Zur ersten Kategorie gehörten alle Betriebe mit einer Fläche von über 20 Hektar Land. Zur zweiten diejenigen mit einer Fläche zwischen 15 und 20 Hektar usw. Dabei wurde allerdings kein Unterschied gemacht, ob es sich um private Landwirte oder staatlich geförderte Genossenschaften handelte. Während die privaten Familienbetriebe ihre fruchtbaren Böden eingebüßt hatten und jeder Möglichkeit beraubt worden waren, Hilfsarbeiter anzustellen, Maschinen und Traktoren zu leihen, hochwertiges Saatgut oder Kredite zu erhalten, wurden die Genossenschaften vom Staat unterstützt und genossen alle nur denkbaren Vorteile. Das einzige Kriterium, das für die Höhe der Zwangsabgabe ausschlaggebend war, war das Ausmaß der landwirtschaftlichen Nutzflächen. Später wurde das Gesetz allerdings noch dahingehend ergänzt, dass das von privaten Bauern zu leistende Abgabe-Soll stets höher war als für die Genossenschaften oder staatlichen Güter.

Zur Veranschaulichung der komplizierten Lage der privaten Bauern seien noch weitere Maßnahmen angeführt, die die kommunistische Politik gegen sie ergriffen. Ein besonders schwerwiegender Schlag wurde den Privatbauern dadurch versetzt, dass sie gezwungen worden waren, ihre gesamte Technik an den Staat zu verkaufen. Diese Maßnahme schlossen die Kommunisten zum 31. Dezember 1950 erfolgreich ab. Der private Landwirtschaftssektor hatte dadurch insgesamt 99.000 Maschinen verschiedenster Art eingebüßt. Die „aufgekauften" Maschinen wurden den Maschinen- und Traktorenstationen übergeben. Diese sollten ihre Dienstleistungen künftighin allen Bauern anbieten, jeder Gruppe allerdings zu einem anderen Preis. Privatbauern mit einem Bodenbesitz von mehr als 15 Hektar hatten 44 Prozent mehr zu zahlen als die übrigen Bauern. Auf der Grundlage dieses Gesetzes verloren die privaten Bauern nicht nur ihre Maschinen, sondern auch ihre Wirtschafts- und mitunter sogar ihre Wohngebäude, sofern der örtliche Nationalausschuss entschieden hatte, dass der Bauer die Immobilie nicht mehr benötige. Darüber hinaus herrschte in der Landwirtschaft ein immer größerer Arbeitskräftemangel. Allein im Jahr 1950 sank die Zahl der Lohnarbeiter im Landwirtschaftssektor um 50.900 Beschäftigte. Gleichzeitig wurden den privaten Bauern immer größere finanzielle Erschwernisse auferlegt. Dazu zählte die

Ausweitung der Steuerpflicht. Bis 1950 mussten nur etwa neun Prozent aller Landwirtschaftsbetriebe eine Agrarsteuer zahlen. Die übrigen waren davon befreit. Allerdings zahlten alle Bauern außer der Agrarsteuer auch die allgemeine Steuer. Das Finanzministerium legte nun den Entwurf eines neuen Agrarsteuer-Gesetzes vor, das sich nur auf die Großbauern bezog. Nach diesem Gesetz zahlte ein Landwirt mit einer Fläche von über 20 Hektar einen um 231 Prozent höheren Steuersatz als kleinere landwirtschaftliche Betriebe.

Ein weiterer Schlag gegen die Großbauern war die Verweigerung jeglicher Darlehen wie Agrar-, Betriebs-, Investitions- und sogar Ehekredite. Nach Verordnungen und Verfügungen des Ministeriums für Binnenhandel durften an Großbauernfamilien nicht einmal Kleider-, Zucker- oder Seifenkarten ausgegeben werden.

Darüber hinaus war es verboten, an Großbauern veredeltes Saatgut auszugeben. Ihre Betriebe wurden von den Veredelungs- und Pflanzenzuchtprogrammen ausgeschlossen. Alle Baumschulen für Obstgehölze wurden in das Eigentum der Landwirtschaftlichen Produktionsgenossenschaften überführt. Zugleich mussten die Großbauern fast sämtliches Vieh verkaufen. Für das Kleinvieh, das ihnen blieb, wurde ihnen kein Futter mehr zugeteilt.

∗∗∗

Die Einheits-Planung in der Landwirtschaft bezog sich nicht nur auf die Menge und die Arten der landwirtschaftlichen Produkte selbst (wobei den Großbauern stets weniger ertragreiche Pflanzen zugeteilt wurden). Vorgeschrieben wurden auch die Größe der Saatflächen, die Art und Weise der Feldbestellung, die Sorte und Menge der zu verwendenden Düngemittel, der Viehbestand usw., all das unterlag strengsten Kontrollen. Schon die geringste Abweichung von den vorgeschriebenen Normen wurde hart bestraft. Über den Betrieb eines Beschuldigten wurde sofort eine Zwangspacht verhängt. Zudem musste er alles abliefern, was er produziert hatte, auch den Anteil für seinen Eigenbedarf. Die Vorschrift besagte, dass die Kontrollen in erster Linie nach den Gesichtspunkten der kommunistischen Klassenideologie zu erfolgen hätten. Die tatsächlich erzeugten landwirtschaftlichen Produkte spielten dabei eine untergeordnete Rolle. In der Praxis bedeutete dies, dass bei den Großbauern die Erfüllung aller Auflagen systematisch kontrolliert wurde. Die Kontrollorgane waren verpflichtet, konsequent alle nur möglichen Sanktionen zu verhängen. Ihr Ausmaß und ihre Art – wie beispielsweise Geldstrafen, Freiheitsentzug oder Zwangsverwaltung – sollten der jeweilige Nationalausschuss des Kreises (Kreisverwaltung) gemeinsam mit der entsprechenden Kreisleitung der KPTsch „nach eigenem Ermessen" festlegen. So wurden bei Klein- und Mittelbauern nur stichprobenartige Kontrollen vorgenommen. Als mögliche Sanktion kamen hier höchstens Geldstrafen in Frage.

Die Nationalausschüsse der Kreise waren zugleich dazu verpflichtet, die Art und die Höhe der Strafen zu kontrollieren. Stellten sie fest, dass die Sanktionen zu mild oder vom Klassenstandpunkt aus gesehen falsch waren, mussten sie Korrekturen vornehmen. Die Verhängung von Strafen oblag allerdings nicht nur allein den Nationalausschüssen. Ebenso intensiv schalteten die Kommunisten dazu auch Gerichte ein. Ein Credo der Generalstaatsanwaltschaft im Kampf gegen die Großbauern lautete hierbei: „Der Klein- und Mittelbauer ist zur Erfüllung seiner Pflichten gegenüber dem Staat zu überzeugen, der Kulak ist zur Erfüllung seiner Pflichten zu zwingen." Dabei wurde so brutal wie möglich vorgegangen. Mit Inkrafttreten des neuen Strafgesetzes ab 1950 wurde die harte Gangart der Gerichte immer offensichtlicher. Die Generalstaatsanwaltschaft empfahl, Ordnungswidrigkeiten dieser Art laut Gesetz als Sabotage (drei Jahre Gefängnis bis Todesstrafe), Gefährdung der Versorgung der Bevölkerung (drei Monate Gefängnis bis Todesstrafe) und Nichterfüllung der Auflagen (sechs Monate Gefängnis) einzustufen und dementsprechend zu ahnden. Dabei musste die Staatsanwaltschaft selbst einsehen, dass es den Gerichten Schwierigkeiten bereitete, die Anwendung dieser Paragraphen bei derartigen Tatbeständen zu rechtfertigen. Unter „Sabotage" verstand das Gesetz die bewusste und zielgerichtete Verweigerung der vorgeschriebenen Abgaben in einem solchen Umfang, dass dadurch die Erfüllung des Einheits-Wirtschaftsplanes vereitelt wurde.

Dem Durchschnittsbürger war es allerdings nur schwer verständlich zu machen, dass die Erfüllung des Wirtschaftsplans eines gesamten Bereichs nur darum nicht erreicht werden sollte, weil ein Großbauer seiner Abgabepflicht nicht nachkommt. So waren die Urteile für die Bevölkerung nicht überzeugend. Nach Ansicht der Generalstaatsanwaltschaft erfüllten sie darum auch nicht ihre erzieherische Funktion. Dennoch sollten die Gerichte auch künftig davon ausgehen, dass die Nichterfüllung des Abgabe-Solls stets absichtlich erfolgte. Ebenso erschien die Anwendung des Paragraphen über die Gefährdung der Versorgung häufig sehr konstruiert. Bei der Anwendung des dritten Paragraphen (Nichterfüllung der Auflagen) gab es zwar keine Schwierigkeiten, doch sah dieser nach Ansicht der Generalstaatsanwaltschaft zu geringe Sanktionen vor. Demnach hielt es das Regime für ungeeignet, Großbauern auf Grundlage dieses Paragraphen zu belangen.

Die in den Direktiven der KPTsch festgelegten Abgabepflichten erwiesen sich somit als eine der wirksamsten Methoden, um die private Landwirtschaft zu liquidieren. Die Kommunisten hielten nicht damit hinter dem Berg, dass diese Auflagen auf der Grundlage ihrer Klassenideologie definiert worden waren. In öffentlicher Rede wurde zum Beispiel verkündet, dass es „im Einklang mit der Diskriminierung und Unterdrückung der kapitalistischen Elemente" sei, „wenn die Kulaken höhere Pflichtabgaben als Klein- und Mittelbauern haben". Eine weitere administrative, gegen die privaten Bauern gerichtete Maßnahme war die Zwangsaussiedlung der Familienangehörigen von verurteilten „Großbauern" aus ihrem bisherigen Wohnort. Diese Familien hatten über Jahrhunderte in ihren Heimatdörfern gelebt, genossen bei der Dorfbevölkerung zumeist hohen Respekt und hatten demzufolge auch Einfluss auf sie. Ihre Verurteilung – oft wegen an den Haaren herbeigezogener Gesetzesübertretungen – traf bei den Dorfbewohnern nicht selten auf großen Widerstand. Mit der Aussiedlung der Großbauernfamilien entledigte sich die Kommunistische Partei gleich mehrerer Unannehmlichkeiten auf einen Schlag: Zunächst beruhigte sich der Unmut im Dorf bald, denn wenn die Familien nicht mehr vor Ort waren, hatten die Kommunisten genügend Zeit, den gesamten Fall „politisch korrekt zu erklären". Zudem verschwand mit den Großbauern auch deren Einfluss in den Dörfern. Nicht zuletzt aber gelang es den Kommunisten, diese Bauernfamilien im wahrsten Sinne des Wortes zu entwurzeln und damit als soziale Schicht zu liquidieren. All dies beruhte auf der so genannten Direktive über die Regelung der Verhältnisse der Familienangehörigen von Großbauern, erlassen vom Innen-, Justiz- und dem Ministerium für Nationale Sicherheit im Oktober 1951.

Danach wies das Ministerium für Nationale Sicherheit Familienangehörigen, die in einem gemeinsamen Haushalt von Großbauern lebten, die durch das Gericht oder den Nationalausschuss enteignet worden waren, einen Arbeitsplatz und eine Wohnung außerhalb des bisherigen Wohnortes zu. In der Regel wurden sie in die Grenzgebiete verbannt. Arbeitsunfähige Rentner konnten nach Absprache mit ihren Familien ebenso am zugewiesenen Wohnort leben oder sie erhielten einen Platz in einem Altenheim des zuständigen Kreises. Arbeitsunfähige und mittellose Familienmitglieder wurden von den Organen der Volksverwaltung des zugewiesenen Wohnortes versorgt.

Sofern es „unbedingt nötig" war, konnte der Staatsanwalt einen minimalen Teil aus dem konfiszierten Eigentum der Familie jener zur Grundversorgung belassen. Wie groß dieser Teil war, oblag allerdings seiner Willkür. Er allein entschied darüber, wie viele persönliche Bekleidungsstücke, Wäsche, Lebensmittelvorräte und Gegenstände der Wohnungseinrichtung die Familien behalten durften. Wenn es der Staatsanwalt nicht für nötig ansah, den Familien etwas zu belassen, kamen sie in völlig leere Wohnungen, ohne das Geringste bei sich zu haben. Das widersprach sogar den amtlichen Direktiven, die bestimmten, dass mit der Zuweisung in einen neuen Wohnort keine weitere Diskriminierung und Bestrafung einher gehen dürfe.

Das Ministerium für Nationale Sicherheit teilte schließlich den Betroffenen ihren neuen Arbeitsort mit und informierte die Behörden, die für dessen letzten ständigen Wohnsitz zuständig waren. Jene veranlassten dann die Umsiedlung der betroffenen Familie, wobei alle entstehenden Kosten auf diese abgewälzt wurden. Die Direktive wurde rückwirkend auch gegen Familien angewandt, deren Eigentum bereits früher konfisziert worden war.

In kurzer Zeit wurde die Direktive allen Bezirks-Staatsanwälten, den Bezirksleitungen der Nationalen Sicherheit und den Vorsitzenden der Nationalausschüsse der Bezirke in Böhmen und Mähren sowie dem Amt des Beauftragten für Inneres in der Slowakei zugesandt. Darin wurde detailliert beschrieben, auf welche Weise sich die einzelnen Bereiche an der Aussiedlung der „Kulakenfamilien", der so genannten Aktion „K", zu beteiligen hatten. Für das Vorgehen gab es genaue Regeln. In jedem Kreis sollte der Chef der Nationalen Sicherheit die ein oder zwei Gemeinden ausfindig machen, in denen die meisten Großbauern lebten. Diese sollten nun genau beobachtet und gründlich kontrolliert werden. Bei den geringsten Anzeichen einer Nichterfüllung der Abgabeauflagen oder „Sabotage" habe sofort eine Anzeige bei der Staatsanwaltschaft zu erfolgen. Diese veranlasste daraufhin die Inhaftierung und Enteignung des Beschuldigten. Der zuständige Nationalausschuss beschlagnahmte dann das Eigentum. Unverzüglich fand die Kreisleitung der Staatssicherheit alle Personen heraus, die zur Familie des Beschuldigten gehörten. Ferner stellte sie alle Fakten über die Art und die Größe des Landwirtschaftsbetriebes fest, sogar über das Eigentum, das nur Gerüchten zufolge vorhanden war. Alle Informationen wurden umgehend dem Vorsitzenden des Nationalausschusses des Kreises mitgeteilt. Nach der Urteilsverkündung nahm der Nationalausschuss des jeweiligen Kreises die Aussiedlung vor und meldete den Vollzug bei der zuständigen Bezirksabteilung der Staatssicherheit. Die Aktion musste möglichst lange geheim bleiben, die „Großbauern" sollten auf keinen Fall im Vorfeld erfahren, dass es sich um ihre Aussiedlung handele. Ihnen gegenüber sollte sogar die Existenz dieser Richtlinie verschwiegen werden.

Obwohl der Wortlaut der Richtlinie klar zu sein schien, war ihre Umsetzung von Anfang an mit großen Problemen verbunden. Gleich in der ersten Hälfte des Jahres 1952 wurde die Aussiedlung vorübergehend eingestellt, weil es nicht genügend geeignete Orte gab, wohin die „reaktionären Kräfte" gebracht werden konnten, ohne dass sie „die Sicherheit des Staates gefährdeten". Im Herbst wurden schließlich spezielle Staatsgüter zur Verfügung gestellt, so dass die Aktion „K" fortgesetzt werden konnte. Schon seit ihrem Beginn wurde gegen die Richtlinie zudem deutlich verstoßen. So wurden Familien auch dann einbezogen, wenn der Großbauer noch gar nicht verurteilt war. Das heißt, die Familien wurden schon vor der Verkündung eines rechtskräftigen Urteils ausgesiedelt, in einigen Fällen sogar, obwohl der Großbauer freigesprochen wurde. Mitunter kam es auch zur Aussiedlung, obwohl nicht das gesamte Eigentum, sondern nur ein Teil davon enteignet worden war. Mit der Vertreibung wurden auch Personen bestraft, die zwar in einem familiären Verhältnis zu den Verurteilten standen, jedoch einen eigenen Beruf hatten und deshalb außerhalb des familiären Anwesens lebten. In einigen Fällen diente die Richtlinie auch als Vorwand, um Bauern loszuwerden, die eine kleinere Fläche besaßen, aber nicht in die Genossenschaft eintreten wollten. Nicht einmal der Punkt der Richtlinie, der den Ausgesiedelten deren persönliches Eigentum zubilligte, wurde erfüllt. Zudem stellten die Nationalausschüsse der Kreise weder die Unterbringung der Vertriebenen, noch den Unterhalt für diejenigen sicher, die arbeitsunfähig waren.

Angesichts dieser offensichtlichen Ungerechtigkeiten und Gesetzeswidrigkeiten, die mit einem nicht nachlassenden Widerstand der Landbevölkerung verbunden waren, sahen sich die zuständigen obersten Organe schließlich dazu gezwungen, die Richtlinie aufzuheben. Im Juli 1953 erließ der Minister für Nationale Sicherheit den mündlichen Befehl, die Aktion „K" einzustellen. Da die Zahl der umgesiedelten Personen nicht zentral erfasst worden war, kann nicht mehr genau festgestellt werden, wie viele Familien von Januar 1952 bis Juli 1953 von ihr betroffen waren. Die Angaben schwanken zwischen 2.000 und 4.000.

∗∗∗

Nach der Annulierung der Richtlinie wollten natürlich viele der Vertriebenen wieder in ihren ursprünglichen Wohnort zurückkehren. So befasste sich das Politbüro des Zentralkomitees der KPTsch 1956 abermals mit der Aktion „K". Mit der Aufhebung der Richtlinie sollten alle Umgesiedelten das gleiche Recht auf freie Wohnortwahl haben wie alle anderen Bürger. Sie waren jedoch an arbeitsrechtliche Vorschriften gebunden. So gab es für eine Rückkehr der Ausgesiedelten zwar offiziell keine juristischen Hindernisse, dennoch fand man einen Weg, um jene zu vereiteln: „Die Frage des Arbeitsverhältnisses hat in erster Linie der Arbeitgeber zu klären. Dieser hat eine Bestätigung darüber zu verlangen, dass es gegen die Aufhebung des Arbeitsverhältnisses keine Einwände gibt. Es gibt allerdings kein kompetentes Organ, das eine solche Bestätigung herausgeben könnte, da die Kommissionen, die die Umsiedlungen angeordnet haben, nicht mehr existieren. … Wir denken, dass die Haltung der Nationalausschüsse der Kommunen und Kreise gegenüber diesen Kulaken eine ausreichende Gewähr dafür ist, dass es nicht zu ihrer Rückkehr in ihren ursprünglichen Wohnort kommen wird." Mit dieser juristischen Finte war die Absicht, die Großbauern-Familien aus ihren Heimatdörfern zu vertreiben und über die gesamte Republik zu verstreuen, fast ausnahmslos aufgegangen. In der zitierten Mitteilung heißt es allerdings weiter: „Offen bleiben Fälle derjenigen Personen, die nicht mehr im arbeitsfähigen Alter sind und ihr Interesse bekunden, zu ihren Verwandten in ihren ursprünglichen Wohnort zurückzukehren. In diesen Fällen kennt unsere Rechtsordnung kein Mittel, sie daran zu hindern."

Außer der wirtschaftlichen Liquidierung und der Entwurzelung der Großbauern ergriff das kommunistische Regime auch auf dem Bildungssektor restriktive Maßnahmen gegen sie. Im Mai 1952 ließ sich das Sekretariat des Zentralkomitees der KPTsch einen Bericht über die soziale Herkunft aller Schüler der Landwirtschafts-Mittelschulen vorlegen. Wie es darin hieß, sei es „trotz aller Maßnahmen zahlreichen Kindern von Großbauern gelungen, auf Landwirtschafts-Mittelschulen zu kommen". Nach statistischen Angaben handelte es sich um rund 500 Kinder, deren Eltern mehr als 15 Hektar Land besaßen. Landwirtschaftsminister Nepomucký legte dem Zentralkomitee der KPTsch im Juni 1952 einen Papier vor, das bezweckte, die Landwirtschafts-Mittelschulen von Großbauern-Kindern zu säubern. Die gesamte Aktion fand in den Sommerferien statt, damit sie so wenig Aufsehen wie möglich erregte und den Unterrichtsbetrieb nicht beeinträchtigte.

Dem Bericht über die Säuberung der Landwirtschaftsschulen von Kindern der Großbauern zufolge wurden 1952 mehr als 7.000 tschechische und 1.500 slowakische Schüler der Landwirtschafts-Mittelschulen überprüft. Für 473 von ihnen wurde ein Schulausschluss empfohlen, dann auch realisiert. Obwohl das Zentralkomitee der KPTsch die gesamte Aktion positiv bewertete, sah es sich doch mit einem heiklen Problem konfrontiert. Mit dem Ausschluss aus der Mittelschule sollten die Schüler zugleich aus ihrer Familie gerissen und vor allem auf staatliche Güter im Grenzgebiet zum Arbeiten geschickt werden. Doch von den 473 Schülern traten nur 60 die Arbeit an. Der Grund war, dass die Eltern der Kinder ihr Einverständnis verweigerten, schließlich waren diese noch nicht volljährig. Lieber beschafften sie ihnen einen Arbeitsplatz außerhalb der Landwirtschaft, bevorzugt in der Industrie. Probleme gab es allerdings auch dort, wo die Kinder den Befehl zum Arbeitsantritt befolgten. Die Leitung der staatlichen Güter gewährte ihnen keine Unterkunft und Verpflegung, in den Räumen fehlten Öfen, Schränke, Bettwäsche und Bettdecken, mancherorts sogar Toiletten. In ein solches Umfeld wurden 15-jährige Kinder – getrennt von ihren Familien – geschickt, um sie zu „sozialistischen Menschen" umzuerziehen.

Auch die Hochschulen blieben von den Säuberungen nicht verschont. Insgesamt 133 Studenten mussten die landwirtschaftlichen und veterinärmedizinischen Hochschulen verlassen. Die Säuberung, die zum Ziel hatte, Kindern aus Großbauern-Familien jegliche höhere Fachausbildung zu verwehren, dokumentiert, wie planmäßig und gezielt die Kommunistische Partei bei der Liquidierung des unbequemen „Klassenfeindes" vorgegangen ist: Nach der wirtschaftlichen Vernichtung folgte der Ausschluss von Kultur und Bildung, damit sich aus den neuen Fachleuten nicht weitere „Feinde des Sozialismus" rekrutierten.

Im Bericht des XII. Parteitages der KPTsch im Jahre 1962 lobten sich die Kommunisten selbst: „Was die Liquidierung des Restes der Ausbeuterklasse anbelangt, so wurde diese Aufgabe in dieser Zeitspanne (seit dem XI. Parteitag im Jahre 1958 – Anm. der Autorin) bereits ohne Schwierigkeiten bewältigt, denn in der Etappe nach dem XI. Parteitag blieb auf dem Lande nur ein Rest an Kulaken übrig, deren Landwirtschaftsbetriebe nur noch 1,6 Prozent der gesamten landwirtschaftlichen Nutzfläche ausmachten. Durch eine konsequente Diskriminierung und Verdrängung wurde das Großbauerntum als Klasse insgesamt beseitigt. Abgeschafft wurde damit auch das Privateigentum an Produktionsmitteln, das die Ausbeutung des Menschen durch den Menschen ermöglicht hatte." Es war den Kommunisten also gelungen, in kurzer Zeit ihr Ziel zu erreichen. Von langer Hand vorbereitet und systematisch durchgeführt, entfernten sie eine gesamte soziale Gruppe aus allen Bereichen des Lebens.

✳✳✳

Es sollte nur bis Mitte der sechziger Jahre dauern, bis im Zusammenhang mit dem politischen Tauwetter die ersten Beschwerden gegen das ungesetzliche Vorgehen gegenüber den privaten Landwirten in den fünfziger Jahren laut wurden. Nachdem sich die an die Generalstaatsanwaltschaft und das Oberste Gericht gerichteten Eingaben häuften, mussten sich diese Institutionen schließlich damit beschäftigen und einen Standpunkt einnehmen. Sie sahen sich gezwungen – natürlich nicht öffentlich – einzuräumen, dass bei der Gründung der Landwirtschaftlichen Produktionsgenossenschaften „mitunter" gegen das Prinzip der Freiwilligkeit verstoßen worden war. Auch sei es zu „Übergriffen" bei der wirtschaftlich-technischen Flurbereinigung, der Aufstellung der Abgabenormen und deren Eintreibung usw. gekommen. Im Frühling 1965 fand eine Beratung des Zentralkomitees der KPTsch statt, an der auch der Generalstaatsanwalt, dessen Stellvertreter sowie der Vorsitzende des Obersten Gerichts teilnahmen. Dabei verständigten sich die Anwesenden auf ein einheitliches Vorgehen beim Umgang mit derartigen Eingaben. Obwohl sie selbst der Ansicht waren, dass in vielen Fällen gegen das Gesetz verstoßen worden war, fanden sie Wege und Möglichkeiten, um ein öffentliches Schuldbekenntnis zu vermeiden. Weil seit der Zeit, als die meisten Urteile vollstreckt wurden, bereits mehr als zehn Jahre vergangen waren, konstatierten sie, dass die „objektive Wahrheit" nicht mehr festzustellen sei. Wenn Privateigentum durch einen Gerichtsbeschluss konfisziert worden war, sei es den Landwirtschaftlichen Produktionsgenossenschaften oder Staatsgütern zugeteilt worden. Somit würde heute die Diskussion über eine Rückgabe des Eigentums „zweifelsohne auf Unverständnis und Kritik in der Öffentlichkeit stoßen". Wenn die Wiederaufnahme der Gerichtsverfahren zu einer Urteilsmilderung oder gar einer Aufhebung des Gerichtsurteils führen würde, „müssten an die betroffenen Personen als Haftentschädigung erhebliche Mittel aus dem Staatshaushalt gezahlt werden". Zudem würde jeder Fall dieser Art dazu ermuntern, immer weitere Beschwerden einzureichen. Somit war das Fazit der Kommission eindeutig und gab zugleich ein beredtes Zeugnis darüber ab, was sozialistische Gesetze in der Praxis bedeuteten: „Aus den angeführten Gründen wird keine Revision der Gerichtsurteile im Bereich der Landwirtschaft vorgenommen, auch nicht in den Fällen, in denen Mittelbauern als Kulaken eingestuft worden waren. Alle bei der Generalstaatsanwaltschaft sowie beim Obersten Gericht eingegangenen Eingaben werden zu den Akten gelegt. Die Urheber der Eingaben werden darüber kurz in Kenntnis gesetzt.

Aus denselben Gründen wird es auch nicht für sinnvoll angesehen, in diesen Fällen eine Wiederaufnahme der Strafverfahren zu genehmigen." Gemäß dieser Anweisung wurde mit allen Beschwerden verfahren, die Landwirte gegen Gesetzesverstöße in der Landwirtschaft eingereicht hatten. Auf ihre Rehabilitierung mussten die verurteilten privaten Landwirte noch weitere 22 Jahre warten.

Die Opferzahl der beschriebenen Vorgänge ist beträchtlich. Dabei sei nicht zuletzt an jene erinnert, die viele Jahre im Gefängnis verbringen mussten oder wegen „staatsfeindlicher Tätigkeit" hingerichtet wurden. Unbeschreiblich sind die Schäden, die die Kommunisten durch ihr „administratives" Vorgehen diesen Menschen zugefügt haben. Leider verfügt unsere Rechtsordnung über keinerlei Mittel, dieses Unrecht wieder gut zu machen. Wirtschaftliche Schäden können teilweise noch heute abgefedert werden, doch für die zerstörten Biographien einer ganzen Generation von privaten Landwirten gibt es keine Wiedergutmachung.

Übersetzt von Heiko Krebs

Jan Kalous

Die Kirchenpolitik der KPTsch von 1945 bis 1950

Durch ihre untadlige Haltung im Zweiten Weltkrieg hatten die Kirchen in Böhmen und Mähren beträchtlich an gesellschaftlichem Ansehen gewonnen. Im Bewusstsein der Bevölkerung war bei Kriegsende fest verankert, dass die Kirchen in der Zeit des nationalsozialistischen Protektorats direkt und zuweilen auch indirekt den Widerstand gegen das NS-Regime mitgetragen hatten. Zahlreiche Pfarrer und andere Kirchenmitglieder waren dafür verfolgt worden, nicht wenige von ihnen waren inhaftiert gewesen und einige sind hingerichtet worden. Dagegen befand sich die römisch-katholische Kirche in der Slowakei in einer entgegengesetzten Situation. Nicht nur die Kommunisten sahen in ihr eine der Stützen des pronazistischen slowakischen Staates.

Die Tschechoslowakei strebte deshalb nach dem Krieg an, im Vatikan die Abberufung jener Bischöfe zu erreichen, die nach ihrer Ansicht im Zweiten Weltkrieg die nationale Ehre mit Füßen getreten hatten. Der Heilige Stuhl ließ derartige Einmischungen in seine Angelegenheiten jedoch nicht zu, so dass dieser Vorstoß erfolglos blieb. Die Kommunisten betrieben daraufhin die Abrechnung mit den unliebsamen Bischöfen auf anderen Wegen. In den fünfziger Jahren wurden sie für Vergehen wie den angeblichen Verrat militärischer Geheimnisse, die sie zwischen 1939 und 1945 begangen haben sollten, zu meist hohen Haftstrafen verurteilt.

***

Nach Angaben des Kirchenhistorikers Václav Vaško bekannten sich bei einer Gesamtbevölkerung von 8,8 Millionen Einwohnern 1948 in Böhmen und Mähren rund 6,5 Millionen Menschen zur katholischen Kirche. In der Slowakei zählte sie 3 Millionen Mitglieder bei 3,3 Millionen Einwohnern. Im kirchlichen Dienst waren 1948 mehr als 7.000 Pfarrer tätig. In den Klöstern lebten rund 2.900 Mönche und etwa 12.000 Nonnen. Die katholische Kirche war damit nicht nur zahlenmäßig eine starke gesellschaftliche Gruppierung, auch ihr Einfluß auf das gesamte gesellschaftliche Leben war beträchtlich. Die Kommunisten fühlten sich angesichts dieses Potentials sowie durch die internationalen Kirchen-Strukturen mit ihrem Zentrum im Vatikan stets verunsichert, nicht zuletzt deshalb war die Kirche aus ideologischer Sicht für sie ein Feind schlechthin.

Vor dem Februarputsch 1948 konnte die Kommunistische Partei der Tschechoslowakei nicht offen gegen die Kirche bzw. die Religion vorgehen, in solchem Falle wäre der Verlust zahlreicher Wählerstimmen unvermeidlich gewesen. Die KPTsch musste berücksichtigen, dass sich selbst zahlreiche Kommunisten zum christlichen Glauben bekannten und teilweise überaus aktiv am kirchlichen Gemeindeleben teilnahmen. Das komplizierte die Auseinandersetzung mit diesem politischen Gegner zusätzlich. Langfristiges Ziel der KPTsch war, den gesellschaftlichen Einfluss aller Kirchen deutlich zurück zu drängen. Mit immer mehr Selbstbewusstsein machte sich die KPTsch bereits vor dem Februarputsch 1948 daran, dieses Ziel zu erreichen. So observierte sie viele Aktivitäten der Kirchen und unterwanderte die kirchennahe Tschechoslowakische Volkspartei mit ihren Agenten.

Im Februar 1948 veränderte sich die politische Kräfteverteilung im tschechoslowakischen Staat grundlegend. Schritt für Schritt festigten die Kommunisten jetzt ihre neu gewonnenen Positionen und erlangten bald eine Monopolstellung in der Machtausübung. In der Kirche sah die KPTsch nun umso mehr einen ideologischen Hauptgegner. Zielstrebig gingen die Kommunisten daran, auch das innerkirchliche Leben und die Tätigkeiten der Kirche ihrer Kontrolle zu unterwerfen und ihren Einfluss auf die Bevölkerung so weit wie möglich einzuschränken. Zudem zielte ihre Arbeit darauf, die internationalen Verbindungen der katholischen Kirche kappen und sie damit isolieren. Schrittweise führten sie beispielsweise die so genannte „staatliche Zustimmung" für die Ausübung des Pfarrdienstes ein. Damit hatte die Staatsmacht ein Druckmittel in der Hand, mit der sie jeden Pfarrer existenziell bedrohen konnte, denn ohne staatliche Zustimmung konnte er sein Amt nicht ausüben. Zugleich stand die Kirche unter doppelter Aufsicht: Zum einen wurde sie von Staatsbeamten, zum anderen von der Staatssicherheit kontrolliert. Darüber hinaus sah sich die Kirche massiven Propaganda-Kampagnen ausgesetzt, die zum Ziel hatten, sie als Institution in der Öffentlichkeit zu diskreditieren. Des weiteren versuchten die Kommunisten den Eindruck zu erwecken, dass für die Verschlechterung der beiderseitigen Beziehungen zwischen Staat und Kirche die Bischöfe verantwortlich seien. Seinen Höhepunkt fand der wachsende Druck auf die Kirche in inszenierten Schauprozessen.

Die Feinheiten solcher Strategie werden sichtbar, wenn man die Details dieser Politik untersucht. Zwischen dem Staat, der nach dem Februarputsch allein von der KPTsch repräsentiert wurde, und der katholischen Kirche fanden zahlreiche Gespräche statt, in denen dem Vernehmen nach in strittigen Fragen für beide Seiten annehmbare Kompromisse gesucht werden sollten. In der ersten Phase bis zum April 1949 versuchte die KPTsch dabei, mit der Kirche am Verhandlungstisch eine Einigung zu erzielen. An der Spitze der Kirchendelegation stand der Bischof von Litoměřice Štěpán Trochta. Die Regierungsdelegation leitete der Justizminister und spätere Vorsitzende der staatlichen Behörde für Kirchenfragen Alexej Čepička. Die Gespräche wurden zum ersten Mal vor den Wahlen im Mai 1948 unterbrochen, nach kurzer Pause aber wieder aufgenommen. Eine weitere Unterbrechung erfolgte im Sommer 1948. Sie dauerte ein halbes Jahr, erst am 17. Februar 1949 trafen sich die Delegationen wieder. Die Vertreter der KPTsch forderten in den Verhandlungen von den Kirchen jetzt unmissverständlich eine Loyalitätserklärung gegenüber dem neuen Regime.

Die Kirchenvertreter waren sich unter den gegebenen Umständen nicht sicher, wie groß ihr Handlungsspielraum noch war. Zwar vernahmen sie einerseits die Aufforderungen von Papst Pius XII., Mut an den Tag zu legen und vor den neuen Machthabern nicht zurückzuweichen. Andererseits waren sie sich bewusst, dass sie unter dem streng atheistischen kommunistischen Regime um ihre weitere Existenz würden kämpfen müssen. Bei realistischer Betrachtung des Kräfteverhältnisses war offensichtlich, dass sie in einem offenen Konflikt keine Chance hatten. Innerhalb der Kirche bildeten sich in dieser Konstellation zwei Strömungen heraus: die antikommunistischen Hardliner, die völlig unnachgiebig gegenüber der KPTsch blieben, und die Realisten, die einen Modus vivendi suchten.

Die Verhandlungen waren stets von einer Atmosphäre des gegenseitigen Misstrauens geprägt. Die Kirche lehnte die Forderung der Kommunisten nach einer Loyalitätserklärung gegenüber dem neuen Regime kategorisch ab. Gleichzeitig übte die Staatsmacht mit administrativen Maßnahmen einen immer höheren Druck auf die Kirche aus. Dazu zählten unter anderem die Zensur der Kirchenpresse, Einschränkung des Religionsunterrichts und der Arbeit kirchlicher Schulen, Konfiszierung von kirchlichem Grund und Boden sowie eine Hetzkampagne gegen den Vatikan und den Papst persönlich. Mehrere Ereignisse belasteten den Dialog zwischen Staatsmacht und Kirche zusätzlich: Der Streit um das politische Engagement von Pfarrern im Zusammenhang mit der Aufstellung des katholischen Pfarrers Josef Plojhar zu den Parlamentswahlen, der Streit um die traditionelle Te-Deum-Zeremonie (Dankgottesdienst) nach der Wahl des Vorsitzenden der KPTsch, Klement Gottwald, zum Staatspräsidenten im Juni 1948 und die Entdeckung einer Abhöranlage bei einer Klausurtagung der Bischofskonferenz in Starý Smokovec.

Josef Plojhar repräsentierte in der Tschechoslowakischen Volkspartei jene „linke Fraktion", die nach dem Februarputsch 1948 an die Stelle der bisherigen, den Kommunisten gegenüber unnachgiebigen Parteiführung getreten war. Der Prager Erzbischof Beran bestand jedoch auf dem Grundsatz der politischen Neutralität von Pfarrern und der Kirche. So erhielt Plojhar keine Ausnahmegenehmigung für seine künftige politische Tätigkeit. Dennoch ließ er sich ins Parlament wählen und nahm später sogar das Amt des Innenministers an. Nach dem Kirchenrecht suspendierte ihn Erzbischof Beran daraufhin aus dem kirchlichen Dienst. Obwohl die KPTsch ständigen Druck ausübte, diese Abberufung wieder rückgängig zu machen, gab die Kirche in diesem Punkt nicht nach.

Auch die folgende Episode ist aussagekräftig. Als Gegenleistung für einen festlichen Gottesdienst nach der Wahl Klement Gottwalds zum Staatspräsidenten versprach Minister Čepička den Erhalt der kirchlichen Schulen. Die Kirche stand vor der Frage, ob sie diesem Junktim folgen wolle. Letztendlich zelebrierte Erzbischof Beran selbst die feierliche Messe im Prager Veitsdom. Die Kommunisten versuchten später, dieses Zugeständnis in der Öffentlichkeit als kirchliche Legitimation des Februarputsches darzustellen. Eine derartige Auslegung wies Beran allerdings entschieden zurück.

Schließlich war im März 1949 während einer Klausurtagung der Bischofskonferenz in Starý Smokovec, auf der u. a. über den Charakter eines Vertrages zwischen Staat und Kirche diskutiert werden sollte, eine Abhöranlage entdeckt worden. Dieses Vorkommnis sah die Bischofskonferenz als einen offenen Affront an. Der Prager Erzbischof Beran forderte die höchsten politischen Stellen zu einer Erklärung auf. Innenminister Václav Nosek antwortete, dass die tschechoslowakische Staatssicherheit nicht mit solchen Methoden arbeite. Nach seinen Worten habe es sich um eine geheime Überwachung einer höheren kirchlichen Instanz, d. h. des Vatikan, gehandelt. Nach diesem Zwischenfall wurde der ohnehin stark belastete Dialog zwischen Staat und Kirche gänzlich abgebrochen.

Ab April 1949 gingen die Kommunisten in der Tschechoslowakei grundsätzlich mit harten Repressionen gegen jedweden Regimegegner vor. Nach den Worten des Historikers Karel Kaplan gab es innerhalb der KPTsch allerdings verschiedene Ansichten zum weiteren Umgang mit der Kirche. Vereinfacht dargestellt bildeten sich zwei Gruppen von Politikern heraus. Für ein kompromissloses Vorgehen waren beispielsweise Alexej Čepička und Premierminister Antonín Zápotocký. Zu denjenigen, die dagegen weiter nach einer Einigung suchen wollten, gehörte auch der Vorsitzende der KPTsch und Staatspräsident Klement Gottwald. Nachdem die kommunistischen Machthaber den Verhandlungstisch verlassen hatten und dazu neigten, auch mit Gewalt ihre langfristigen Ziele durchzusetzen, verringerten sich die kirchlichen Möglichkeiten drastisch. Die Kommunistische Partei kontrollierte sämtliche Machtinstrumente, die sie gegen die Kirche und deren Mitglieder einzusetzen bereit war, sie konnte zudem jederzeit auf die Staatssicherheit und deren Netzwerk zurückgreifen. Zugleich setzten die Kommunisten ihre propagandistischen Verleumdungskampagnen gegen den Vatikan als „Instrument des Welt-Imperialismus" sowie gegen die tschechoslowakischen Bischöfe, die der kommunistischen Macht Widerstand leisteten, weiter fort.

Im Juli 1949 erließ der Vatikan ein Dekret, worin der Kommunismus als antichristlich bezeichnet wurde. Danach drohte jedem Katholiken, der sich an der Verbreitung des kommunistischen Gedankengutes beteiligen würde, die sofortige Exkommunizierung. Dies bedeutete im Klartext, dass von Seiten der Kirche eine Mitgliedschaft in der KPTsch als unvereinbar mit der Teilnahme am kirchlichen Gemeindeleben angesehen wurde. Zugleich übte die KPTsch in jener Zeit selbst Druck auf ihre Mitglieder aus, sich entweder für die Partei oder für die Kirche zu entscheiden. Eine Doppelmitgliedschaft wollten auch die Kommunisten nicht länger hinnehmen.

Im Laufe des Jahres 1949 ging die KPTsch schließlich zu einem offenen Angriff gegen die katholische Kirche über. Die Kirchenpresse wurde teils verboten, Publikationen, die weiter erscheinen durften, unterlagen nun strenger Zensur. Der Kirche wurde das Recht abgesprochen, standesamtliche Handlungen vorzunehmen. Alle kirchlichen Veranstaltungen außerhalb von Kirchengebäuden wurden verboten. Wallfahrten und ähnliche öffentlichkeitswirksame Aktionen durften nur noch mit Zustimmung der „staatlichen Organe" stattfinden. Der Lehrbetrieb von Bischofsseminaren und Theologischen Fakultäten wurde eingeschränkt und kontrolliert. Später wurden auch zahlreiche Studenten und Professoren aus den Lehreinrichtungen ausgeschlossen. Derweil bereiteten die Kommunisten gegen die Männer- und Frauenorden einen Gewaltakt vor. „Unnachgiebige" Bischöfe wurden verfolgt, observiert und später interniert. Am 18. Juni 1949 wurde Erzbischof Josef Beran zu fast 16 Jahren Internierungslager verurteilt.

Die von Oktober bis Dezember 1949 verabschiedeten Kirchengesetze stellten einen weiteren Eingriff in die kirchliche Unabhängigkeit dar. Die Pfarrer wurden jetzt auch ökonomisch vom Staat abhängig. Zur Ausübung ihres Dienstes waren sie nun gänzlich auf staatliche Zustimmung angewiesen. Die Pfarrer wurden durch staatliche Behörden für Kirchenfragen und so genannte staatliche „Kirchensekretäre" kontrolliert. So eröffnete das Gesetz Nr. 218 vom 14. Oktober 1949 über die wirtschaftliche Sicherstellung der Kirchen und Religionsgemeinschaften durch den Staat jenem nach §7 die Möglichkeit, frei gewordene Kirchenstellen nach 30 Tagen zu besetzen. Die Gesetzesregelungen waren auch strafrechtlich einklagbar. Die Behinderung der Kontrolle der Kirchen und Religionsgemeinschaften galt nach dem Strafgesetzbuch als Straftat, die mit einer Freiheitsstrafe von bis zu zwei Jahren geahndet werden konnte. Im Herbst desselben Jahres wurde die staatliche Behörde für Kirchenfragen geschaffen. Damit wurde die Kontrolle des kirchlichen Lebens in der Tschechoslowakei mit Hilfe eines Apparats von Kirchensekretären, die bei den Nationalausschüssen der Kreise und Bezirke angesiedelt waren, zentralisiert. Die Behörde nahm im Oktober 1949 ihre Tätigkeit auf und hatte rund 100 Mitarbeiter. Im Februar 1950 zog Klement Gottwald auf einer Sitzung des ZK der KPTsch eine Bilanz über die bisher erreichten Erfolge der Kirchenpolitik der Partei: „Politisch ist es uns gelungen, die Schaffung einer einheitlichen Front aller Kirchen zu vereiteln ... Zweitens ist es uns gelungen, den niederen Klerus bis zu einem gewissen Maße zu neutralisieren und in geringem Maße für uns zu gewinnen. ... Drittens ist es uns gelungen, den Kirchenmitgliedern zu beweisen, dass wir es mit der Kirche wirklich nicht schlecht meinen. Wenn ein Pfarrer nichts Staatsfeindliches unternimmt, wollen wir ihn auch bezahlen."

***

Unterdessen bereitete das kommunistische Regime bereits Gerichtsprozesse gegen Vertreter der Kirche vor. Im Dezember 1949 wurde die Nachricht über das so genannte Wunder von Číhošť verbreitet: In der Adventszeit des Jahres 1949 sollte sich das Kreuz auf dem Hauptaltar der Maria-Himmelfahrts-Kirche in dem Dorf Číhošť auf wundersame Weise bewegt haben. Die höchsten politischen Stellen beauftragten eine Gruppe der Staatssicherheits-Führung, die Ermittlungen in diesem Fall aufzunehmen. Die Ermittler und führenden Repräsentanten der KPTsch bezichtigten den katholischen Dorfpfarrer von Číhošť, Josef Toufar, diese „staatsfeindliche Provokation" initiiert zu haben. Im weiteren Sinne galt dieser Vorwurf aber der katholischen Kirche insgesamt.

So beschloss die KPTsch, diesen Fall als Vorwand zu nutzen, um mit der Kirche „abzurechnen". Eine Folge des Falls von Číhošť war die Ausweisung des diplomatischen Vertreters des Vatikans, Internuntius Ottavio de Liva, aus der Tschechoslowakei. Pfarrer Toufar wurde im Januar 1950 verhaftet und mit brutaler Gewalt zum Geständnis gezwungen, der Urheber dieses „Wunders" zu sein. Über den Verlauf der Ermittlungen wurden nicht nur die damaligen Oberkommandierenden der Staatssicherheit Osvald Závodský und Jindřich Veselý, sondern auch die höchsten kommunistischen Führer Gottwald, Čepička und Nosek laufend informiert. Zugleich unternahm die KPTsch eine umfangreiche Propaganda-Kampagne, mit der sie der Öffentlichkeit das Ereignis von Číhošť erklären wollte. Auch der gebrochene Pfarrer Toufar musste in dieser Kampagne mitspielen. Schwerkrank wurde Toufar nach Číhošť gebracht, um sich an den Dreharbeiten für den Film „Wehe dem, durch den die Versuchung kommt" zu beteiligen. Während der Dreharbeiten brach er zusammen. Der Film wurde später mit einem unbekannten Darsteller fertig gestellt. Toufar wurde in einem kritischen Gesundheitszustand operiert. Die gesundheitlichen Schäden, die ihm in der Haft zugefügt worden waren, konnten auch durch diesen Eingriff nicht mehr gelindert werden, der Pfarrer von Číhošť starb am 25. Februar 1950. Der Fall von Číhošť steht somit am Beginn einer weiteren Etappe, in der die Staatsmacht keinerlei Interesse mehr daran hatte, mit Vertretern der Kirche zu diskutieren. Sie wollte von nun an nur noch ihre Überlegenheit, notfalls auch mit repressiven Maßnahmen, demonstrieren.

Die Staatssicherheit begann im Januar und in noch größerem Umfang im März 1950, unliebsame Vertreter der Kirche festzunehmen. Mit ihnen sollte ein erster großer Prozess inszeniert werden. Bei der Gerichtsverhandlung Ende März / Anfang April 1950 standen angesehene Autoritäten vor dem Staatsgericht, wie beispielsweise der Abt des Klosters in Nová Říše, Augustin Machalek, der Abt des Klosters in Želiv, Vít Bohumil Tajovský und weitere acht Ordensvertreter. Die Anklage beschuldigte sie des Hasses auf das Regime, der Vorbereitung einer staatsfeindlichen Verschwörung, des illegalen Waffenbesitzes, der Spionage und der Zusammenarbeit mit der Gestapo. Der Prozess verlief allerdings nicht immer wie vorher geplant. So änderten einige Angeklagte vor Gericht ihre Aussagen. Dennoch wurde einer der Angeklagten am 5. April

Prozess gegen Mönche, April 1950: von links Augustin Machalka OPraem, verurteilt zu 25 Jahren Gefängnis, Bohumil Vít Tajovský OPraem, 20 Jahre Gefängnis, František Šilhan SJ, 25 Jahre Gefängnis.

1950 zu einer lebenslangen Haftstrafe, die anderen sieben zu insgesamt 132 Jahren Gefängnis verurteilt.

Es folgten weitere Prozesse. Zugleich bereitete die KPTsch einen Gewaltakt gegen die Klöster vor. Im Rahmen der „Aktion K" wurden in den Nächten vom 13. zum 14. April sowie vom 27. zum 28. April 1950 alle Mönchskloster überfallen. Diese Übergriffe verliefen nach militärischen Regeln. Gegen Mitternacht fuhren bewaffnete Einheiten der Polizei, der Staatssicherheit und der Volksmilizen vor den Klostertoren auf. Sie umstellten die Gebäude und drangen gewaltsam in die Klöster ein. Der Einsatzleiter ließ die Ordensbrüder antreten und teilte ihnen mit, dass die Gebäude vom Staat beschlagnahmt seien. Die Mönche würden an einen anderen Ort gebracht, wo ihnen der Staat ihr weiteres Ordensleben ermöglichen werde. Zum Teil wurden die gewaltsamen Einsätze auch damit begründet, dass die Sicherheitskräfte die Mönche angeblich vor dem Zorn des werktätigen Volkes schützen wollten. In Wirklichkeit wurden die Mönche jedoch in so genannte Zentralisierungs- oder Internierungsklöster verschleppt. Diese kamen de facto einem Gefängnis gleich. Die Klöster waren bewacht, die Mönche durften sie nicht verlassen. Ihre Briefe unterlagen der Zensur. Morgens und abends mussten sie zum Zählappell antreten. Im Zuge der „Aktion K" wurden landesweit insgesamt 2.376 Ordensbrüder interniert.

Ebenso rücksichtslos gingen die Kommunisten bei der Zerschlagung der Frauenorden vor. Auch diese wurde in zwei Etappen vollzogen, die den Zeitraum von Juli bis September 1950 umfassten. Nach Angaben des Historikers Václav Vaško wurden 720 Klöster gewaltsam aufgelöst und insgesamt mehr als 10.000 Nonnen interniert. In der Slowakei wurde zudem die griechisch-katholische Kirche im Rahmen der „Aktion R" trotz des Widerstands ihrer Mitglieder mit der orthodoxen Kirche zwangsvereinigt, die ihrerseits in der Gunst der kommunistischen Machthaber stand.

Ein weiterer spektakulärer Fall, in den Vertreter der Kirche hineingezogen worden sind, ereignete sich im Juli 1951 im Dorf Babice. Am 2. Juli 1951 wurden bei einer Sitzung des Nationalausschusses in der Dorfschule drei Funktionäre der KPTsch erschossen. Der damaligen Propaganda zufolge soll eine illegale Gruppe unter Führung eines Ladislav Malý für diese Tat verantwortlich gewesen sein. Die Morde versetzten das Dorf in Angst und Schrecken und erschwerten die ohnehin komplizierte Zwangskollektivierung der Landwirtschaft in dieser Region beträchtlich. Die kirchliche Dimension dieses Falles darf allerdings nicht unberücksichtigt werden. Malý hatte das Vertrauen von Pfarrern der Umgebung gewonnen und sie um Hilfe gebeten, den angeblich aus der Haft befreiten Erzbischof Beran ins Exil zu bringen. Ungewöhnlich schnell kam es zum Gerichtsprozess. Das Staatsgericht in Jihlava verhängte nach der Hauptverhandlung im Juli 1951 sieben Todesurteile, davon eins gegen den Pfarrer von Babice, Václav Drbol, und eins gegen den Pfarrer von Horní Újezd, František Pařil. Im November 1951 folgte der Prozess gegen die Gehilfen der Mörder vor dem Brünner Staatsgericht, das zu seiner Verhandlung in Třebíč zusammentrat. Das Gericht verurteilte auch den Leiter der römisch-katholischen Kirchenverwaltung in Rokytnice nad Rokytnou, Jan Bula, zum Tode.

∗∗∗

Meine Aufzählung der Repressionen gegen Vertreter der Kirche erhebt keinen Anspruch auf Vollständigkeit. Dennoch vermag dieser Ausschnitt zu veranschaulichen, in welchem Maße und auf welche Weise die Staatssicherheit damals gegen die katholische Kirche vorgegangen ist. Noch 1956 waren nach Angaben des Innenministeriums 433 kirchliche Würdenträger in Gefängnissen inhaftiert. Die Geistlichen mussten genau wie Vertreter anderer gesellschaftlicher Schichten häufig brutale Verhörmethoden über sich ergehen lassen. In den kommunistischen Gefängnissen mussten die verurteilten Pfarrer dann wegen ihres Glaubens noch oft zusätzliche Demütigungen erleiden. Und selbst nach ihrer Freilassung standen sie unter ständiger Observierung durch die Staatssicherheit. Sie, die die geschilderten Operationen vorgenommen hatte, war ein ausführendes Organ der Kommunistischen Partei der Tschechoslowakei. Aus ihrem Apparat kamen die schändlichen Aufträge und die Befehle, und der Parteiapparat kontrollierte deren Ausführung.

Übersetzt von Heiko Krebs

Petr Cajthaml

Die Instrumentalisierung der Medien durch das Ministerium des Innern – Propaganda und Desinformationen[1]

In totalitären Staaten gehören die Medien zu den von der herrschenden Elite besonders intensiv genutzten Instrumentarien der Machtausübung. Das läßt sich auch am Beispiel der Tschechoslowakei in vielfältiger Weise zeigen. In diesem Aufsatz wird freilich nur ein Ausschnitt dieser Medienpolitik untersucht, im Zentrum steht ein Überblick zur Praxis der Propaganda und Desinformation der Staatssicherheit. Noch ist die Forschungssituation selbst hierzu unbefriedigend, weshalb viele Entwicklungen eher holzschnittgleich nachgezeichnet werden.

Die Einflussnahme des tschechoslowakischen Innenministeriums, in Sonderheit der Abteilungen der Staatssicherheit, auf die Medien geschah auf unterschiedlichen Ebenen. Die Überwachung der zur Veröffentlichung vorgesehenen Pressemitteilungen zur aktuellen Situation gehörten dabei zur alltäglichen Routine. Die meisten Auskünfte hierbei betrafen Fragen der öffentlichen Sicherheit und waren wenig spektakulär. Wurden Informationen allerdings als bedeutsam für die Sicherheit des Staates eingeschätzt, begann eine gezielte Propaganda. Dabei wurden nicht nur kurzfristige Aspekte im Auge behalten, geprüft wurde ebenso, ob mit den Informationen die Hauptlinien der Arbeit der Staatssicherheit unterstützt wurden. Häufig wurden die Medien auch dazu benutzt, Desinformationen, d. h. falsche oder für eigene Zwecke aufbereitete Informationen, zur Täuschung eines tatsächlichen oder vermeintlichen Gegners zu verbreiten.

Die hier gezeichneten Linien sind noch sehr grob skizzierte Richtungen der Medienarbeit des Innenministeriums. Sie waren in der Praxis zumeist miteinander verknüpft oder ergänzten einander. Viele öffentlichkeitswirksame Kampagnen vereinten zutreffende Mitteilungen mit Informationen zur Desorientierung, hinzu trat häufig ein großer Anteil an Propaganda, der stets in allgemeinen Informationen zur Sicherheitslage enthalten war. Und nicht vergessen werden darf, dass die aktive Einflussnahme des Innenministeriums mit einer in der Sache entgegengesetzten Strategie des Verschwei-

---

[1] Die Studie ist eine überarbeitete Version des Textes „Halbwahrheiten und Lügen (Propaganda und Desinformationen der StB)", In: Za svobodu a demokracii III, Třetí – protikomunistický – odboj (Für Freiheit und Demokratie III, Dritter – antikommunistischer – Widerstand), zusammengestellt von Lukáš Babka und Václav Veber, Hradec Králové 2002, S. 177–190.

gens und des Verbietens, vor allem verkörpert in der Zensur, verknüpft war. Die Hauptverwaltung Presseaufsicht, die 1967 zur Zentralen Publikationsverwaltung umfirmierte,
und in deren Arbeitsbereich die Ausübung der Zensur vor allem fiel, unterstand seit
ihrer Einrichtung dem Innenministerium.

Ein eigenständiges Thema hierzu wäre auch die direkte Einflußnahme der Staatssicherheit auf einzelne Medien und Journalisten bis hin zum Aufbau von Agentennetz-
werken in bzw. unter ihnen; eine Praxis, die in der damaligen Terminologie unter
„Abwehrschutz" subsummiert worden ist. Dieser Text beschränkt sich jedoch unter
Ausblendung vieler weiterer Gesichtspunkte auf die Tätigkeit und Entwicklung des
Propagandaapparats im Innenministerium und will dabei zeigen, dass dieser Apparat
stets nur ein Teil der Einflussnahme auf die Medien durch das kommunistische Regime
insgesamt war, mithin in die Verantwortlichkeit des ZK der KPTsch fiel.

∗∗∗

In den ersten Jahren des kommunistischen Regimes verfügte das Innenministerium
noch nicht über Stellen, die sich schwerpunktmäßig mit den Medien befassten. Der
eigentliche Prozess des Kontrollierens und der schließlichen Beherrschung der Medien
ist zunächst vom Pressereferat bei der Kulturpropagandaabteilung des ZK der KPTsch
sowie dem Pressereferat des Ministeriums für Information und Aufklärung geleitet
worden. Ende der vierziger, Anfang der fünfziger Jahre wirkten diese Institutionen vor
allem auf dem Wege von Beratungen mit Journalisten auf die einzelnen Blätter ein und
disziplinierten sie so zusehends in ihrem Sinn. In zunehmendem Maß organisierten
diese Gremien Propaganda-Kampagnen, die die Propaganda- und Editionsabteilung
des Justizministeriums steuerte. Diese Abteilung stellte auch sicher, dass die notwendig
befundenen Informationen über die Massenmedien in die Öffentlichkeit gelangten.
Dabei arbeitete sie mit den Pressereferaten des ZK der KPTsch und des Ministeriums für Information und Aufklärung sowie auch mit dem Ministerium für Nationale
Sicherheit zusammen.

Schon Anfang der fünfziger Jahre unterbreitete das Innenministerium vereinzelt
Vorschläge zur Bildung einer Abteilung, die im Bedarfsfall direkten Einfluss auf den
Inhalt der Medien nehmen könnte. Dieses Ziel wurde jedoch erst nach jahrelanger
Vorbereitung durch die Schaffung einer Presse- und Informationsabteilung im genannten Ministerium im Mai 1955 verwirklicht. Seine Mitarbeiter waren „… beauftragt, unsere Werktätigen auf geeignete Weise über die Tätigkeit und Arbeitsergebnisse
der Bereiche des Innenministeriums zu informieren und bei der Erziehung der Bürger
zu Wachsamkeit und zum aktiven Kampf gegen feindliche Elemente zu helfen". Aufgabe war es also, im gegebenen Fall Nachrichten über den Stand von Entwicklungen
und Ermittlungen in bedeutsamen Fällen zur Veröffentlichung bereitzustellen.

Die Presse- und Informationsabteilung übernahm in der Praxis die zentrale Scharnierfunktion im Kontakt zu den Medien. Offiziell sollte sie lediglich amtliche Berichte zur Sicherheitslage vorlegen und Pressekonferenzen des Ministeriums abhalten. Tatsächlich sorgte sie jedoch für die Veröffentlichung von Informationen nach Bedarf der einzelnen Bereiche des Innenministeriums – bis hin zur Gegenpropaganda. Die Medien wurden auch genutzt, um Desinformationen zur Täuschung des Gegners zu verbreiten, eine im Fall der Auslandssendungen des Tschechoslowakischen Rundfunks besonders häufig geübte Praxis. Dazu errichtete die Presse- und Informationsabteilung ein Netzwerk in Zusammenarbeit mit vom Innenministerium beauftragten Mitarbeitern in den Rundfunkredaktionen, in der Presseagentur ČTK sowie in den Redaktionen aller Tages- und der wichtigsten Wochenzeitungen. Die mit der Sicherheitsproblematik befassten Journalisten wurden darüber hinaus in der Sektion für Militär und Verteidigung beim Tschechoslowakischen Journalistenverband zusammengefasst. Diese arbeitete mit dem Innenministerium eng zusammen, das Ministerium veranstaltete in Zusammenarbeit mit der Presseabteilung der Politischen Hauptverwaltung der ČSLA, der Tschechoslowakischen Volksarmee, regelmäßig Seminare.

Nach nur zwei Jahren war die Arbeit der Presse- und Informationsabteilung des Innenministeriums soweit perfektioniert, dass sie bilanzierte: „Heute kann nach Absprache mit unseren Mitarbeitern praktisch jede Nachricht veröffentlicht werden." Allein in den überregionalen Tageszeitungen und den wichtigsten Wochenblättern wurden in der zweiten Hälfte der fünfziger Jahre an die 1.500 Nachrichten jährlich veröffentlicht, etwa die Hälfte davon betraf Themen der öffentlichen Sicherheit und des Zivilschutzes.

Aus dem Blickwinkel der Staatssicherheit relevante Nachrichten wurden zumeist in Form breit angelegter Kampagnen veröffentlicht, die an die Praxis zu Beginn der fünfziger Jahre anknüpften. Die Leitung des Innenministeriums bezeichnete solche Kampagnen, die gegen den „ausländischen Feind" gerichtet waren – zum Beispiel 1958 eine Kampagne gegen die slowakische Emigration, wobei Archivmaterialien über die Aktivitäten der Eingreiftruppen der paramilitärischen Hlinka-Garden aus der Zeit des Slowakischen Staates genutzt wurden oder wiederholte Kampagnen über den „revanchistischen und faschistischen Charakter" der BRD –, stets als Erfolg. Als viel problematischer erwiesen sich Versuche, auch weiterhin in aufwendigen Kampagnen die Tätigkeit von Feinden und Agenten westlicher Geheimdienste in der ČSR nachzuweisen, um so das Bestehen des umfangreichen Sicherheitsapparats der StB in den Augen der Öffentlichkeit zu rechtfertigen.

***

Im Herbst 1957 und Frühjahr 1958 wurden zwei Propagandainitiativen mit der identischen Bezeichnung „ÚDER" (Schlag) durchgeführt. Schon bei der ersten Kampagne traten Probleme auf. Die Presse- und Informationsabteilung hatte einen detaillierten Zeitplan ausgearbeitet, der mit der Veröffentlichung von insgesamt zwanzig Einzelfällen durch die Staatssicherheit operierte. Kern der Kampagne war die Nachricht von der Aufdeckung eines Spionagenetzes des angeblich für den amerikanischen Geheimdienst tätigen Agenten Josef Vicen, dessen Mitglieder sich vor allem aus ehemaligen Jugendaktivisten der Slovenská ľudová strana (Slowakische Volkspartei; die Staatspartei des pro-nationalsozialistischen Slowakischen Staates) rekrutieren würden. Hieran sollte sich die Aufdeckung weiterer angeblicher Spionagezentren in den Botschaften westlicher Staaten in Prag anschließen, die ihrerseits Einfluss bis in zentrale staatliche Behörden hätten.

Das erste Problem bei der Durchführung der Aktion war der ungünstige Zeitpunkt. Die Pressekampagne begann Ende September 1957 und war bis Ende November geplant. Nach nur wenigen Tagen wurde sie jedoch durch eine Welle begeisterter Artikel über den Start des ersten sowjetischen Sputniks verdrängt. Ende Oktober und Anfang November wurden zwar noch weitere Fälle aufgedeckter Spione veröffentlicht, die ganze Aktion musste jedoch schon kurze Zeit später eingestellt werden.

Am 13. November 1957 starb Präsident Antonín Zápotocký, zu seinem Nachfolger wurde am 16. November 1957 Antonín Novotný gewählt. Neben den offiziellen Trauerartikeln über das Ableben des alten und die Wahl und Begrüßung des neuen Präsidenten war kaum Platz für Berichte über eine große Zahl aktiver Regimegegner. Obwohl die Aktion „Schlag" damit nur rudimentär zum Tragen gekommen ist, war die Leitung des Ministeriums über ihre Auswirkungen entsetzt. Denn die an der Kampagne beteiligten Journalisten verstanden die Nachrichten über mehrere Festnahmen als Beginn einer neuen Serie von Repressionen und Säuberungsmaßnahmen, die auch zentrale Staatsämter treffen könnte. Der stellvertretende Innenminister Jaroslav Kudrna, der während einer Pressekonferenz zugegen war, formulierte es folgendermaßen: „Bei der Pressekonferenz kam so eine Tendenz von den Journalisten herüber, dass Minister, stellvertretende Minister und Leiter der Hauptverwaltungen festgenommen werden sollten. Ich musste dagegen einschreiten. Es war umso schlimmer, da sich dies auch gegen das ZK richtete …".

Dennoch wurde die Aktion „Schlag" im Frühjahr fortgesetzt. Sie ist nun mit größter Vorsicht geplant worden, wie aus den Worten von Innenminister Rudolf Barák 1958 erkennbar ist. Jetzt, so der Minister, sehe die „Situation so aus, dass wir mit der Veröffentlichung von Fällen aus zentralen Ämtern und Ministerien entschieden aufhören müssen. … Wir müssen beginnen, Fälle aus niedrigeren Ebenen zu veröffentlichen." Deshalb wurde vor allem die Zugehörigkeit der angeblichen Täter zu so genannten Gestrigen betont, d. h. Angehörige von gesellschaftlichen Gruppen, die im Februarputsch unterlegen waren und als soziale Gruppe nur noch ein Schattendasein führten.

Diese zwei Unternehmungen „Schlag" waren die letzten großen Kampagnen im Stil der frühen fünfziger Jahre. Sie erinnerten an eine Praxis, als mit solchen Ankündigungen neue Wellen von Massenrepressionen gegen eine große Zahl von Gegnern des neuen Systems eingeleitet wurden. Das Regime unter Präsident Novotný, das sich auf den allmählichen „Übergang zum Sozialismus" vorbereitete, konnte sich allein schon deshalb ein Bestehen breiter Schichten von Regimegegnern nicht erlauben.

⋆⋆

Die Medienarbeit des Innenministeriums und der Staatssicherheit veränderte deshalb in den sechziger Jahren ihre Ausrichtung vom schwerpunktmäßigen Kampf gegen den inneren Feind und richtete sich, ebenso wie die gesamte Linie der Staatssicherheit, mehr auf den Kampf gegen den so genannten äußeren Feind, also gegen den kapitalistischen Westen. Der Druck auf die einheimischen Regimegegner ließ freilich nicht nach, ihre Tätigkeit wurde jedoch zunehmend als Einwirkung westlicher Spionage oder ideologisch subversiver Zentren erklärt. Weiter änderten sich auch die Formen der Einflussnahme der Staatssicherheit auf die Medien. Anstelle lang vorbereiteter Kampagnen, die massiv in die Öffentlichkeit hineingetragen werden sollten, wurden einzelne ausgewählte Fälle „operativ" veröffentlicht. Die Bedeutung der Presse- und Informationsabteilung als zentrale Stelle nahm dabei ab, die einzelnen Abteilungen des Innenministeriums nahmen jetzt häufiger direkt Kontakt zu Journalisten auf. Ab 1964 gab es nur noch eine zweiköpfige Gruppe Propaganda beim Sekretariat des Innenministers. Sie hatte die Aufgabe, den Auftritt der einzelnen Bereiche des Innenministeriums in den Medien zu koordinieren und monatliche Pläne für die Propagandaarbeit des Ministeriums auszuarbeiten.

Die eigentliche Steuerung der Öffentlichkeits- und Propagandaarbeit ging zu den beauftragten Stellen der einzelnen Verwaltungen des Innenministeriums über. Neben der Veröffentlichung einzelner Fälle aufgedeckter Spionage können in der propagandistischen Arbeit der StB jener Zeit einige vorherrschende Tendenzen ausgemacht werden. Eine davon war die „vorbeugende" Tätigkeit gegen die nicht endende Emigration tschechoslowakischer Bürger. In der Öffentlichkeit wurden gescheiterte Emigrantenexistenzen präsentiert, jeder Fall einer Rückkehr wurde breit dokumentiert. Die Rückkehrer traten in Pressekonferenzen auf und viele von ihnen reisten durch die Republik zu Treffen mit Jugendlichen. Ein weiteres großes Thema der StB-Propaganda war der so genannte Kampf gegen die ideologische Diversion, d. h. gegen ausländische Organisationen, die die öffentliche Meinung in der Tschechoslowakei beeinflussen sollten. Ein großer Teil davon wurde ausländischen Rundfunksendern zugeschrieben, die in tschechischer oder slowakischer Sprache sendeten, aber auch Exilzentren – besonders jenen, die ihre Zeitschriften bis in die ČSSR schmuggeln konnten. Ein dritter

Schwerpunkt der Propaganda der Staatssicherheit war die Fortsetzung eines Themas aus den fünfziger Jahren. Dabei wurde an die Schrecken des Faschismus erinnert und auf seine faktische Fortexistenz im Regime in der BRD hingewiesen. Viele Aktionen überschritten den Rahmen früherer Propaganda-Kampagnen und wurden zu regelrechten Desinformations-Kampagnen. Bei Operationen dieser Art arbeitete die tschechoslowakische Staatssicherheit oft mit dem MfS der DDR zusammen, schloss sich seinen Kampagnen an und weitete sie auf die Tschechoslowakei aus. So beteiligten sich tschechoslowakische Organe in den sechziger Jahren an Kampagnen gegen den bundesdeutschen Staatssekretär Hans Globke oder gegen den Bundespräsidenten Heinrich Lübke. Zuverlässige Partner auf Seiten des MfS waren vor allem die Abteilung „Aktive Maßnahmen" der HVA sowie die Abteilung Propaganda des MfS.

***

Desinformationen als eine Form der Kampfführung gegen den Feind benutzte die Staatssicherheit, in Sonderheit ihre Verwaltung Aufklärung, etwa ab Mitte der fünfziger Jahre. Die öffentlichen Medien waren dabei nur einer der Kanäle, über die falsche oder irreführende Informationen verbreitet wurden. Desinformationen waren oft Teil von Agentenspielen, üblich war auch das Versenden gefälschter Korrespondenz. Neben der direkten Verbreitung von Desinformationen an den Gegner mit Hilfe kontrollierter Agenturkanäle waren sie oft auch Teil so genannter „aktiver Maßnahmen", größerer Geheimdienstaktionen, als deren Ziel meist die Position des Feindes in einem gemeinsamen Interessenbereich geschwächt und in den Augen der Öffentlichkeit und der entsprechenden politischen Kreise diskreditiert oder der eigene Einfluss gestärkt werden sollte. Ende der fünfziger und Anfang der sechziger Jahre wurden Desinformationen und aktive Maßnahmen mehr oder weniger erfolgreich, dabei nicht selten unkoordiniert, von den einzelnen Gebietsreferaten der tschechoslowakischen Aufklärung eingesetzt. Am 1. Februar 1964 ist deshalb im Rahmen der tschechoslowakischen Abteilung Aufklärung eine Arbeitsgruppe für aktive Maßnahmen eingerichtet worden. Deren Aufgabe war unter anderem, die Abstimmung von Desinformationen und aktiven Maßnahmen im ganzen Innenministerium zu verbessern. So entstand ein weiterer Abschnitt des Innenministeriums, der – wenn auch auf ganz spezifische Weise – mit den Medien arbeitete.

***

Eines der wichtigsten Themen dieser Abteilung war die Aufarbeitung der nationalsozialistischen Vergangenheit sowie der damit verbundene so genannte westdeutsche Revanchismus. Im Mai 1965 sollte die Verjährungsfrist für Kriegsverbrechen in der

Bundesrepublik Deutschland ablaufen. Die Geheimdienste des Ostblocks entfachten jedoch schon im Vorfeld eine umfangreiche Kampagne, deren Ziel die Verlängerung dieser Frist war, wobei auf immer neu auftauchende Erkenntnisse, Fakten und Dokumente über Naziverbrechen hingewiesen wurde.

Zu den bekanntesten Maßnahmen zählte die Aktion NEPTUN, die von der Abteilung aktive Maßnahmen der tschechoslowakischen Aufklärung organisiert wurde. Bei ihrer Vorbereitung wurden Legenden über versteckte Nazischätze und Archive genutzt. Bekannte Fälle sind zum Beispiel der Schatz von Štěchovice sowie die im Toplitzsee in Österreich versteckten Schatzkisten. Ähnliche Gerüchte woben sich auch um den Schwarzen See sowie den Teufelssee im Böhmerwald. Im Frühjahr 1964 wollte ein Fernsehteam der Sendung „Zvědavá kamera" (Neugierige Kamera) die Rätsel der Seen erkunden. Die geplanten Dreharbeiten mussten jedoch wegen „Übungen der Grenzwache" um ein paar Wochen verschoben werden. Ende Juni machte sich schließlich eine Gruppe aus Fernsehleuten und Tauchern des Militärsportverbands SVA-ZARM auf den Weg zu den Seen, die kurz zuvor noch in der gesperrten Grenzzone lagen.

Am 3. Juli 1964 beginnen sie mit den Arbeiten im Schwarzen See. Gleich am ersten Tag werden wie zufällig mehrere mit Asphalt abgedichtete Kisten gefunden. Nach vorsichtiger Bergung, denn sie konnten ja Sprengstoff enthalten, ist der Fund in das Innenministerium nach Prag transportiert worden. Dort wird nach einigen Tagen eine offizielle Nachricht über einen Fund von Nazidokumenten verbreitet, die in den letzten Kriegstagen im See versenkt wurden. Nach eingehender Prüfung wird der Inhalt der Öffentlichkeit während einer Pressekonferenz vom Minister vorgestellt. In den Kisten sei ein Teil des RSHA-Archivs enthalten, die Dokumente würden Auskunft über zahlreiche NS-Verbrechen und ihre Täter geben, von denen einige noch ungestraft in der BRD lebten. Der Fund vom Schwarzen See erregte nicht nur in den tschechoslowakischen, sondern auch in den internationalen Medien großes Aufsehen. Die im See gefundenen Dokumente veröffentlichten schon bald auch ausländische Medien, und tatsächlich wird das Ablaufen der Verjährungsfrist für NS-Kriegsverbrechen in der Bundesrepublik ausgesetzt.

Die Geschichte der Dokumente aus dem Schwarzen See hatte jedoch noch einen anderen Aspekt, der der Öffentlichkeit damals verborgen blieb. Die ganze Aktion war eine von der Abteilung aktive Maßnahmen der tschechoslowakischen Aufklärung organisierte Manipulation. Einige Wochen vor der Ankunft des Filmstabs und der SVA-ZARM-Taucher traf insgeheim und in der Nacht eine andere Gruppe am See ein. Sie bestand aus Mitarbeitern der tschechoslowakischen Aufklärung sowie der Abteilung Aufklärung bei der Grenzwache. Diese versenkten mehrere alte Kisten im See, die von der technischen Verwaltung im Innenministerium sorgfältig vorbereitet wurden und mit Blöcken von weißem Büropapier gefüllt waren. Die NS-Dokumente, die schon fast zwanzig Jahre auf dem Grund des Sees liegen sollten, waren zu jener Zeit noch in den Archiven des sowjetischen Innenministeriums, wo gerade erst die Auswahl zusammengestellt wurde, die später mit großem medialen Aufwand der Öffentlichkeit präsentiert worden ist. Die wahren Hintergründe des „sensationellen Fundes" kannten nur wenige Offiziere der tschechoslowakischen Aufklärung, Präsident Antonín Novotný und der damalige Innenminister Lubomír Štrougal, der durch seinen Auftritt auf der Pressekonferenz eine der Hauptrollen dieser Farce spielte.

Die Aktion NEPTUN war vielleicht die erfolgreichste, aber doch nur eine von vielen aktiven Maßnahmen im Zusammenhang mit der NS-Thematik. In den ersten Phasen solcher Aktionen wandte sich das Innenministerium stets an die tschechoslowakische Öffentlichkeit mit der Bitte, bei der Fahndung nach Naziverstecken zu helfen. Daraufhin kamen viele Meldungen aus der Bevölkerung. So wurden zum Beispiel spektakuläre Funde von NS-Dokumenten in der Kaserne Prag-Ruzyně veröffentlicht. Nach dem großen Erfolg durch die Publikation der Dokumente der Aktion NEPTUN, die eigentlich aus den sowjetischen Archiven stammte, suchte das Innenministerium nun noch intensiver nach einheimischen Materialien aus der Zeit der deutschen Besetzung.

Eine weiteres wichtiges Zielgebiet der tschechoslowakischen Desinformation waren die Länder der sogenannten Dritten Welt, vor allem im Blick auf ihre Beziehungen zu den USA. Die tschechoslowakische Aufklärung organisierte weltweit aktive Maßnahmen, namentlich in Lateinamerika, Afrika, Nahost, wiederholt auch in Indonesien. An einflussreiche Personen in den Zielländern sind zum Beispiel gefälschte Materialien versandt worden, die angeblich Geheimpapiere aus den USA, Großbritannien oder der Bundesrepublik Deutschland wären. Um anti-amerikanische Stimmungen in der Bevölkerung zu schüren, sind diese auch der örtlichen Presse zugespielt worden.

***

Mit den Ereignissen des Jahres 1968 gerät die Propagandaarbeit der Staatssicherheit in völlig veränderte Konstellationen. Zwar unterblieb der Missbrauch der Medien nicht, doch nötigte die wiederhergestellte Pressefreiheit die Staatssicherheit jetzt zur Abwehr. In der Presse erschienen Informationen über die Verbrechen der Staatssicherheit in den fünfziger Jahren, woraufhin sich die StB auch als Opfer einer „Hasskampagne" inszeniert. Die Propagandatätigkeit der StB sah sich mit der Aufgabe konfrontiert, jetzt eine Rechtfertigung ihrer eigenen Existenz zu verbreiten und sich von den Verbrechen der fünfziger Jahre – wobei sie betont, dass die Verbrechen nur einen kleinen Prozentsatz ausmachten und die Schuldigen bereits bestraft und verurteilt seien – zu distanzieren. Ihr Ziel ist jetzt der Nachweis, dass der Repressionsapparat der Staatssicherheit auch in einem „Sozialismus mit menschlichem Antlitz" gebraucht wird, nicht zuletzt als Schutz vor den Aktivitäten feindlicher Geheimdienste.

Die Staatssicherheit veröffentlicht nun ihre Erfolge im Kampf gegen westliche Spionageorganisationen und informiert über ihre Aktivitäten in der Tschechoslowakei. Die größten propagandistischen Aktivitäten werden als Schutz vor erwarteten westlichen Kampagnen zu bedeutenden tschechoslowakischen Jahrestagen wie dem 20. Jahrestag der kommunistischen Machtübernahme vom Februar 1948, dem 50. Jahrestag der Gründung der Tschechoslowakei, dem 30. Jahrestag des Münchner Abkommens geplant.

Für diese Kampagnen legte die tschechoslowakische Aufklärung auch die Identität eigener enttarnter Agenten offen. Betont wurde nicht mehr die „zersetzende Tätigkeit der westlichen Spionagezentralen", sondern die Erfolge der tschechoslowakischen Staatssicherheit. Als Beispiel kann eine Serie von Veröffentlichungen dienen, die einen der wichtigsten tschechoslowakischen Agenten in der Bundesrepublik Deutschland, den Bundestagsabgeordneten Alfred Frenzel, betraf. Dieser wurde in der Bundesrepublik wegen Landesverrats und Zusammenarbeit mit dem tschechoslowakischen Geheimdienst verurteilt und nach seiner vorzeitigen Freilassung in die ČSSR abgeschoben.

Die Verteidigung der Staatssicherheit in der Zeit der Demokratisierung von 1968 mündete schließlich in eine Verteidigung der von ihr verwendeten Methoden, deren Ungesetzlichkeit sich zunehmend herausstellte. So war es, nach einem Papier aus dem Umfeld des Innenministers Šalgovič, jetzt Aufgabe der Agitationsarbeit „… durch ihre Tätigkeit solche psychologischen und meinungsbildenden Voraussetzungen in der tschechoslowakischen Öffentlichkeit zu schaffen, dass die Regierung in der Nationalversammlung die Verabschiedung von Gesetzen erreicht, die es in größtem Maße ermöglichen, alle nachrichtendienstlichen Mittel zu nutzen, damit der Kampf gegen die äußeren Republikfeinde und ihre Helfershelfer auf unserem Gebiet größten Erfolg hat und damit alle verfügbaren und wirksamen operativen und technischen Mittel eingesetzt werden können, die dem Nachrichtendienst heute zur Verfügung stehen oder in der Zukunft entwickelt werden."

Als im Laufe des Jahres 1968 immer mehr Bedarf an Propagandamaßnahmen im Innenministerium entstand, zeigten sich die Schwächen des bisherigen dezentralisierten Systems. Immer öfter ist die Forderung nach Einrichtung einer zentralen Abteilung im Ministerium, die für die Medienarbeit zuständig sein sollte, erhoben worden. Eine solche Abteilung wurde tatsächlich nach der Okkupation im August 1968 geschaffen und bekam im Zuge der beginnenden „Normalisierung" einen anderen Charakter. Noch im Herbst 1968 wurde die bestehende Pressegruppe beim Sekretariat des Innenministers erweitert, Mitte 1969 entstand schließlich eine eigene Presseabteilung des Innenministeriums beim Ministerialsekretariat. An deren Spitze wurde der langjährige Stellvertreter des Leiters der Zensurbehörde, so die offizielle Bezeichnung der Hauptverwaltung Presseaufsicht, Oberstleutnant Jan Kovář, berufen.

***

Die Propagandaarbeit des Innenministeriums nach 1968 kann grob in drei Phasen eingeteilt werden. Direkt nach der Okkupation trat das Innenministerium in den Medien wenig in Erscheinung. Die zweite Phase, reichend bis in das Frühjahr 1969, kann mit dem erneuerten Interesse der StB am „inneren Feind", das heißt der Opposition, bei noch bestehender Pressefreiheit umschrieben werden. In den Medien erscheinen jetzt immer öfter Hetzartikel gegen führende Persönlichkeiten des Prager Frühlings. Allmählich entsteht eine Urteilsfindung, nach der der Erneuerungsprozess des Prager Frühlings eine Verschwörung konterrevolutionärer Kräfte gewesen sei, geleitet von westlichen Spionagediensten und Emigrantenzentren.

Höhepunkt dieser Konstruktion sollte eine Artikelserie in der zentralen Parteizeitung Rudé Právo im Juni 1969 unter der Bezeichnung „Was ist die Operation Lyautey" sein. Bei der Vorbereitung wurden fünf Dokumente verwendet, die KGB-Chef Zacharow 1966 an das tschechoslowakische Innenministerium mit der Angabe gesandt hatte, es seien Materialien der englischen Aufklärung, die von ihrer subversiven Tätigkeit gegen die sozialistischen Länder zeugten. Das erste, aus dem Jahr 1954 stammende Dokument enthält eine langfristige Konzeption des Drucks auf den Sowjet-Block mit dem Ziel, ihn mittels wiederholter kleinerer Aktionen zu schwächen. Seltsamerweise wurden dieser Studie auch noch vier Dokumente von Ende der vierziger und Anfang der fünfziger Jahre beigefügt, die die damaligen Differenzen zwischen der UdSSR und China betrafen. Ausgewählte und kommentierte Auszüge aus diesen Dokumenten sollten den Eindruck erwecken, als sei der „Prager Frühling" das Ergebnis von Bemühungen des englischen Geheimdienstes, die Widersprüche zwischen den Ländern des sozialistischen Lagers zu entfachen.

Derartige Pressemitteilungen gingen einher mit Kampagnen gegen die „Rädelsführer des Prager Frühlings" und füllten die tschechoslowakische Presse spürbar bis Mitte 1971. Mit der fortschreitenden „Normalisierung" lässt die Häufigkeit der Propagandakampagnen des Innenministeriums allerdings nach und die einzelnen Aktionen konzentrieren sich vermehrt auf die abwertende Bedeutung von Oppositionskräften und auf die Verurteilung der verstärkten Emigration nach der Okkupation vom August 1968.

∗∗∗

Anfang der siebziger Jahre bildete sich eine Struktur des Propagandaapparats im Innenministerium heraus, die bis zum Ende des kommunistischen Regimes Bestand haben sollte. Zentrales Organ ist nun die Presseabteilung des Sekretariats des Innenministeriums, ab 1977 der Verwaltung für politische Erziehung, Bildung, Kultur- und Propagandaaktivitäten, zugleich IX. Verwaltung des Föderalen Innenministeriums. Presseabteilungen gab es auch an den Innenministerien der Teilrepubliken (Tschechische, Slowakische Sozialistische Republik), entsprechende Referate in den Bezirksverwaltungen des Sicherheitsapparats SNB. Die Presseabteilung nutzte auch weiterhin Journalisten, die in der erneuerten Militär- und Sicherheitssektion des Tschechoslowakischen Journalistenverbandes, ab 1973 Klub der Wehrsicherheitsredakteure, vereint waren. Ein großer Teil der Arbeit wurde jetzt von den Presseorganen des Innenministeriums übernommen. Der Beginn dieser direkten Leitung der Medien durch das Innenministerium ist in den sechziger Jahren bei der Nutzung der Armeezeitschriften modellhaft zu erkennen.

1964 beginnt der Zeitschriftenverlag des Ministeriums für Nationale Verteidigung mit der Herausgabe der Reihe „MAGNET", die vom Tschechoslowakischen Verband antifaschistischer Kämpfer in Zusammenarbeit mit dem Innenministerium vorbereitet wurde. In der Edition erscheinen Hefte mit Spionagethemen, an deren Vorbereitung Mitarbeiter des Innenministeriums beteiligt waren, oft auch direkt literarisch tätige Offiziere der Staatssicherheit. Im Jahr 1969 wird die Leitung der Reihe direkt vom Föderalen Innenministerium übernommen, die einzelnen Hefte füllen sich mit älteren Spionagefällen sowie aktueller gegen innere und äußere Regimefeinde gerichteter Desinformation.

Auch der zweite direkte Einsatz des Innenministeriums in den Medien nutzte die Möglichkeiten der Armee. Schon seit Mitte der fünfziger Jahre bestanden im Tschechoslowakischen Fernsehen und Rundfunk Armeeredaktionen. In den sechziger Jahren begannen sich diese Redaktionen auch für die Darstellung der Sicherheitspolitik des Staates zu engagieren. Ein großer Teil ihrer Mitarbeiter bestand – neben Armeeoffizieren und zivilem technischen Personal – aus Offizieren des Innenministeriums, die für die Zeit ihres Wirkens in „bezahlte aktive Reserve" gestellt wurden. Beide Redaktionen waren relativ unabhängig von der Leitung von Rundfunk und Fernsehen, im Prinzip unterstanden sie der Leitung der Presseabteilung des Föderalen Innenministeriums und der Presseabteilung der Politischen Hauptverwaltung des Ministeriums für Nationale Verteidigung.

Im Jahr 1970 übernahm die Presseabteilung des Föderalen Innenministeriums die Wochenzeitschrift Signál. Das Innenministerium bekam somit eine der beliebtesten Zeitschriften des Publikums in die Hände. Die Auflage wurde allmählich auf mehr als zweihunderttausend Exemplare erhöht. Den Lesern wurde neben attraktiven Artikeln politische Propaganda präsentiert. In den siebziger Jahren war es die einzige Zeitschrift, in der auch über den „bourgeoisen Sport" Formel 1 berichtet werden durfte. An der Spitze ihrer aus Sicherheitsoffizieren bestehenden Redaktion stand in den achtziger Jahren einer der bekanntesten tschechoslowakischen Agenten, Pavel Minařík. Ab Mitte der achtziger Jahre war es die einzige Zeitschrift, die in einer tschechischen und einer slowakischen Sprachversion erschien. Das Innenministerium gab zahlreiche weitere Titel heraus, darunter die Wochenzeitung „Bezpečnost" (Sicherheit). Diese entwickelte sich von einem ursprünglich internen Bulletin für die Öffentliche Sicherheit

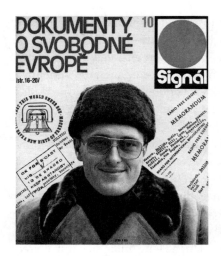

*Seit dem Jahr 1970 gab das Innenminis-
terium die Wochenzeitschrift Signál heraus (Auflage ca. 200 000 Exemplare).
Ihr Chefredakteur war in den achtziger
Jahren der ehemalige Agent der Staatssicherheit im Radio Freies Europa Pavel
Minařík.*

(Polizei) zu einem Massenblatt, das kostenlos
an die zahlreichen Mitglieder der VB-Hilfswa-
che (freiwillige Polizeihelfer) verteilt wurde. In
den siebziger Jahren enthielt auch dieses Organ
Instruktionen zur Durchführung von verbaler
Propaganda.

Die eigenen Pressetitel des Innenministeriums wurden durch so genannte „ausgesetzte
Redakteure" ergänzt. Das waren Sicherheitsoffiziere, die für eine bestimmte Zeit in die schon
erwähnte bezahlte aktive Reserve überführt
wurden und in den wichtigsten Tageszeitungen
und Zeitschriften als Redakteure arbeiteten.
Einen eigenen „Sicherheitsredakteur" hatten in
den siebziger und achtziger Jahren zudem alle
wichtigen Zeitungen, ebenso die Frauenzeit-
schriften und sogar Kinderzeitschriften bis hin
zu „Sluníčko" (Kleine Sonne), einer Zeitschrift
für Vorschulkinder.

Der ganze „Medienkonzern" wurde direkt
von der Presseabteilung des Föderalen Innenministeriums gesteuert. Seine Mitarbeiter – zu-
meist Sicherheitsoffiziere – arbeiteten zwar als Journalisten in den Redaktionen, wurden aber nach den Gehaltsgruppen im Innenministerium bezahlt. Ihre faktischen
Vorgesetzten waren nicht die Chefredakteure der Medien, in denen sie arbeiteten,
sondern die Leiter der entsprechenden Abteilungen des Innenministeriums. Neben
eigenen Journalisten-Offizieren verfügte das Innenministerium auch weiterhin über
einen breiten Kreis von Autoren, die zur Bearbeitung von Sicherheitsthemen prädesti-
niert waren. Sie hatten einen engen Kontakt zu den Mitarbeitern der Presseabteilung,
Zugang zu Materialien des Innenministeriums und zumeist auch die Berechtigung zur
Einsicht geheimer Materialien.

***

Insgesamt kann über die mediale Einflussnahme des Innenministeriums in den Jahren der so genannten Normalisierung gesagt werden, dass kontinuierlich ein negatives
Bild von den Regimegegnern erzeugt werden sollte. Dazu dienten häufige, wiewohl
gemäßigt aggressive Artikel. Die Propaganda des Innenministeriums musste sich
dabei an das vorgeschriebene mediale Bild von einer stabilisierten sozialistischen

Gesellschaft anpassen, in dem Regimegegner ja nur eine kleine isolierte Gruppe ausmachten.

Jede größere Agitationskampagne des Innenministeriums musste zuvor mit der Abteilung Massenmedien beim ZK der KPTsch abgestimmt werden, im Falle möglicher internationaler Auswirkungen war eine Zusammenarbeit mit der Abteilung Außenpropaganda des ZK der KPTsch sowie der Presseabteilung des Außenministeriums unerläßlich. Die Mitarbeiter in der Presseabteilung waren sich bewusst, dass jede große Kampagne gegen Regimegegner auch das Eingestehen einer Opposition in der normalisierten Tschechoslowakei bedeutete. So wurde zum Beispiel 1978 die Veröffentlichung einer ganzen Reihe von Beiträgen zum zehnten Jahrestag der „internationalen Hilfe", also der Okkupation der Tschechoslowakei durch die Armeen des Warschauer Vertrags im August 1968, verboten, in denen die Staatssicherheit eigentlich auf andauernde Aktivitäten von führenden Persönlichkeiten des Prager Frühlings aufmerksam machen wollte.

Zu schärferen Kampagnen schritt die Propagandaabteilung des Innenministeriums nur in Momenten einer starken Gefährdung des Regimes, so zum Beispiel nach der Veröffentlichung der Charta 77. Die Seiten der Zeitungen waren voll von Angriffen gegen die Unterzeichner, es wurden Beweise über ihre Verbindungen zu westlichen Geheimdiensten veröffentlicht. Dabei ist jedoch bezeichnend, dass auch im Rahmen dieser unverdeckten Propaganda der Selbstversicherung des Regimes über die Unterstützung aus der Bevölkerung mehr Raum geschenkt wird. Neben Schmähschriften über die einzelnen Unterzeichner erschienen Abdrucke von Erklärungen mit Unterschriftenlisten, die die Charta 77 verurteilen, sowie verschiedene „Antworten des werktätigen Volkes gegen die Republikzersetzer".

Nicht wegzudenken in der Arbeit der Presseabteilung war die Präsentation des eigenen Ressorts. Schon in der Zeit von 1968 bis 1969 wurde versucht, Beiträge voll Selbstlob in den Medien zu platzieren. So sendete das Tschechoslowakische Fernsehen zum Beispiel eine Serie mit dem Titel „Wäre ich doch Polizist". Allmählich wurde darin das Bild des Polizisten als positiver Held aufgebaut. Ein Höhepunkt dieser Versuche in Unterhaltungssendungen war die umfangreiche Krimiserie „30 Fälle des Majors Zeman". Es wurden reale Fälle präsentiert, wie zum Beispiel Pavel Minařík, ein Offizier der tschechoslowakischen Aufklärung, der in den Jahren 1968 bis 1976 als Redakteur im „Sender Freies Europa" arbeitete. Der kommunistische „Kundschafter" wird als furchtloser Held dargestellt, der den westlichen Geheimdiensten schwere Schläge versetzt. Tatsächlich wurde er gegen die tschechoslowakische Emigration eingesetzt und sein größter Erfolg war, dass er sich in das Vertrauen einiger Emigranten aus der Emigrationswelle von 1948 einschleichen konnte.

✳✳✳

Die Sicherheitspropaganda beeinflusste auch die Filmproduktion. Ihr Gipfel war die heute schon fast legendäre Serie „30 Fälle des Majors Zeman", die einen neuen Typus des kommunistischen Detektivs vorstellte, der sich neben der Bekämpfung der Kriminellen auch der Bekämpfung der Klassenfeinde widmet. Seine Entstehung wurde vom damaligen Innenminister Jaromír Obzina persönlich unterstützt. Von links: Obzina, Regisseur Jaroslav Sequens, ganz rechts der Darsteller der Hauptrolle Vladimír Brabec.

Propaganda und Desinformationen waren über vierzig Jahre ein Teil der Methoden der Staatssicherheit. Die sozialistischen Medien, die das Bild von einer unveränderlichen stabilen Gegenwart schaffen sollten, wurden ständig manipuliert. Die Ausnutzung der Medien durch das Innenministerium war somit ein Teil der allgemeinen Einflussnahme durch den Macht- und ideologischen Apparat des kommunistischen Regimes, mit der die öffentliche Meinung zielgerichtet beeinflusst werden sollte.

Abschließend ein kurzes Zitat aus dem Gesetz Nr. 148 des Jahres 1950 über den Tschechoslowakischen Journalistenverband, über die wahre Bestimmung der Presse, deren Freiheit auch in der sozialistischen Tschechoslowakei in der Verfassung garantiert war: „Es ist die Bestimmung der Presse, die Aufbauanstrengungen des tschechoslowakischen Volkes und seinen Kampf für den Frieden zu unterstützen sowie an seiner Erziehung zum Sozialismus mitzuwirken."

Übersetzt von Andreas Weber

Milan Bárta

Zur Zensur in der Tschechoslowakei von 1948 bis 1989

Nach dem Februar-Putsch 1948 wandelte sich die Tschechoslowakei zu einem sozialistischen Staat stalinistischer Ausrichtung, in dem alles den Absichten und Zielen der Kommunistischen Partei, namentlich ihrer Führung, untergeordnet war. Ebenso wie in der Sowjetunion wurden bald darauf zahlreiche „Staatsfeinde" entdeckt, darunter etliche innerhalb der KPTsch selbst, und durch direkte oder indirekte Repressionsmaßnahmen verfolgt. Daneben gab es die große Mehrheit der Bevölkerung, die sich mehr oder weniger an diese Verhältnisse anpasste. Eine wichtige Rolle bei der Aufrechterhaltung der so genannten führenden Rolle der Partei kam den Medien zu. Um ihre Ausrichtung zu wahren, wurde neben den Direktiven der Parteiführung und den diesbezüglichen Gesetzen eine Zensur eingeführt. Dabei war es den Kommunisten schon vor Februar 1948 gelungen, die Kontrolle über eine mächtige Waffe zu gewinnen: die Medien, namentlich Presse und Rundfunk.

Nach Ende des Zweiten Weltkriegs wurden in der Tschechoslowakei zunächst die Gesetze und Verordnungen aus der Zeit vor dem Münchner Abkommen 1938 wieder in Kraft gesetzt. Dort war auch eine präventive Zensur vorgesehen, die von Beamten des Innenministeriums durchgeführt werden sollte. Unmittelbar nach 1945 wurde sie kaum eingesetzt. Im Laufe des immer schärferen Machtkampfes um die Ausrichtung des erneuerten Staates wurde die Zensur jedoch als politische Waffe immer wichtiger. Nach hitzigen Diskussionen und Angriffen in der Presse beschloss die Regierung, einen Entwurf für ein neues Zensurgesetz auszuarbeiten – eine Forderung vor allem der Kommunisten, die das Innenministerium und das Informationsministerium beherrschten.

Noch vor Verabschiedung des neuen Gesetzes über Zensurmaßnahmen übernahm die Kommunistische Partei nach dem entscheidenden politischen Machtkampf im Februar 1948 die führende Rolle im Staat. Schon am 24. Februar, also einen Tag bevor Präsident Edvard Beneš seine Zustimmung zur Bildung der Regierung unter der Führung von Klement Gottwald gab, empfahl das ZK der KPTsch, die Einfuhr „reaktionärer ausländischer Presse" einzustellen. Nach dem „Sieg des werktätigen Volkes" begann schon bald die Verfolgung der nichtkommunistischen Parteien und vor allem ihrer Informationsquellen. Sämtliche regionalen Zeitschriften wurden eingestellt, ihnen blieben nur noch eine Tageszeitung und Bulletins für die Funktionäre. Ähnlich wurden auch die Titel bei einigen gesellschaftlichen Organisationen und Institutionen reduziert. Bis Ende 1948 wurden so 27 katholische Zeitschriften in den tschechischen

Foto von Klement Gottwald vom Februar 1948, auf dem Außenminister Vlado Clementis (hinge-richtet im Prozess mit R. Slánský) sowie der Fotograf Karel Hájek wegretuschiert wurden. Es ist interessant, dass nach der Rehabilitierung von Clementis im Jahr 1963 eine retuschierte Version auf dem Index erschienen ist.

und 28 in den slowakischen Regionen eingestellt, die Zahl der Tageszeitungen sank von 37 im Jahr 1947 auf 11 im Jahr 1953. Der Staat wurde zum Monopoleigentümer aller Kultur- und Informationsmittel, die Medien vom Informationsministerium gesteuert, nach dessen Auflösung 1953 vom Kulturministerium. An der Spitze beider Ministerien stand in den fünfziger Jahren Václav Kopecký. Zur gleichen Zeit begann eine strenge Kontrolle, bisweilen ein Verbot für Zweigstellen westlicher Presseagenturen, dabei setzte die Staatssicherheit auch auf Provokationen oder Prozesse gegen ausländische Journalisten.

Nach der kommunistischen Machtübernahme wurde die Steuerung und Kontrolle der Medien von der Presseabteilung der KPTsch und den Pressereferenten in den Bezirken oder gegebenenfalls durch Aufpasser in den Redaktionen durchgeführt. Die kommunistischen Institutionen entschieden jetzt über das Entstehen oder den Untergang jedes Titels, jeder Zeitung, jeder Zeitschrift, über deren Auflage, inhaltliche Ausrichtung sowie die Besetzung der Funktionen in den Redaktionen. Irrtümer oder Druckfehler bzw. Versprecher in Presse oder Rundfunk wurden oft als vorsätzliche Taten oder Provokationen von Regimefeinden interpretiert.

***

Im Oktober 1948 entstand das erste Verzeichnis von Büchern, die aus den öffentlichen Bibliotheken entfernt werden sollten. Zwei Jahre später folgte im Zuge der systematischen Liquidation von Mönchsorden und Klöstern eine weitere Vernichtung von Büchern. In den Jahren 1952 und 1953 führte eine „Säuberungswelle" in den Büchereien zur Entfernung von „anstößiger Literatur", „trotzkistischen" und „antisowjetischen" Büchern, „politisch mangelhafter Kinderliteratur" und „antijugoslawischer" Bücher (nach der Versöhnung des sowjetischen Blocks mit Jugoslawien, vorher erschienen im Gegenteil Listen „anstößiger pro-jugoslawischer" Bücher). Auf den Index wurden unter anderem auch die Werke der Vorkriegspräsidenten E. Beneš und T. G. Masaryk gesetzt. In Geheimfonds ausgewählter Bibliotheken wurde lediglich jeweils ein Band aufbewahrt, alle anderen sind vernichtet worden. Nach Schätzungen wurden insgesamt 25,5 Millionen Bücher makuliert. Zeitzeugen erinnern sich daran, dass selbst einzelne Seiten oder Karten aus Büchern herausgeschnitten wurden. „Es reichte, wenn eine Nummer im Jahrgang verboten war, dann war gleich der ganze Jahrgang verboten", so ein Zeitzeuge aus dem Jahr 1968. Aus den Regalen verschwand neben der Enzyklopädie Britannica auch das UNO-Jahrbuch mit den Namen der Nobelpreisträger. In Ungnade gefallene Bücher wurden mit einem Sechseck (bestimmt für Bibliotheken mit besonderen Fonds) oder mit zwei Sechsecken (ausgesondert) versehen. 1949 fand sich ein Teil der Bücher aus Schloss- und Klosterbibliotheken auf ungeordneten Haufen in den Gängen der Nationalbibliothek im Prager Klementinum wieder, erhalten blieben davon nur 1.800 Exemplare und einige nicht in Frakturschrift gedruckte Bibeln, die anderen Bücher sind seither spurlos verschwunden.

Die kommunistische Partei hatte nun freien Raum für die Kontrolle von Informationen und Medien. Auf Initiative des ZK der KPTsch verabschiedete die Regierung mehrfach Beschlüsse zur Informationskontrolle (z. B. über Maßnahmen zur Stärkung des Schutzes von Staatsgeheimnissen oder über der Geheimhaltung unterliegende Tatsachen). Am 22. April 1953 gab das Regierungspräsidium einen Beschluss über die Einrichtung der Hauptverwaltung für Presseaufsicht (HSTD) heraus. Dieses „nichtöffentliche Organ" (die meisten Entscheidungen zur Zensur wurden nicht öffentlich getroffen) unterstand zunächst der tschechoslowakischen Regierung direkt, kurze Zeit später wurde es dem Innenministerium unterstellt. Der Leiter der Zensurbehörde berichtete einmal monatlich über die Tätigkeit in seiner Behörde, seine Mitarbeiter erstatteten täglich Bericht. Ferner wurden „alle Mitglieder der Regierung und Leiter von direkt der Regierung unterstellten Organen" angewiesen, „im Umfang ihres Befugnisbereiches alle Voraussetzungen für die Arbeit der HSTD zu schaffen". Die neue Behörde sollte ihre Tätigkeit am 1. Juli 1953 aufnehmen. Als fachliche Hilfe trat ein „Experte" aus der UdSSR hinzu, die zukünftigen tschechoslowakischen Zensoren sammelten im Gegenzug „Erfahrungen" bei Arbeitseinsätzen in der UdSSR. Gemäß dem Statut der Hauptverwaltung für Presseaufsicht bestand ihre Aufgabe künftig

Die zwei Fotos wurden im März 1953 auf der Prager Burg gemacht. Durch ihre Verbindung entstand später ein drittes Foto, so dass der neu gewählte Präsident Antonín Zápotocký nicht nur dem leeren Burghof zuwinkt.

darin, „Informationen und Tatsachen sicherzustellen, die Staats-, Wirtschafts- und Dienstgeheimnisse enthalten … oder … Tatsachen, die im öffentlichen Interesse nicht veröffentlicht werden dürfen. Durch Erhöhung des Schutzes von Staatsgeheimnissen und Verantwortung für ihre Einhaltung ist einen Beitrag zur Verteidigungskraft und Sicherheit unserer Republik und ihres sozialistischen Charakters zu leisten."

Die Auslegung des Begriffs „öffentliches Interesse" bereitete von Anfang an Probleme. Ein Bericht des ZK der KPTsch vom Oktober 1956 definierte, dass „die Auslegung des Begriffs öffentliches Interesse vor allem von der politischen Reife, den allgemeinen Kenntnissen und Fähigkeiten der einzelnen Bevollmächtigten …" abhänge. Ein so bestimmtes „öffentliches Interesse" ermöglichte den Zensoren, im Prinzip alles zu verbieten, was ihnen nicht gefiel oder von ihnen nicht verstanden wurde, ohne dafür genaue Gründe angeben zu müssen. Die Zensur bezog sich dabei nicht nur auf periodische und nicht periodische Presseerzeugnisse, den Rundfunk, auf Filme und das aufstrebende Fernsehen, sondern auch auf Ausstellungen, Bibliotheken, Plakate, Werbeblätter, Abzeichen, Aufkleber usw. Sie wurde auf alles angewendet, das „feindliche Propaganda und Ideologie" in der Bevölkerung verbreiten könnte.

***

In der Anfangsphase litt die Zensurbehörde an einem Mangel an geeigneten Kadern und Erfahrungen. Die geplanten 270 Mitarbeiterstellen konnten nur zur Hälfte besetzt werden, die meisten hier Tätigen hatten weder Erfahrungen noch eine spezielle Ausbildung, die sie zur hier auszuübenden Tätigkeit qualifizierte. Die ersten Mitarbeiter der HSTD waren vielmehr vorher Arbeiter, Näherinnen, Friseure, Kellner, Lehrerinnen usw. gewesen. Viele von ihnen wurden später wegen ihres „niedrigen politischen Niveaus" oder wegen „fachlicher Mängel" ausgetauscht. In einem Bericht über die Anfangsschwierigkeiten ist zu lesen, dass zunächst sämtlichen Informationen seitens der Mitarbeiter gleiche Aufmerksamkeit geschenkt wurde – ganz gleich, ob es Auslandsnachrichten, Straßenverkehrsmeldungen oder der Wetterbericht wäre. Die Zensoren gingen zu jeder Generalprobe und zur Eröffnung sämtlicher Kulturveranstaltungen, einschließlich von Kinderpuppentheater oder einer Pantomime von chinesischen Künstlern. Gleichzeitig wurden zum Beispiel die Auslandssendungen im Rundfunk nur formell kontrolliert; Sprachen, die die Zensoren nicht verstanden, konnten folgerichtig überhaupt nicht überwacht werden.

***

Erste Zensureingriffe sind aus dem November 1953 überliefert. Anfang des folgenden Jahres nahmen Zweigstellen der HSTD in den einzelnen Kreisen und Bezirken ihre Arbeit auf. In einem Bericht über ihre Tätigkeit wird ein Vorgehen gegen ein Plakat der Bezirksverwaltung Ostrava beschrieben. Beanstandet wurde der Text „November, Monat des Kampfes gegen den übermäßigen Alkoholkonsum". Das Plakat wurde verboten, da der November doch „von unseren Werktätigen als Monat der tschechoslowakisch-sowjetischen Freundschaft gefeiert wird". Es folgte ein Antrag des zuständigen Leiters, mit dem Bezirksausschuss die Frage zu besprechen, ob „eine Aktion gegen den Alkoholmissbrauch im November durchgeführt werden müsse".

In der Zeitung „Lidová demokracie" (Volksdemokratie) erschienen im November desselben Jahres zwei Artikel mit gleich großen Schlagzeilen „Abschluss des Monats der tschechoslowakisch-sowjetischen Freundschaft" und „Viel Lärm um nichts". Der letztgenannte Artikel galt einer Aufführung des gleichnamigen Stücks von Shakespeare. Zwischen diese Artikel musste nach Beanstandung durch die Zensurbehörde ein Artikel eingeschoben werden, damit die Redaktion nicht in den Verdacht geriete, den „Monat der tschechoslowakisch-sowjetischen Freundschaft" lächerlich machen zu wollen. Ein anderes Mal beschrieb ein Zeitzeuge in einer Radiosendung Lenins Verhalten bei einer Sitzung: „Nur wer ihn gut kannte, konnte merken, dass hinter den Händen, die müde sein Gesicht bedeckten, ein scharfes, listiges Auge den Sprecher anschaute und das Spiel der Gesichter der anderen beobachtete." Der Bevollmächtigte ließ das Wort „listiges" streichen und empfahl „nachzuforschen, wie dieses beleidigende Wort in die Sendung gelangen konnte".

Neben dem Inhalt sollten die Mitarbeiter der Hauptverwaltung für Presseaufsicht auch die Auflagenstärke und den Umfang der Zeitungen und Zeitschriften kontrollieren. Es kam vor, dass die Redaktionen einiger Blätter entweder eine höhere Auflage oder mehr Seiten, als von den Parteianweisungen genehmigt, drucken ließen. Das hätte, so die Zensur, die Ausnahmestellung der Zeitung „Rudé právo" als offizielle Informationsquelle der Kommunistischen Partei der Tschechoslowakei gefährden können. Nach einer Weisung für die Produktion und Verteilung von Presseerzeugnissen könne „… die Auslieferung erst dann beginnen, wenn ein Probeexemplar vom zuständigen Mitarbeiter der Presseaufsicht zur Verbreitung freigegeben ist". Bei einer Verletzung dieser Vorschriften waren abgestufte Sanktionen absehbar. Zunächst wurde Unzufriedenheit geäußert, später folgten eine Verwarnung, ein Tadel, dann ein öffentlicher Tadel, hiernach war eine Funktionsenthebung nicht ausgeschlossen. Letzte Konsequenz war schließlich die strafrechtliche Verfolgung.

Die Kontrolle der Zensoren richtete sich auch gegen Museen. Hier gab es häufig Probleme: „In einigen öffentlichen Ausstellungsräumen befinden sich noch Bilder der bourgeoisen Präsidenten oder andere Exponate, die schädliche Legenden über das Entstehen der ČSR unterstützen …". Beispielsweise waren auf Bildern aus dem Jahr 1945 noch Häuser mit dem Bild des Präsidenten Beneš zu sehen. Vor den Häusern fahren sowjetische Soldaten auf Pferdewagen vorbei. Die Zensur urteilte: „Das entspricht nicht der Bedeutung, die die Befreiung durch die sowjetische Armee für uns hat."

Das Fotoarchiv der Tschechoslowakischen Presseagentur ČTK wurde ebenfalls gründlich überprüft. Nach den Ermittlungen sind dort im Jahr 1953 etwa eine Million Negative archiviert gewesen. Veröffentlichungswürdige Bilder sind nicht selten auf Wunsch der HSTD verändert worden: Auf ihnen verschwanden oder erschienen verschiedene Personen und Dinge. Als Symbol dieser Kontrollen kann das Bild eines Partisanenstabs Anfang 1944 aus der Niederen Tatra dienen. Von den acht ursprünglich abgebildeten Partisanen verschwanden als erster der Leiter der Fallschirmspringerbrigade Vladimír Přikryl, bald nach ihm der politische Stabskommissar Rudolf Slánský. Damit keine leeren Stellen auf dem Bild auffielen, malte der Retuscheur noch

Auf dem Foto Nr. 1, das während des Slowakischen Nationalaufstands gegen die Deutschen im Jahr 1944 gemacht wurde, sind die Leiter der Partisanen und der slowakischen Aufstandsarmee zu sehen. Vom Foto Nr. 2 verschwand der Leiter der 2. tschechoslowakischen Fallschirmspringerbrigade in der UdSSR Vladimír Přikryl und die entstandene Lücke wurde durch einen Nadelbaum ausgefüllt. Bei der späteren Änderung (Aufnahme Nr. 3) verschwand Rudolf Slánský (1952 hingerichtet). Die übrigen Personen schob der Retuschierende näher aneinander und gestaltete auch die Umgebung entsprechend.

eine Gruppe Fichten in den Hintergrund und veränderte die Gruppe etwas – die Partisanen bekamen neue Schuhe, einen Mantel usw. Schließlich fiel der sowjetische Leiter Asmolow in der UdSSR in Ungnade und das Negativ wurde ganz weggeschlossen.

Doch nicht nur bei Personen war diese Praxis üblich: Es gab kaum noch Ansichtskarten von Schlössern und Burgen, da dort häufig Radarstationen oder Lagergebäude der Militärverwaltung zu sehen gewesen wären. Der Aufmerksamkeit der Zensoren entging kaum ein Detail. Oft kam der Leiter der Hauptverwaltung für Presseaufsicht auch mit eigenen Initiativen: „Die Art der Produktion und Standorte einiger wichtiger Werke werden auch in öffentlichen Telefonbüchern oder sogar Firmentafeln an den einzelnen Betrieben verraten … Ich empfehle die Einrichtung einer Kommission, die entsprechende Unterlagen und einen Entwurf für die Regierung vorbereiten sollte, dass die einzelnen Betriebe entweder nur Ehrennamen tragen oder im Rahmen der einzelnen Ministerien oder Hauptverwaltungen nummeriert werden."

Besonders sorgfältig wurde alles kontrolliert, das die Grenzen in Richtung Westen überschreiten sollte. So verschwand im April 1954 aus der Zeitschrift „Czechoslovak Life", die in den USA, Großbritannien, Schweden und Frankreich über das Leben in der Tschechoslowakei informieren sollte, ein Bild von Kindern, die sich über ein Briefmarkenalbum beugten. „Im Album waren mehrere Briefmarkenserien mit Abbildungen von Masaryk, Beneš, Štefánik, Briefmarken aus London und auch eine Briefmarke mit dem österreichisch-ungarischen Kaiser Karl … Die Aufnahme stammte von der ČTK und wurde dem HSTD nicht zur Kontrolle vorgelegt. Czechoslovak Life wird auf Kreidepapier gedruckt, die Briefmarken wären somit genauso gut zu erkennen wie auf einer Photographie. Nach Eingriff des HSTD-Bevollmächtigten wurde die Titelseite nicht zur Verbreitung freigegeben."

„Feindliche Ideologie und Propaganda" drang nach Auffassung der Zensurbehörden auf verschiedenen Wegen in die Tschechoslowakei ein. Große Sorgen bereiteten den leitenden Funktionären ausländische Rundfunksendungen in tschechischer und slowakischer Sprache. Hier wurde vor allem ihr Empfang behindert, d. h. sie wurden gestört. Die Länder des sowjetischen Blocks verfügten über ein Netzwerk von Störsendern entlang der Westgrenzen, in das auch die Tschechoslowakei integriert war, wozu Prokop Tomek in diesem Buch Details mitteilt.

Die Zensur machte auch vor Todesanzeigen nicht Halt. Als im März 1954 das in der Öffentlichkeit namhafte ehemalige Mitglied der tschechoslowakischen Legionen im 1. Weltkrieg František Stočes verstarb, mussten die Worte „Angehöriger der tschechoslowakischen Legionen in Russland" und die Sätze „Leider war es ihm auch im hohen Alter nicht vergönnt, die Ergebnisse seiner Arbeit zu genießen. Er musste bis zum 70. Lebensjahr arbeiten, obwohl er schon längere Zeit erkrankt war. Er legte sich erst nieder, als seine Kräfte erschöpft waren, um nie wieder aufzustehen" gestrichen werden. Am Ende blieb nur ein Satz stehen: „Wir halten sein Andenken in Ehren".

Die Prüfung neu erschienener Bücher blieb hinter den anderen Zensuraktivitäten anfänglich zurück, was später umso eifriger aufgeholt wurde. Im Jahr 1955 wurden schon 3.500 Bücher aus verschiedenen Verlagen und fast 600 Titel aus Ministerien und Institutionen kontrolliert. Mitte der fünfziger Jahre wurde auch das Repertoire der Theater „gesäubert". Die größten Probleme gab es beim „ideologischen Inhalt". Von den Bühnen verschwanden nicht nur Stücke westlicher Autoren, sondern auch einige sowjetische, da sie „zu Hause zwar ihre Berechtigung haben, aber bei uns die Ansichten durchschnittlicher Zuschauer über die Verhältnisse in der UdSSR verzerren". In Folge der eingehenden Prüfung wurden mehr als 600 Stücke vom Spielplan genommen.

Später gelang es der HSTD, die Kontrolle über militärische Materialien zu erhalten. Am 21. April 1955 unterzeichnete der Leiter der Presseaufsicht folgende Weisungen für eine Militärparade: „Vor der Prager Parade im Mai 1955 darf nicht veröffentlicht werden, welche Einheiten woher für die Parade herbeigezogen werden, die Orte der Unterkünfte, die Zahl der Einheiten, die getroffenen Sicherheitsmaßnahmen. Der Rang und Namen des Kommandeurs oder Nahaufnahmen von ihm können nicht veröffentlicht werden, eine Aufnahme von ferne ist möglich … Aufnahmen von Motorrädern mit Beiwagen sind nicht gestattet …". Gleiche Aufmerksamkeit richtete sich auch auf die Tätigkeit des Innenministeriums. Im Film „Todesengel" wurden Aufnahmen von Methoden und Formen der Arbeit der Staatssicherheit – das Abhören von Telefonleitungen, gesetzwidriges Öffnen von Post, Eingriffe ohne Zustimmung des Staatsanwalts usw. – entfernt.

Natürlich wurde auch die Post aus kapitalistischen Ländern kontrolliert. Im Jahr 1964 gelangten nach den vorliegenden Akten 2.250.603 Sendungen in die Tschechoslowakei, von denen 141.118 (6,2 %) wegen „anstößiger Inhalte" ausgesondert wurden. Für die Kontrolle von importierten Drucksachen und privater Korrespondenz mit dem Ausland wurde ein eigenes Postamt, Prag 120, eingerichtet. Die Hauptverwaltung für Presseaufsicht nutzte dabei die Tatsache, dass bei einem Verlust von nicht eingeschriebenen Sendungen nicht nachgewiesen werden konnte, wo sie verloren gegangen waren.

Spielfilme sind ebenfalls gründlich überprüft worden. Die Kontrolle lief in vier verschiedenen Produktionsstufen ab: literarisches und technisches Drehbuch, Vorkopie und fertige Kopie. Alles wurde sehr sorgfältig untersucht, bei Drehbüchern waren zum Beispiel mindestens drei Menschen beteiligt; zwei Mitarbeiter vom Film und ein leitendes Mitglied der Abteilung Filmkontrolle. 1955 zensierten die Mitarbeiter der HSTD insgesamt 1.321 Filme aller Art – Spielfilme, Publizistik, Zeichentrick- und Marionettenfilme – des weiteren 646 Drehbücher, Kommentare und Filmprojektskizzen. Diese Arbeit führte zu 1.777 Eingriffen, 1.232 aufgrund von Bedenken wegen erforderlicher Geheimhaltung, 545 aus öffentlichem Interesse. Nach einer Auswertung der KPTsch begangen sie dabei 45 Fehler, 7 anstößige Informationen seine dagegen nicht entdeckt worden.

Im Jahr 1958 wurden unter anderem folgende Filme nicht zur Aufführung freigegeben: „Drei Wünsche", der Kurzfilm „Die Wandzeitung", die polnischen Filme „Die Schlinge" und „Sopoty 1957", der japanische Titel „Junger Dschungel", die tschechisch-jugoslawische Koproduktion „Ein Stern fährt nach Süden" und der DDR-Kurzfilm „Und es kamen alle, alle". Der zuletzt genannte Film verfiehl der Ablehnung, weil er „auf spöttische bis beleidigende Weise die Kontrolltätigkeit von Funktionären verschiedener Stufen der Organe in MTS darstellt ... Besonders anstößig ist der Auftritt einer Vertreterin aus dem Frauenkomitee, die über den Frieden in einer Weise spricht, die den Kampf für den Frieden herabwürdigt und lächerlich macht." Handelte es sich hier überwiegend um Filme aus „volksdemokratischen" Staaten, fielen jene aus dem Westen einer ungleich strengeren Kontrolle anheim. Und wie sah die Filmkontrolle der im Lande produzierten Streifen aus? Ein Regisseur beschreibt es so: „In der Regie saßen nicht nur der Editor neben mir, sondern auch ein Zensor. Er hatte das Drehbuch, ein Stempelkissen und einen Stempel vor sich – wie auf einer Post. Wenn wir eine Seite Text fertig hatten, machte er bums – das heißt alles war OK. Ein Malheur war es, wenn er irgendwo nicht seinen Stempel raufdrückte."

Eine besonders sorgfältige Kontrolle wurde der Darstellung von Bahnhöfen und Verkehrswegen zuteil. Im Film „Ein Engel in den Bergen" wurden Bilder der Eisenbahnbrücke in Prag-Nusle und eines Bahnsteigs vom Prager Hauptbahnhof verboten, in einem anderen Fall wiederum Aufnahmen des Prager Güterbahnhofs Žižkov. Aus dem Trailer „Wie zu Hause" verschwand eine Aufnahme des Eisenbahntunnels unter dem Prager Stadtteil Vinohrady, „weil mehr als zwei Gleispaare in ihn münden" usw. Es wurden Stellen herausgeschnitten, in denen die Produktion oder Mitarbeiterzahl von Industriebetrieben, die Kapazität von Kraftwerken, der Eisenbahnverkehr etc. erwähnt wurden. Sehr sensibel war die Hauptverwaltung für Presseaufsicht auch gegenüber Quellen, die „religiöse Propaganda" transportieren könnten.

Verboten wurden weiter nicht nur Nachrichten über militärische oder Wirtschaftsgeheimnisse, sondern auch allbekannte negative Tatsachen und Mängel, die in der kommunistischen Tschechoslowakei offiziell totgeschwiegen wurden. Aus Filmen verschwanden Bilder alter und kranker Menschen, es durfte nicht über die Verschmutzung der Elbe berichtet werden. Ohne Zustimmung, das heißt ohne Bestätigung des Genehmigungsstempels mit der Nummer des Zensors, durfte nicht „mit dem Druck, der Verbreitung, dem Betrieb, der Darbietung, Filmherstellung und Vorführung begonnen werden". Stellte ein Kontrolleur einen Fehler fest, so hatte er den verantwortlichen Redakteur oder Mitarbeiter des zuständigen Bereichs sofort darauf hinzuweisen und in Zusammenarbeit mit ihm Abhilfe zu schaffen. Den Eingriff hatte er seinem Vorgesetzten gegenüber zu begründen. In schwerwiegenden Fällen konnten die Sicherheitsorgane und die Staatsanwaltschaft informiert werden, um eine Strafverfolgung aufzunehmen. Durch die Überprüfung durfte „die Tätigkeit in den kontrollierten Bereichen jedoch nicht unbegründet gestört werden". Filme und Theaterstücke wurden bei jeder neuen Aufführung kontrolliert. Nicht selten geschah es, dass eine eben noch gefeierte Person in Ungnade gefallen war und das Werk deshalb nicht mehr aufgeführt werden durfte. Manchmal waren die Mitarbeiter der Hauptverwaltung für Presseaufsicht so überlastet, dass sie Abend- und Nachtschichten leisten mussten, zum Beispiel während der so genannten Spartakiaden oder beim Filmfestival in Karlovy Vary.

∗∗∗

Im Juni 1954 erhielt die HSTD ein neues Statut. Neben den schon früher bestimmten Aufgaben kam die „Sicherstellung weiterer von Partei und Regierung festgelegter Maßnahmen" neu hinzu. Dadurch konnte die allmächtige KPTsch die Verbreitung praktisch jeder Information kontrollieren. Die Zensur drang zudem in die verbliebenen „übrigen öffentlich zugänglichen Orte" vor. Somit hatten die Zensoren von nun an auch Einfluss auf Schulen, Straßenbahnen, Geschäfte, Restaurants, Parks, selbst auf die Flure und Treppenhäuser von Wohngebäuden.

Die einzelnen Ressorts erließen Anweisungen, welche Tatsachen in ihrem Bereich zensiert werden sollten. Im Schulwesen galt unter anderem folgende Richtlinie aus dem Jahr 1955: „Die Daten und Zahlen von Schülern in Aufteilung nach den Altersgruppen können nicht veröffentlicht werden … (ebenso) die Gesamtzahlen der Schüler nach Klassen oder nach den einzelnen Bezirken aufgeteilt …". Das Landwirtschaftsministerium wiederum versagte der Öffentlichkeit „… absolute Zahlen über die Anzahl der einheitlichen landwirtschaftlichen Genossenschaften in der Summe und nach den einzelnen Arten im gesamten Staat, in den tschechischen Bezirken und in der Slowakei. Diese Angaben können für einen Bezirk oder Kreis veröffentlicht werden."

Nach welchen Kriterien die Zensur durchgeführt wurde, können wir aus einem Bericht der HSTD-Leitung „über die Entwicklung geheim gehaltener Tatsachen" vom Mai 1956 erfahren. Als Grundlage hierzu sollte eine Kartothek dienen. Diese „enthielt jedoch viele Anforderungen aus den Ressorts, die sich als unrichtig und sinnlos erwiesen". Das Ministerium für Hüttenwesen und Erzbergbau verlangte zum Beispiel die Geheimhaltung der Rohstoffvorkommen, „obwohl diese Angaben in der Vergangenheit veröffentlicht wurden". Statistiken der Regierung, die im September 1954 verabschiedet wurden, brachten nur teilweise Verbesserungen, denn noch immer wiesen sie zahlreiche Mängel auf: „Einige Teile der Regierungslisten sind widersinnig und einzelne Listen widersprechen sogar einander… (z. B.) die Regierungsliste des Gesundheitsministeriums, wo die absoluten Zahlen des Personals im Gesundheitswesen nach Alter und Art nicht geheim gehalten werden, während sie in der Liste des Staatlichen Statistikamtes als geheim eingestuft sind."

Es kam bisweilen zu komischen Situationen: Vor Beginn der I. Spartakiade im Frühjahr 1955 gab die „Zentralverwaltung für Geodäsie und Kartographie" nach den Weisungen des Ministeriums für Nationale Verteidigung einen Prager Stadtplan ohne Bahnhöfe und Brücken heraus, während die Staatliche Versicherung auf der Rückseite eines Werbeblattes einen Prager Stadtplan mit allen diesen Angaben veröffentlichte – auch mit Absegnung der HSTD.

∗∗∗

Obwohl das Bestehen der Zensurbehörde geheim gehalten werden sollte, drangen Informationen über deren Existenz an die Öffentlichkeit, zuerst natürlich bei den betroffenen Autoren und Redakteuren. Auf dem II. Tschechoslowakischen Schriftstellerkongress im April 1956 wurde unter anderem zur „völligen Abschaffung der HSTD" aufgerufen. Im Herbst 1958 entwischte den Zensoren Josef Škvoreckýs Buch „Feiglinge", das umgehend viele Polemiken und Diskussionen hervorrief. Das Ende des Zweiten Weltkriegs und das Verhalten der Menschen wurden dort anders dargestellt als in der öffentlichen Propaganda. In Literaturkritik und Öffentlichkeit wurde dies begrüßt, Parteikreise dagegen waren erbost. Die Zensoren konnten ihren Patzer wenigstens etwas ausbessern, indem sie scharf gegen positive Reaktionen auf das Buch vorgingen.

Es gab verschiedene Gründe, warum ein Buch, gleichgültig ob Belletristik oder Sachbuch, das Missfallen der Zensoren erregte. Im Fachbuch „Zusammenstellung der Denkmäler in der Region Teplice" beispielsweise gefiel den Zensoren die Tatsache nicht, dass kirchliche Denkmäler die Mehrzahl ausmachten und Volksarchitektur fehlte. Wenigstens wäre, so ihre Meinung, ein Hinweis nötig gewesen, dass „das einfache Volk keine Mittel hatte, um auf eigene Kosten Bauwerke zu errichten."

Die Anforderungen an die Zensur änderten sich im Laufe der Zeit. 1959 kam die Leitung der KPTsch zu dem Schluss, dass „nicht nur mit dem geschadet werden kann, was geschrieben wird, sondern auch mit dem, was nicht geschrieben wird (vor allem über die UdSSR)". Neue Werke sollten „… beim Aufbau des Sozialismus und beim Abschluss der Kulturrevolution" helfen. Den Mitarbeitern der Hauptverwaltung für Presseaufsicht wurde zur besseren Orientierung empfohlen, ihr politisches Engagement zu verstärken. Die Richtlinien für Verlage, Film und Theater sollten konkretisiert werden, „… damit rechtzeitig eingegriffen werden kann und somit nicht nur politische, sondern auch materielle Schäden vermieden werden können". Wichtig sei nicht nur ein Werk als Ganzes, sondern auch das Profil seines Autors.

Im August 1965 kam von der Leitung der HTSD die Weisung, die Popularisierung der Sänger Karel Gott und Eva Pilarová wegen „grober Mängel im bürgerlichen Leben" einzuschränken. Wer als Künstler im Regime nicht beliebt war, hatte keine guten Karten. So wurde wegen eines Auftritts der Schauspielerin Jiřina Štěpničková 1958 der

erste slowakische Film „Varúj" (Warne) aus dem Jahr 1947 nicht zur Aufführung freigegeben. Jiřina Štěpničková wurde in den fünfziger Jahren zu einer hohen Gefängnis-
strafe wegen eines Fluchtversuchs aus der kommunistischen Tschechoslowakei verurteilt, woraufhin sie bei der Zensurbehörde in Ungnade fiel. Die Fernsehnachrichten
hatte man angewiesen, bei Berichten über die Figur der Schauspielerin in Brechts
Stück „Mutter Courage" das Lob über die Rolle wegzulassen, weil sie „angesichts ihrer
Vergangenheit keinen Ruhm verdient hat". Nicht anders wurde mit unbeliebten
Künstlern aus dem Ausland verfahren. Aus dem Band „Filmfestival der Werktätigen
in Sokolov" verschwand aus der Filmankündigung für „Rosen für den Staatsanwalt"
der Name des Regisseurs Wolfgang Staudte, da er aus der DDR in die Bundesrepublik
übergesiedelt war.

Die Hauptverwaltung für Presseaufsicht arbeitete natürlich eng mit anderen Bereichen des Innenministeriums zusammen. So bat der Leiter der „Zentralschule des
Innenministeriums ‚F. E. Dzierzynski'" im Juli 1962 um Filme über Partisanenkämpfe
und die Arbeit der Aufklärung im Zweiten Weltkrieg, da „in einigen Kursen für Studenten aus afrikanischen Ländern Grundsätze des Partisanenkampfes gelehrt werden
… und damit die Studenten eine Vorstellung von den verschiedenen Arten dieses
Kampfes bekommen…". Bei einem ähnlichen Ersuchen sollten in kontrollierten ausländischen Materialien negative Nachrichten über tschechoslowakische Emigranten
herausgesucht werden, die dann wieder zu Kampagnen in den einheimischen Medien
genutzt werden könnten.

∗∗∗

Der Beginn der sechziger Jahre stellte den Höhepunkt der staatlichen Zensur dar. In den
Jahren 1960 bis 1964 wurden in der Tschechoslowakei allein zum Schutz von Staats-,
Wirtschafts- und Dienstgeheimnissen 14.296 Eingriffe durch die Zensur aktenkundig.
Zur gleichen Zeit wurden die Medien jedoch auch allmählich von der Lockerung in der
gesamten Gesellschaft beeinflusst. Im Oktober 1966 führte dies zur Verabschiedung
des Gesetzes Nr. 81 „Über periodische Presse und die anderen Massenmedien". Dort
hieß es, dass „… für den Schutz der Gesellschaft und der Bürger gegen einen Missbrauch der Freiheit der Meinungsäußerung und der Pressefreiheit der Herausgeber,
Chefredakteur und Autor verantwortlich" seien. Ein weiterer Paragraph fügte hinzu,
dass „… die Zentrale Publikationsverwaltung beim Schutz der sozialistischen Gesellschaft hilft". Sie war ein Organ der staatlichen Verwaltung, für ihre Tätigkeit zeichnete
der Innenminister verantwortlich. Einzelheiten sollten in einem von der Regierung
verabschiedeten Statut geregelt werden. Nach vierzehn Jahren war die Zensur somit
legalisiert worden. Die Zentrale Publikationsverwaltung (UPS) begann ihre Tätigkeit
am 1. Januar 1967.

Tatsächlich handelte es sich bei dieser Behörde jedoch nur um die umgewandelte HSTD, in der nur marginale organisatorische Veränderungen vorgenommen worden waren. An der Spitze stand auch weiterhin Eduard Kovářík, dessen Funktion nun nicht mehr als „Leiter", sondern als „Vorsitzender" definiert wurde. Weitere Paragraphen regelten die Vollmachten der UPS. Neben Staatsgeheimnissen sollte sie jene Informationen kontrollieren, „… die durch zentrale staatliche und gesellschaftliche Organe sichergestellte gesamtgesellschaftliche Interessen schädigen oder im Widerspruch zu anderen Interessen der Gesellschaft stehen". Die „anderen Interessen", früher das „öffentliche Interesse", bezogen sich auf „Widersprüche zum Gesetz, gegen die politische und ideologische Ausrichtung des Staates". Wieder handelte es sich um eine äußerst diskutable Angelegenheit. Der Zensor konnte die Veröffentlichung von Staats-, Wirtschafts- und Dienstgeheimnissen selbst verhindern, in Angelegenheiten des öffentlichen Interesses hing die Veröffentlichung ebenso von der Meinung des Chefredakteurs ab.

Trotz der Möglichkeit zu wählen, ob sie die Instruktionen der Zensoren tatsächlich befolgen, erfüllten die meisten Chefredakteure die Anweisungen der Bevollmächtigten noch zu Beginn des Jahres 1968 anstandslos. Zugunsten der Zensoren wirkte neben der Tatsache, dass die oberste Entscheidungsgewalt letztlich bei den Parteiorganen lag, auch ein ganz trivialer Fakt: die durch Diskussionen verlorene Zeit, die gerade für in den tagesaktuellen Medien Tätige so wichtig ist.

Die Ereignisse des Prager Frühlings 1968 nahmen einen schnellen Verlauf, in dem auch die Medien eine wichtige Rolle spielten. Die Zensur wurde zu einem Symbol von Unfreiheit und Unterdrückung. Somit konnte sie bei einer tatsächlichen Demokratisierung der Gesellschaft nicht überleben. Das „Aktionsprogramm der KPTsch" vom April 1968 bestätigte diese These: „Das künstlerische Schaffen darf nicht zensiert werden … die eingeengte Auffassung der gesellschaftlichen und menschlichen Funktion von Kultur und Kunst muss überwunden werden, ebenso wie die Überbewertung ihrer ideologischen und politischen Aufgabe und die Unterschätzung der allgemeinen kulturellen und ästhetischen Aufgaben…". Im Juni 1968 wurde schließlich das Gesetz Nr. 84 verabschiedet, mit dem das Gesetz Nr. 81 aus dem Jahr 1966 „Über die periodische Presse" abgelöst wird. Darin ist festgehalten: „Zensur ist nicht zulässig. Unter Zensur werden jegliche Eingriffe staatlicher Organe gegen die freie Meinungsäußerung durch Wort und Bild und ihre Verbreitung durch die Massenmedien verstanden."

∗∗∗

Am 21. August kam jedoch die „internationale Hilfe" der Truppen des Warschauer Vertrags mit dem Ziel, „die immer stärkere konterrevolutionäre Entwicklung und Gefährdung des Sozialismus in der Tschechoslowakei zu verhindern". Kurz nach der

Invasion verabschiedete die Nationalversammlung das Gesetz Nr. 127 „Über einige vorübergehende Maßnahmen im Bereich der Presse und der anderen Massenmedien". Auf dessen Grundlage entstand eine neue eigenständige Institution für die Kontrolle der Medien – das Informations- und Presseamt. Ein weiterer Paragraph hob das Zensurverbot auf. Das neue Amt sollte „die Tätigkeit der periodischen Presse und der anderen Massenmedien einheitlich ausrichten und kontrollieren". Gleichzeitig führte das Gesetz Sanktionen für den Fall ein, dass veröffentlichte Nachrichten im Widerspruch zur „Bestimmung der sozialistischen Massenmedien" stünden (Meldung an den Herausgeber, Erteilung eines Tadels, Geldbußen bis zur Höhe von 50.000 Kčs, vorübergehende Entziehung der Herausgeberlizenz bzw. Erklärung, dass die Registrierung ihre Gültigkeit eingebüßt hatte und die Berechtigung zur Herausgabe periodischer Presse erloschen war). Das neue Informations- und Presseamt saß wieder im gleichen Gebäude wie die frühere Hauptverwaltung für Presseaufsicht. In den Redaktionen kam es in der Folgezeit wie in der ganzen Gesellschaft zu umfangreichen personellen Säuberungen, wonach fast kein Unterschied mehr zwischen Zensoren und Zensierten bestand. Die aktiven Journalisten wurden zu Repräsentanten des „normalisierten" Regimes.

Im Zusammenhang mit der Föderalisierung der Tschechoslowakei entstanden ein Tschechisches sowie ein Slowakisches Informations- und Presseamt. Die allmählich greifende „Normalisierung" brachte eine harte Kontrolle der Medien mit sich. In den Jahren 1968 bis 1971 wurde insgesamt 156 Zeitschriften die Registrierung entzogen, es gab erneute Säuberungsaktionen in den Bibliotheken usw.

Die Zeitungen wurden geprüft, es wurde nach Kryptogrammen – so wurde z. B. festgestellt, ob die Anfangsbuchstaben der Absätze in einem Artikel nicht einen Satz ergaben – gesucht, Kreuzworträtsel wurden gelöst und alle Zahlenkombinationen mit den Ziffern 68 untersucht. Sehr streng wurde kontrolliert, ob die Presse die Namen und Funktionen der Staats- und Parteichefs richtig anführte, ob feierliche Artikel zu ihren Geburtstagen erschienen. Im Jahre 1981 kam zu den beiden schon bestehenden Zensurbehörden noch ein Föderales Informations- und Presseamt für die zentrale Leitung der Medien hinzu. Die Kommunisten behinderten dabei vor allem Informationen aus dem Ausland. Die Einfuhr und Verbreitung ausländischer Presse wurde eingeschränkt. Die Verbote bestanden in mehreren Stufen: beim so genannten allgemeinen Verbot konnte der gegebene Titel wegen „ständiger Anstößigkeit" gar nicht erst in die Tschechoslowakei eingeführt werden. Die übrigen Stufen betrafen einzelne Nummern. Das Verbot I. Grades betraf alle Adressaten, die nicht auf der Liste der berechtigten Abnehmer, wozu nur geprüfte Institutionen zählten, standen, das Verbot II. Grades galt für alle Privatbürger. Die beschlagnahmten Presseerzeugnisse fielen dem Staat zu und wurden den Abonnenten nicht ausgehändigt. Dies hatte jedoch selbst in der kommunistischen Zeit keine rechtliche Grundlage und so entstanden vielfältige praktische

Probleme. Noch 1988 wurden bei 562 ausländischen Zeitschriften und Zeitungen Verbote ausgesprochen, dokumentiert sind dazu 4.924 einzelne Vorgänge. Letztmalig spielte die Zensur im November 1989 eine öffentliche Rolle: Durch das Gesetz Nr. 86 wurde sie endgültig abgeschafft.

***

Die direkte Kontrolle der Medien durch den Apparat der Kommunistischen Partei oder durch die Zensurbehörden war ein wichtiges Instrument des Staatssozialismus in den Jahren von 1948 bis 1989. Zusammen mit der Propaganda wurde die Zensur in allen Bereichen angewendet, in denen die kommunistische Macht ihr ideologisches Monopol stärken wollte. Sie war ein Beitrag zur massenhaften Beeinflussung der Bevölkerung. Alles war dahingehend ausgerichtet, die führende Rolle der Kommunistischen Partei zu festigen.

Übersetzt von Andreas Weber

II.

Jan Kalous

Der tschechoslowakische Sicherheitsapparat in den Jahren 1945 bis 1948

Als entscheidender Auslöser jener Regierungskrise im Februar 1948, die für die kommende Entwicklung die Weichen stellte, gilt der Streit um die Absetzung aller nichtkommunistischen Dienststellenleiter der Staatssicherheits-Bezirksbehörden in Prag. Doch stellt sich die Frage, ob dies nicht nur der Vorwand war, hinter dem sich Auseinandersetzungen viel grundsätzlicherer Natur verbargen. Oder anders gefragt: Worum ging es im Kampf um den parteipolitischen Einfluss auf die Sicherheitskräfte wirklich?

Eine erste Antwort auf diese Fragen geben Einblicke in das System der Sicherheitskräfte des tschechoslowakischen Staates nach dem Zweiten Weltkrieg. Die Quellen, die über die Arbeit des Nationalen Sicherheitsapparates sowie der Abteilung für Landessicherheit Auskunft geben können, sind allerdings sehr mangelhaft. Zum besseren Verständnis dieser Probleme seien hier zunächst die Struktur und die Arbeit der Sicherheitskräfte nach 1945 mit der Zeit zwischen den beiden Weltkriegen verglichen.

In der demokratischen, auch so genannten Ersten Tschechoslowakischen Republik (1918–1939) hatten weder die uniformierten Sicherheitsorgane wie Armee, Polizei und Gendarmerie noch die zivilen Sicherheitskräfte politische Funktionen. Diese Organe bestanden neben den staatlichen Behörden, den Landes- oder Kreisämtern, und waren ihnen untergeordnet. Dieses Modell war auch nach dem Zweiten Weltkrieg zunächst erwogen worden. In der Gründung der so genannten Landes-Nationalausschüsse in Prag und Brünn ist sogar der Versuch zu erkennen, diese „Tradition" nahtlos fortzusetzen.

Natürlich gab in der Zeit zwischen den beiden Weltkriegen in der Tschechoslowakei auch zivile und militärische Nachrichtendienste, die im Bedarfsfall miteinander arbeiteten. Etwa war im Innenministerium zunächst die Abteilung „Nachrichtendienst" (Abwehr), die so genannte Abteilung „N", gebildet worden. Sie hatte den Auftrag, Personen, die für den Staat gefährlich waren (beispielsweise politische Extremisten), zu observieren. Nach der Verabschiedung des Gesetzes Nr. 50 über die Verteidigung der Republik im Jahre 1923 entstand im Innenministerium in Prag im November die Nachrichtendienst-Zentrale als Teil der Polizeidirektion. In der Folgezeit wurden in der gesamten Tschechoslowakei schrittweise Zweigstellen dieser Nachrichtendienst-Zentrale errichtet.

Bei einer Umstrukturierung im Jahr 1937 ist im Innenministerium die „Abteilung für Staatssicherheit" gebildet worden. Eingegliedert in diese Abteilung wurden die Nachrichtendienst-Zentrale, ihre acht Zweigstellen, die Ausländerabteilung sowie die politische Abteilung. Diese beobachtete alle Aktivitäten von Parteien, die aus Sicht des Staates besorgniserregend waren, namentlich die Kommunisten und die Parteien der deutschen, ungarischen und slowakischen Minderheiten. Hier treffen wir erstmals auf den Begriff der Staatssicherheit. Struktur und Arbeitsinhalte der Abteilung waren klar bestimmt durch die komplizierte internationale Situation ab Mitte der dreißiger Jahre sowie die sich verschlechternde Position der Ersten Tschechoslowakischen Republik.

Erneut taucht der Begriff Staatssicherheit als Bestandteil des Sicherheitsapparats in der Zeit des Slowakischen Staates von 1939 bis 1945 auf. Seine Bedeutung war hier schon jener ähnlich, die er in der späteren kommunistischen Tschechoslowakei gewinnen sollte. Diese Staatssicherheitszentrale entstand am 1. Januar 1940, ihr Ziel war der Kampf gegen alle staatsfeindlichen Aktivitäten auf dem Territorium der Slowakei. Dabei arbeitete sie mit der deutschen Gestapo, die bereits über uneingeschränkte Macht verfügte, zusammen. Genau wie ihr Vorbild profilierte sich die slowakische Staatssicherheit als politische Polizei, die über allen anderen Sicherheitskräften stand. Die Zentrale war dem Innenministerium direkt unterstellt. Sie hatte sechs Abteilungen, deren Aufgabe es war, jedwede staatsfeindliche Aktivitäten unnachgiebig zu verfolgen. So observierte sie beispielsweise die Kommunistische Partei der Slowakei, die jüdische, die deutsche und die ungarische Minderheit. Selbst die Presse gehörte zu Objekten ihres Misstrauens. Der Aktionsradius reichte dabei weit über die Landesgrenzen hinaus.

***

Nach dem Zweiten Weltkrieg war der Aufbau des Sicherheitsapparats stark von den internationalen politischen Konstellationen geprägt. Zwar kam es zur Wiederherstellung des tschechoslowakischen Staates, doch wurde der vertraglich fest mit der UdSSR verbunden. Folgerichtig war auch das Modell des sowjetischen Sicherheitsapparats das Vorbild für die neu entstehenden Strukturen in der ČSR.

An dieser Stelle seien die Verhältnisse in der Armee nach dem Zweiten Weltkrieg kurz erwähnt. Ähnlich wie in der Staatssicherheit und im Innenministerium versuchte die KPTsch, beim Militär eine Schlüsselposition einzunehmen und damit dessen innere Mechanismen zu beherrschen. Zwar wurde mit General Ludvík Svoboda ein vorgeblich Parteiloser zum Verteidigungsminister ernannt, doch war er in Wirklichkeit der Kommunistischen Partei bedingungslos ergeben. In seiner Amtszeit wurden bereits vor dem Februarputsch 1948 zahlreiche zuverlässige Parteikader in die Armee eingeschleust. Unter Führung von Bedřich Reicin und Karel Vašo ist die 5. Abteilung des Generalstabs geschaffen worden, die „Säuberungen" in der Armee vornahm und wesentlichen Anteil an den Repressionen der fünfziger Jahre hatte. Eine weitere Neuerung bestand in der Einführung der Funktion der Politoffiziere der Hauptverwaltung für Erziehung und Aufklärung unter Major JUDr. Procházka.

In der Sache ist die Armee damit tief in den politischen Kampf zwischen Kommunisten und Antikommunisten hineingezogen worden. Dennoch misslang, eine völlige Kontrolle über die Armee zu gewinnen. Nach den Worten von Minister Svoboda hatte sich die Armee im Februar 1948 zwar auf die „Seite des Volkes" gestellt. Doch war sich die KPTsch nicht vollends sicher, wie das Militär reagiert hätte, wenn Staatspräsident Edvard Beneš den Befehl zum Eingreifen gegeben hätte. Nach dem Februarputsch 1948 nahm die KPTsch daher eine radikale „Säuberung" der Armee vor. Bis Mai 1948 wurden 27 Generäle und 813 Offiziere, darunter 56 Generalstabsangehörige, entlassen. Von 1948 bis Ende 1949 wurden rund 4.600 Personen gezwungen, ihre berufliche Laufbahn beim Militär zu beenden.

Der Aufbau der Sicherheitskräfte

Nachweisbar sind für die damalige Zeit drei verschiedene Konzepte für eine künftige Struktur des Sicherheitsapparates. Sie können knapp wie folgt resümiert werden: Das erste Konzept sah eine Übernahme der Sicherheitskräfte aus der Ersten Tschechoslowakischen Republik vor, die lediglich von Verrätern und Kollaborateuren gesäubert werden sollten. Nach der zweiten Variante wären die alten Strukturen aufzulösen, an ihre Stelle sollten völlig neue Sicherheitsorgane treten. Die dritte Variante stellte eine Kombination der ersten beiden Möglichkeiten dar: Es sollten teilweise neue Organe gebildet und die verbleibenden Teile gründlich gesäubert werden. Die KPTsch machte sich in dieser Diskussion für die Schaffung neuer und zentral gesteuerter Sicherheitskräfte stark. Die Kommunisten besetzten den Posten des Innenministers mit Václav Nosek. Den zuvor ins Gespräch gebrachten Rudolf Slánský betrachteten sie als unannehmbar.

Bereits vor dem Februarputsch 1948 gelang der KPTsch, Schlüsselpositionen im Innenministerium mit Mitgliedern aus ihren Reihen zu besetzen. Große Aufmerksamkeit widmete sie dabei der Kontrolle der gerade entstehenden Nachrichtendienste und den Sicherheitsorganen. Eine bedeutende Rolle spielte hier der bereits erwähnte Innenminister Nosek, der das kommunistische Parteiprogramm und die darin enthaltenen Ziele konsequent in die Tat umsetzte. Drei Gesichtspunkte seien hier erwähnt: Die KPTsch versuchte, so viele ihrer Mitglieder wie möglich in den Sicherheitsapparat einzuschleusen. Insbesondere strebte sie die Besetzung von entscheidenden Leitungsfunktionen an. Zugleich war sie darum bemüht, neu entstandene Bereiche – wie die

Abteilung für Landessicherheit sowie Einheiten der Grenztruppen – ihrer Kontrolle zu unterwerfen. Insoweit ist der Meinung von Jan Frolík zuzustimmen, wonach den Kommunisten „… eines klar war: Die Polizei und vor allem der Geheimdienst bilden eine der Grundsäulen im Herrschaftssystem der kommunistischen Partei, … aus demselben Machtinteresse muss auch die Bindung zwischen der KPTsch und den Polizeistrukturen effizient und sehr eng sein.“

Derselben Ansicht waren im Prinzip auch die Autoren des „Kurzen Überblicks über die Geschichte des Nationalen Sicherheitsapparats" aus dem Jahr 1983, in dem es heißt: „Beim weiteren Aufbau der Nationalen Sicherheitskräfte, bei der personellen Besetzung des neuen sozialistischen Sicherheitsapparats wurden die Klassenzugehörigkeit und die Ergebenheit gegenüber der Partei und der Arbeiterklasse zu einem entscheidenden Auswahlkriterium. Vertreter der Klasse der Arbeiter und der werktätigen Bauern machten schrittweise die überwiegende Mehrheit aus … Nur diese Klassenstruktur und die politische Führung durch die Partei boten die Gewähr dafür, dass die restriktive Funktion der Diktatur des Proletariats auch richtig umgesetzt wurde.“

Am 20. Juni 1945 löste das Innenministerium mit einem Erlass unter Berufung auf das Regierungsprogramm von Košice die Gendarmerie, die uniformierte Staatspolizei und die örtliche Polizei auf. In den neu entstandenen Nationalen Sicherheitsapparat wurden nur die Angehörigen der früheren Sicherheitskräfte aufgenommen, die zuvor Loyalitäts-Prüfungen bestanden hatten. So hatten vor allem zuverlässige und treue Kommunisten, etwa aus den Revolutionsgarden, ehemalige Partisanen oder so genannte Arbeiterkader, mit ihrer Bewerbung Erfolg.

Ende 1945 waren im Nationalen Sicherheitsapparat mehr als 32.000 Mitarbeiter tätig. Im Vergleich zur Tschechoslowakei vor dem Zweiten Weltkrieg – man zählte 1937 30.000 Mitarbeiter – kam es damit auf einem kleineren Staatsterritorium, denn die Tschechoslowakei hatte nach 1945 die Karpato-Ukraine verloren, zu einem deutlichen Anstieg der Mitarbeiterzahl.

In der Slowakei wurden die Gendarmerie und die bestehende Polizei bereits im Februar 1945 aufgelöst. An ihrer Stelle entstand die Nationale Sicherheit (NB), die damals der Behörde des Beauftragten für Innere Sicherheit unter Gustáv Husák unterstand. Die Aufgaben des Staatssicherheits- und Nachrichtendienstes übernahm dabei die 2. Abteilung, die so genannte NB 2. Ursprünglich sollten sich die Mitarbeiter der NB 2 auf die Verfolgung von Kollaborateuren und Verrätern sowie die Einhaltung des Gesetzes über den Staatsschutz konzentrieren. Unter Aufsicht der Kommunisten richteten sie ihr Augenmerk aber zunehmend auf Gegner der Kommunistischen Partei der Slowakei.

Im November 1946 wurde in der Slowakei eine Umstrukturierung vorgenommen. Die bisherige NB 2 ging in der 6. (später 7.) Abteilung der Behörde des Beauftragten für Inneres auf, deren Name „Staatssicherheit und politischer Nachrichtendienst" war.

Die 6. Abteilung blieb auch nach den Wahlen 1946, als General Mikuláš Ferjenčík neuer Beauftragter für Inneres geworden war, unter dem Einfluss der Kommunisten.

Die ungleiche Entwicklung des Sicherheitsapparats im gesamtstaatlichen Maßstab, namentlich in der Slowakei, beunruhigte die Führung der KPTsch. Daher erhielt Jindřich Veselý, der die Tätigkeit des gesamtstaatlichen Innenministeriums und des Amtes für Inneres in der Slowakei koordinierte, den Auftrag, ein einheitliches und zentral gesteuertes Sicherheitsorgan zu entwickeln.

Diese Aufgabe fiel dem, wie bereits erwähnt, am 30. Juni 1945 geschaffenen Nationalen Sicherheitsapparat zu, der aus vier Bereichen bestand: Schutz- und Kriminalpolizei sowie Nachrichten- und Staatssicherheitsdienst. Im neuen Sicherheitsapparat wurde die bestehende Aufteilung in zwei Segmente beibehalten: das uniformierte Segment bzw. die so genannte Öffentliche Sicherheit (Polizei), auf die im Weiteren nicht mehr eingegangen werden soll, sowie das zivile Segment, die Staatssicherheit (StB). Laut Gesetz über den Sicherheitsapparat waren beide Bereiche gleichgestellt. Faktisch nahm die Staatssicherheit innerhalb des Sicherheitsapparats aber eine deutliche Vormachtstellung ein.

Hier gelang der KPTsch, eine zentrale Leitung der Sicherheitskräfte zu schaffen. Dieses Modell, das von der UdSSR übernommen und auch in anderen Ostblock-Staaten eingeführt worden war, ermöglichte eine konsequente Kontrolle der Arbeit der Sicherheitskräfte. Man war davon ausgegangen, dass sich die nach dem Zweiten Weltkrieg neu entstandene Tschechoslowakei mit zahlreichen staatsfeindlich motivierten Straftaten konfrontiert sehen würde. Als einzige Möglichkeit, diesen Entwicklungen angemessen entgegenzutreten, sah man die Schaffung einer paramilitärischen, zentral geleiteten Behörde an.

Die Stellung und die Aufgaben der Staatssicherheit im Rahmen des Sicherheitsapparats wurden im Gesetz über die Nationale Sicherheit Nr. 149 vom 11. Juli 1947 im § 33, Absatz 1, klar definiert: „Die Tätigkeit der Staatssicherheit umfasst den Schutz der Tschechoslowakischen Republik vor allen Angriffen auf ihre Souveränität, Selbständigkeit, Integrität und die demokratisch verfasste Republik, ihre Sicherheit und Verteidigungsfähigkeit, ferner die Gewährleistung der persönlichen Sicherheit von Repräsentanten des Staates sowie den Schutz vor Wirtschaftsspionage. Zudem gehört hierzu die gerichtliche Untersuchung von Straftaten in diesem Bereich (Die vorläufigen Ermittlungen erfolgen gemäß der Strafprozessordnung)."

Die Staatssicherheit sollte demnach Ermittlungen vornehmen, Personen festnehmen und Hausdurchsuchungen durchführen. Zum Schutz der Staatsordnung oblag es der Staatssicherheit zudem, präventive Maßnahmen zu ergreifen, wenn beispielsweise auf Grundlage von nachrichtendienstlich gewonnenen Informationen ein Verdachtsmoment bestand. Die Staatssicherheit befasste sich ferner mit der Ermittlung von Straftaten, die während der Zeit der Okkupation von 1939 bis 1945 verübt worden waren. Ein weiterer

Am 23.02.1948 besetzten die SNB-Angehörigen das Prager Zentralsekretariat der bedeutendsten nichtkommunistischen politischen Partei – der Tschechischen Nationalsozialistischen Partei.

Bereich war die Aufarbeitung von NS-Verbrechen. Das Gesetz ging allerdings davon aus, dass „… die Regierung durch einen Erlass die Staatssicherheit mit der Kriminalpolizei zusammenlegt, wenn der Arbeitsumfang der Staatssicherheit geringer wird."

Zu diesem Schritt ist es allerdings nicht gekommen. Im Gegenteil, die Staatssicherheit erfuhr eine Verstärkung wie nie zuvor. Zum 31. Dezember 1947 wurden die bislang getrennten Abteilungen für Staatssicherheit und Nachrichtendienst unter einem Dach vereint – jenem der Staatssicherheit. Mit dem novellierten Gesetz über die nationale Sicherheit Nr. 286 vom 21. Dezember 1948 wurde die herausgehobene Stellung der Staatssicherheit auch gesetzlich verankert. Im Oktober 1948 wurde im Innenministerium die „Gruppe I – Sicherheit" gebildet. Zu ihr gehörte die Abteilung BA, auch Staatssicherheitsabteilung oder Staatssicherheits-Kommandostab genannt.

Der Februar-Putsch 1948 festigte die Position der Staatssicherheit als eigenständige machtpolitische Kraft noch weiter. Ihre Hauptaufgabe war es jetzt, in allen Bereichen der Gesellschaft Feinde des kommunistischen Systems ausfindig zu machen und Schauprozesse vorzubereiten, in deren Verlauf sie in der Öffentlichkeit „entlarvt" werden sollten. In der Gesellschaft machte sich allmählich Angst breit. Niemand konnte sicher sein, dass er nicht selbst das nächste Opfer der Staatssicherheit sein könnte. Selbst Spitzenfunktionäre des Parteiapparats fürchteten sich offenkundig vor ihr. Die Ermittlungspraktiken der Staatssicherheit in ihren Untersuchungsgefängnissen stellten eine Kombination von physischer und psychischer Folter dar. Dazu zählten Drohungen, Erniedrigungen, Einschüchterung von Familienangehörigen, endlose Verhöre, Schlafentzug, Hungerstrafe, Dunkelhaft, Stockschläge, Elektroschocks usw. Oft wurden in die Zellen Spitzel eingeschleust, die im Auftrag der Staatssicherheit die Untersuchungshäftlinge aushorchten.

***

Außer der Polizei und der Staatssicherheit gab es bereits in der Zeit vor dem Februarputsch in der Tschechoslowakei den von den Kommunisten kontrollierten Nachrichtendienst: die Hauptverwaltung für Landessicherheit (ZOB). Unter dem Dach ihrer zweiten Abteilung, genannt ZOB II, die bei den Nationalausschüssen der Länder (Böhmen und Mähren) mit Sitz in Prag und Brünn eingerichtet worden waren, wurde ab Sommer 1945 bis Herbst 1947 der Nachrichtendienst angesiedelt. Dieser Nachrichtendienst verfügte jedoch über keine Vollstreckungsgewalt. Zur Hauptverwaltung für Landessicherheit gehörten folgende Abteilungen:

1. Abteilung für Aufklärung – Abwehrnachrichtendienst (OZ), mit den Aufgaben: Bekämpfung von nazistischen Nachrichtendienst-Einheiten, Verfolgung von Kriegsverbrechern, Schutz der ČSR vor feindlichen Aufklärungseinheiten.
2. Innenpolitische Abteilung – politischer Nachrichtendienst (PZ) mit den Aufgaben, Verräter und Kollaborateure, darunter auch in den Reihen der Nationalen Front, aufzuspüren.
3. Wirtschaftsabteilung – Wirtschaftsnachrichtendienst (HZ), Kampf gegen Wirtschaftsspionage.

In offiziellen Dokumenten las sich das so: „Aufgabe dieser Abteilungen ist der nachrichtendienstliche Kampf gegen alle Feinde der volksdemokratischen Ordnung, Nationalsozialisten und Kollaborateure ungeachtet ihrer Nationalität sowie ihrer politischen oder religiösen Zugehörigkeit, ferner gegen die beginnende Tätigkeit imperialistischer Spionagedienste." Die so genannte ZOB II war der Abteilung Z des Innenministeriums, also der Staatssicherheit und dem politischen Nachrichtendienst (der VII., später der III. Abteilung), unterstellt. Zugleich handelte es sich um eine nachgeordnete Behörde der Nationalausschüsse der Länder. Die Landes-Sicherheitsabteilungen wurden nach der Verabschiedung des Gesetzes Nr. 149/1947 über die Nationale Sicherheit mit den entsprechenden Staatssicherheitsbehörden zusammengelegt. Die Zentrale der ZOB II wurde Bestandteil der VII. Abteilung des Innenministeriums. Die Zusammenlegung der Landes-Sicherheitsabteilungen mit der Staatssicherheit war Ende März 1948 abgeschlossen.

Štěpán Plaček schrieb über die Entstehung der Landessicherheitsabteilung: „Die ZOB wurde von einem Präsidium geleitet, dessen Vorsitzender Hrsel war. Mitglieder waren ich, Schmiedberger und Wolf. Die Tätigkeit der ZOB wurde von der Partei kontrolliert, zunächst vom Genossen Jan Vodička, später vom Genossen Karel Sváb. In die Tätigkeit der ZOB begann auch Genosse Jindřich Veselý, Mitglied des Zentralkomitees der KPTsch, einzugreifen. Zunächst drängte er darauf, dass die ZOB Zweigstellen in den Regionen errichtete. … Ich schlug dagegen vor, die Kompetenzen zwischen den drei Präsidiumsmitgliedern klar voneinander abzugrenzen. So beschlossen wir schließlich die Aufteilung der Abteilung in drei Unterabteilungen und zwar den Politischen Nachrichtendienst, den Bewaffneten Nachrichtendienst und den Wirtschaftsnachrichtendienst. Ich leitete den Politischen Nachrichtendienst, der sich mit den reaktionären Kräften im Inland befasste. Die Abwehr, die sich mit feindlicher Tätigkeit befasste, die von Angehörigen anderer Nationen oder Staaten gelenkt wurde, leitete Schmiedberger. Der Wirtschaftsnachrichtendienst, den zu Beginn noch Ingenieur Wolf, praktisch jedoch schon bald Dr. Staněk leitete, hatte die Aufgabe, staatsfeindliche Tätigkeiten in der Wirtschaft abzuwehren."

Die Landessicherheitsausschüsse arbeiteten der KPTsch in die Hände. Sie erkundeten die Tätigkeit der nichtkommunistischen Parteien, beispielsweise durch die Beschaffung von parteiinternen Informationen, störten deren Versammlungen und trugen Material zusammen, mit dem sie die politischen Gegner kompromittieren konnten. Zugleich suchten sie ganz gezielt nach Personen, die die Rolle einer „linken Fraktion" in der jeweiligen Partei übernehmen und später auf irgendeine Weise mit der KPTsch zusammenarbeiten würden. So waren die Kommunisten über alle Partei-Interna ihrer politischen Gegner informiert. Alles geschah unter Einhaltung der Grundsätze einer strengen Konspiration. Im Prinzip, das läßt sich hier unschwer erkennen, hat sich die KPTsch somit bereits ab Sommer 1945 auf den Kampf um die alleinige politische Macht im Staat vorbereitet.

Nach Angaben von Zdeněk Zikmundovský waren zu Beginn des Jahres 1947 in der Abteilung ZOB II in Prag 92 Mitarbeiter und in den weiteren 17 regionalen Zweigstellen insgesamt 229 Mitarbeiter tätig. Über seine Tätigkeit bis Februar 1948 sagte Antonín Prchal, Angehöriger der Landessicherheitsabteilung und später führender Staatssicherheits-Funktionär, am 23. Dezember 1962 vor dem Prager Generalstaatsanwalt folgendes aus: „Wir wurden als Stammpersonal auf zentralen Mitarbeiterlisten des Landesnationalausschusses geführt. Unsere Gehälter erhielten wir auf konspirative Art und Weise. Wir hatten alle von Anfang an falsche Ausweise und durften den ZOB-Ausweis nirgendwo zeigen. Bei der Einstellung wurde uns gesagt, dass wir eigentlich ein Partei-Nachrichtendienst sind."

Wer waren die Personen, die für die KPTsch die Staatssicherheit und den Landessicherheitsausschuss aufgebaut haben? Eindeutig handelte es sich dabei um Kommunisten, die der Partei bereits ihre Treue erwiesen hatten. Ein großes Plus für sie war, wenn sie auf das Vertrauen des sowjetischen NKWD bauen konnten. Die meisten dieser „Gründerväter der Staatssicherheit" wie Štěpán Plaček, Jindřich Veselý, Osvald Závodský, Josef Pavel, Miroslav Pich-Tůma, Josef Čech, Milan Moučka, Kamil Pixa und viele andere mussten allerdings später den Sicherheitsapparat verlassen. Einige von ihnen wurden schließlich vor Gericht gestellt, danach ins Gefängnis gebracht und zum Teil sogar hingerichtet.

An dieser Stelle seien sechs Beispiele angeführt, die zeigen, wie die Kommunisten versucht haben, die Sicherheitsorgane (vor allem die Staatssicherheit und die Landessicherheitsabteilung) politisch zu missbrauchen:

1. General Josef Bartík.

General Bartík wurde nach dem Krieg zum Chef der Abteilung Nachrichtendienst (Abteilung Z) ernannt. Er war ein erfahrener Nachrichtendienst-Offizier, der auf die Unterstützung der Sozialdemokraten setzen konnte und die Gunst von Präsident Beneš genoß. Die Abteilung Z hatte unter Bartík 180 Mitarbeiter. Kommunisten machten dabei nur eine Minderheit aus. Ziel der Kommunisten, insbesondere von Bedřich Pokorný und Štěpán Plaček, war es daher, Bartík in der Öffentlichkeit zu diskreditieren, seine Ablösung zu erzwingen und so die Position der KPTsch zu stärken. Für ihre Verschwörungstheorie brachten Pokorný und Plaček den früheren Gestapo-Agenten Josef Vondráček ins Spiel. Sie behaupteten, dass Vondráček Bartík vertrauliche Informationen, darunter auch über Kommunisten, übergeben haben soll. Diese habe Bartík hinter dem Rücken von Innenminister Nosek an den britischen Nachrichtendienst weiterleiten sollen. Weil Bartík damit Noseks Vertrauen verloren hatte, wurde er im Januar 1946 abgesetzt. Sein Nachfolger wurde einer der Urheber der Verschwörungstheorie, Bedřich Pokorný. Doch auch danach blieb Bartík im Fadenkreuz der Staatssicherheit. Nach dem Februarputsch 1948 wurde er Opfer eines politischen Rachefeldzugs. Am 5. März 1948 ist er verhaftet worden. Am 11. November desselben Jahres verurteilte ihn ein Gericht zu fünf Jahren Gefängnis. Er starb 1968.

2. Der Generalsekretär der Tschechoslowakischen Nationalsozialistischen Partei[1] Vladimír Krajina.

Vladimír Krajina war ein bekannter führender Vertreter des nationalen Widerstands. Ihm wurde eine Zusammenarbeit mit der Nazi-Polizei während des Zweiten Weltkriegs vorgeworfen. Die Kommunisten stützten ihre Anschuldigungen dabei auf eine gefälschte Aussage von Karl Hermann Frank. Mit dem Prozess gegen Krajina wollten sie die gesamte Führung der Nationalsozialistischen Partei diskreditieren. Die Aktion ereignete sich vor den Parlamentswahlen 1946. Der Initiator der Verleumdungskam-

---

1   Tschechoslowakische Nationalsozialistische Partei: Als Tschechische National-soziale Partei vom nationalistischen Flügel der Arbeiterbewegung 1897 gegründet. Nach Gründung der Tschechoslowakei auf dem 8. Parteitag 1918 in Tschechoslowakische Sozialistische Partei umbenannt. Zu ihren führenden Vertretern gehörte u. a. Edvard Beneš. Auf ihrem Parteitag 1926 nahm sie den neuen Namen Tschechoslowakische Nationalsozialistische Partei an. Dieser Parteitag entschied den Kampf zwischen dem demokratischen Flügel und dem faschistischen Flügel zugunsten der Demokraten in der Partei. Während der deutschen Okkupation wurde die Partei verboten. Wieder gegründet nach dem Zweiten Weltkrieg erhielt sie in den Wahlen 1946 18,37 Prozent. Zusammen mit der Volkspartei stellte sie im Rahmen der Nationalen Front die Opposition zu den Kommunisten dar. Im Februar 1948 initiierte die Tschechoslowakische Nationalsozialistische Partei den Rücktritt der demokratischen Minister. Nach dem Februar-Putsch wurden alle demokratischen Kräfte aus ihr entfernt. Die Partei wurde in Tschechoslowakische Sozialistische Partei umbenannt und war bis 1989 eine Blockpartei im Rahmen der von den Kommunisten gelenkten Nationalen Front. Im Exil bestand die Tschechoslowakische Nationalsozialistische Partei allerdings weiter. Nach der so genannten samtenen Revolution kam es zur Vereinigung der Exil-Partei und der Tschechoslowakischen Sozialistischen Partei. Nach weiteren Zusammenschlüssen mit anderen Parteien wurde sie in Tschechische National-Soziale Partei umbenannt.

pagne, Bedřich Pokorný, wurde anschließend als Chef des politischen Nachrichten-dienstes abberufen. Vladimír Krajina wurde gleich nach dem Februar-Putsch fest-genommen, aus dem Gefängnis entlassen wurde er erst nach einer Intervention von Präsident Beneš. Anschließend gelang es ihm, ins Exil zu gehen. Nach 1989 wurde Vladimír Krajina von Präsident Václav Havel mit dem Orden des Weißen Löwen, einer der höchsten staatlichen Auszeichnungen, geehrt. Er starb 1993.

3. Der Verteidigungsminister der tschechoslowakischen Exilregierung in London, General Sergej Ingr.

Sergej Ingr wurde beschuldigt, 1940 unberechtigt eine Mobilisierung der tschechoslo-wakischen Streitkräfte in Frankreich vorgenommen zu haben. Ziel dieser Kampagne der Kommunisten war, den angesehenen General in der Öffentlichkeit zu diskreditie-ren und damit seine Rückkehr in das Verteidigungsministerium zu verhindern. Mit dem Fall Ingr hat sich auch die Regierung mehrfach befasst. Der Plan der KPTsch hatte jedoch keinen Erfolg. Präsident Beneš ernannte Ingr zum Botschafter der Tschecho-slowakei in Den Haag.

4. Die Affäre von Krčmáň – das fehlgeschlagene Attentat auf die drei Minister Zenkl, Drtina und Masaryk.

Diese Affäre nahm im August 1947 ihren Anfang, als drei Briefbomben in an die Minister adressierten Postsendungen entdeckt wurden. Der Sicherheitsapparat, der mit der Ermittlung beauftragt wurde, ging bei den Untersuchungen jedoch bewusst oberflächlich vor, um die wahren Hintergründe zu vertuschen. Die Kommunisten brachten sogar eine Version in Umlauf, wonach Vertreter der Nationalsozialistischen Partei selbst den Auftrag für das Attentat gegeben hätten. Ermittlungen des Justiz-ministeriums ergaben allerdings, dass die Briefbomben von kommunistischen Funk-tionären in der Gemeinde Krčmáň bei Olmütz angefertigt und von dort aus an die Minister gesandt worden waren.

In diesem Fall wird abermals der Konflikt zwischen dem von den Kommunisten kontrollierten Innenministerium und dem Justizministerium unter Prokop Drtina (Nationalsozialistische Partei) deutlich. Nach dem Februar-Putsch 1948 bestand kein Interesse mehr, die Affäre konsequent aufzuklären. Die Akteure, die sich von Seiten des Justizministeriums bei den Ermittlungen stark engagiert hatten, waren inzwischen inhaftiert worden. JUDr. Zdeněk Marjanko starb im Gefängnis, František Doležel, František Kolava und Ladislav Loveček mussten Haftstrafen zwischen sechs und sieben Jahren verbüßen.

5. Die Spionageaffäre von Most.

Der von den Kommunisten beherrschte zivile und militärische Nachrichtendienst hatte eine Verleumdungskampagne gegen Vertreter der Armee, insbesondere hier gegen Pravoslav Reichel, sowie gegen die Politiker der Nationalsozialistischen Partei Zenkl, Drtina und Krajina vorbereitet. Demnach wollte der Sicherheitsapparat den Plan zu einem staatsfeindlichen und antikommunistischen Putsch in der Tschechoslowakei aufgedeckt haben. Zwei Angehörige des Sicherheitsapparats und einer ihrer Informanten sollten die Verschwörung zwischen angeblichen Spionen und Vertretern der Nationalsozialistischen Partei bestätigen. Minister Drtina wies die Regierung allerdings umgehend auf das gesetzwidrige Vorgehen der Angehörigen des Sicherheitsapparats hin. Daraufhin wurde ein Strafverfahren gegen die Personen, die diese Affäre angezettelt hatten, eingeleitet. Die Ermittlungen begannen im Januar 1948, versandeten aber nach dem Februar-Putsch. Dagegen wurde im Mai 1948 der so genannten Gruppe Reichel & Co. der Prozess gemacht. Neun der Angeklagten wurden freigesprochen. Drei von ihnen sind zunächst zum Tode verurteilt worden, die Strafen wandelte man später in zwei lebenslängliche und eine 15-jährige Inhaftierungen um.

Der Slowakische Herbst.

Schon in der Zeit vor den Wahlen 1946 versuchten die Kommunisten, die Demokratische Partei in der Slowakei aufzulösen. Mit Hilfe des Nachrichtendienstes wollten sie Beweise dafür zusammentragen, dass sich Spitzenpolitiker der Demokratischen Partei im Exil mit Vertretern des früheren Slowakischen Staates verbunden hätten, um das demokratische System in der Tschechoslowakei zu zerschlagen. Die Kommunisten bezichtigten die Generalsekretäre der Demokratischen Partei Jozef Kempný und Miloš Burgár, Vizepremier Jan Ursíny – über den Mitarbeiter seines Sekretariats Oto Obuch – sowie weitere Funktionäre, ein Komplott mit den „verräterischen Emigranten" zu bilden. Die Staatssicherheit hatte mehrere verhaftete Personen zu Aussagen gezwungen, in denen die führenden Politiker der Demokratischen Partei belastet wurden. Jene wiesen die gegen sie erhobenen Anschuldigungen jedoch entschieden zurück und forderten eine unabhängige Untersuchung. Sie waren der festen Überzeugung, dass spätestens vor Gericht die Wahrheit ans Licht kommen würde. Darum willigten sie auch ein, dass ein Strafverfahren gegen sie eröffnet wurde. Ursíny gab sein Regierungsamt auf. Im November 1947 kritisierte Lettrich, einer der führenden Politiker der Demokratischen Partei, öffentlich die Ermittlungspraktiken der Staatssicherheit. Er berichtete u. a. auch über Anwendung von Gewalt bei den Verhören. Ziel der Kommunisten war es, die Demokratische Partei zu spalten, ihren Einfluss zu schmälern und sie aus der Regierung und dem Amt des Bevollmächtigten zu drängen. Das ist ihnen im Prinzip auch gelungen. Der Gerichtsprozess gegen Bugár, Kempný und Ursíny fand erst nach dem Februar-Putsch 1948 statt. Kempný wurde zu sechs Jahren, Bugár zu einem Jahr und Ursíny zu sieben Jahren Haft verurteilt.

Die bisherigen Schilderungen dürfen jedoch nicht zu der Annahme führen, die nichtkommunistischen Parteien seien außerstande gewesen, die Machtübernahme der Kommunisten im Sicherheitsapparat des Staates zu verhindern. Auseinandersetzungen über den Sicherheitsapparat gab es seit Kriegsende bis Februar 1948 permanent. Dabei ging es vor allem um die Konzeption für den Aufbau des nationalen Sicherheitsdienstes, das politische Engagement der einzelnen Parteien im Sicherheitsapparat, aber auch um Ausschreitungen bei Einsätzen oder Ermittlungen. Diese Probleme wurden wiederholt in der Regierung, der Nationalen Front und in persönlichen Interventionen bei Innenminister Nosek erörtert. So wurde beispielsweise das Gesetz über die nationale Sicherheit sieben Mal geändert, bevor es im Juli 1947 verabschiedet worden ist. Ferner hatten die Nichtkommunisten vorgeschlagen, den Sicherheitsapparat in Staatssicherheits- und Nachrichtendienstabteilungen zu untergliedern, sie transparent zu gestalten und einer demokratischen Kontrolle zu unterwerfen. Die Kommunisten konnten sich nach eigenen Angaben um diese Zeit auf den Nachrichtendienst, die neu entstandenen Abteilungen sowie Teile der Staatssicherheit und der Armee stützen. Die nichtkommunistischen Parteien hatten eine starke Position in der Kriminalpolizei. Auch ihr Einfluss in Teilen der Staatssicherheit, der Armee und der Polizei war noch immer beträchtlich.

Doch die Nichtkommunisten haben scheinbar die Position der KPTsch im Sicherheitsapparat unterschätzt. Sie gingen davon aus, dass sie die nächsten Wahlen gewinnen und den Kommunisten eine Niederlage bereiten würden. Gleich danach wollten sie ihr eigenes Konzept für den Aufbau der Staatssicherheit und des Nachrichtendienstes durchsetzen. Anfang 1948 hieß es jedoch in einer Analyse der Führung der Nationalsozialistischen Partei: „Zusammenfassend muss man die Besetzung der führenden Posten im Verwaltungs- und Sicherheitsapparat als so gravierend einschätzen, dass eine Machtübernahme der KPTsch in einem Handstreich ohne jedwede Möglichkeit des inneren Widerstands möglich ist, wann immer die Parteiführung die Zeit dafür gekommen sieht. Man muss sich dringend bewusst machen, dass es nicht um die Kompetenz einer Partei, sondern in der Tat um die Republik geht!" Diesem Bericht zufolge hatten die Kommunisten bereits Anfang 1948 alle Schlüsselpositionen besetzt. Wenn die nichtkommunistische Regierung sie von ihren Posten enthoben hätte, wäre das Innenministerium für eine nicht absehbare Zeit handlungsunfähig gewesen.

∗∗∗

Die Kommunisten strebten seit 1945 die völlige Kontrolle aller anderen politischen Parteien im Lande an. Zu dem Zeitpunkt, als sich die KPTsch im Sicherheitsapparat stark genug fühlte, ab etwa Herbst 1947, versuchte sie, eine Krise auszulösen, um die Machtaufteilung in der Tschechoslowakei endgültig zu ihren Gunsten zu verändern.

Der Sicherheitsapparat, so kann resümiert werden, wurde nach dem Krieg auf einer völlig neuen Grundlage geschaffen. Anstatt sich überparteilich zu konsolidieren, wurde er zusehends zu einer Domäne der Kommunisten, die nicht zögerten, erreichte Positionen im Militär und in der Staatssicherheit für ihre eigenen politischen Ziele zu nutzen. Somit ging es den nichtkommunistischen Parteien im Kampf um die Sicherheitsstrukturen des Staates im Februar 1948 um mehr als den künftigen Charakter des Sicherheitsapparats. Dieser Kampf war ein Teil des Ringens in einer Auseinandersetzung von grundlegender politischer Bedeutung und mit weit reichenden Folgen.

Übersetzt von Heiko Krebs

Prokop Tomek

Die Struktur der Staatssicherheit in der ČSSR

Ein Porträt der tschechoslowakischen Staatssicherheit (StB) in gebotener Kürze ist kein einfaches Unterfangen. Dem ostdeutschen Leser dürften dabei seine Kenntnisse über die Stasi in der DDR entgegenkommen, denn beide Sicherheitsdienste hatten viele Ähnlichkeiten, die sich aus der gemeinsamen Blockzugehörigkeit und daher identischer ideologischer Einbindung ergaben. Vorbild und Lehrer beider Geheimdienste war der sowjetische KGB.

Nach Ende des Zweiten Weltkrieges gelang es den Kommunisten in der Tschechoslowakei zunächst noch ohne direkte Hilfe aus der Sowjetunion, allmählich und häufig verdeckt Machtpositionen im Innenministerium und im Korps der nationalen Sicherheit (SNB, dazu zählte auch die Staatssicherheit) aufzubauen. Von einer Dominanz der Kommunisten konnte zu jener Zeit nicht die Rede sein, denn von Mai 1945 bis Februar 1948 herrschte in der ČSR eine beschränkte Demokratie mit einem Mehrparteiensystem. Die Vertreter der nichtkommunistischen Parteien entlarvten erkannte kommunistische Bestrebungen um Einfluss in den Sicherheitsorganen jedoch nur teilweise, geübte Kritik blieb fast immer erfolg- bzw. folgenlos.

Die Entwicklung der StB nach der Machtübernahme durch die Kommunisten im Februar 1948 war kompliziert, wie es bei gewaltsamen Regimewechseln zumeist der Fall ist. Viele organisatorische Maßnahmen wurden ad hoc, als Sofortreaktion auf die entstandene Situation getroffen. Schriftliche Unterlagen über die damalige Tätigkeit der StB gibt es daher nur wenige. So ist zum Beispiel die überaus dreiste Provokation der Staatssicherheit unter dem Decknamen KAMENY (Steine) immer noch nicht ausreichend aufgearbeitet. Im Rahmen dieser Aktion wurde in einigem Abstand zur tatsächlichen Staatsgrenze eine falsche Grenze mit falschen Grenzsteinen errichtet, daher der Deckname „Steine". Agenten oder StB-Mitarbeiter bewegten sich dort als vermeintliche Schleuser, die Ausreisewilligen ihre Hilfe bei der Flucht anboten. Sie führten die Betroffenen dann zur „Staatsgrenze", um sie dort leichter verhaften und verhören zu können. Nachgewiesen wurden z. B. solche Orte bei Všeruby und bei Domažlice.

An der „Grenze" wurden die Flüchtlinge entweder von einer vorgeblichen Grenzpatrouille der SNB verhaftet, wobei der „Schlepper" fliehen konnte, oder von einer vermeintlichen Streife der deutschen Grenzpolizei. Jene brachte sie in ein gestelltes Büro eines CIC-Beamten (CIC – Counter Intelligence Corps, Nachrichtendienst der US-Armee). Dort wurden die Personen, die annehmen mussten, im Westen zu sein,

Feierliche Auszeichnung von StB-Angehörigen in den siebziger Jahren durch Innenminister Jaromír Obzina, rechts hinter dem Minister der Abteilungsleiter der Staatsadministrative des ZK der KPTsch Eugen Turzo.

nachrichtendienstlich behandelt. Sie sollten über ihre etwaige staatsfeindliche Tätigkeit berichten, sofern vorhanden, ihre Waffen abgeben, alle Kontakte zu Mitwissern offenlegen oder Hinweise zu Personen geben, die gegen das Regime arbeiteten. Nach der Befragung verließen die Flüchtlinge das Büro, wobei ihnen die Richtung zum nächsten Flüchtlingslager gewiesen wurde. Dabei, und so endete das perfide Spiel, „verirrten" sie sich jedoch wieder auf das Gebiet der Tschechoslowakei oder wurden auf „deutschem" Gebiet von einer SNB-Streife überfallen und verhaftet.

Zu jener Zeit hatte die Staatssicherheit eine bunte personelle Zusammensetzung. In hohen Positionen waren beispielsweise Vorkriegskommunisten, Kämpfer der spanischen Interbrigaden und Teilnehmer am Widerstand während des Zweiten Weltkriegs. Eine weitere wichtige Gruppe bestand aus jungen Hochschulabsolventen – so genannte „gläubige Kommunisten". Sie waren vor allem in der Aufklärung tätig. Hinzu traten viele altgediente Fachleute, die auch für einen neuen Herrn zu arbeiten bereit waren – etwa Polizisten und Kriminalbeamte, die nach dem Krieg oder spätestens nach dem Februar 1948 in die KPTsch eingetreten waren. Der Volksmund fand für sie den Begriff Radieschen – außen rot, innen weiß. Freilich – alle diese Gruppen mussten die Staatssicherheit früher oder später verlassen. Die StB sah ihre Zukunft allein in so genannten Arbeiterkadern, damals jungen Männern und Frauen um die 25 Jahre. Sie waren nach Ende des Zweiten Weltkriegs in die KPTsch eingetreten und hatten bis auf ihren Übereifer bei der Machtübernahme nach den Nazis keinerlei kämpferische Verdienste. Dafür hatten sie einen großen Vorteil – keine politische Vergangenheit, was immer noch besser war als eine schlechte.

Die ersten fünf Jahre nach dem Umsturz vom Februar 1948 können auch als Jahre des offenen Staatsterrors bezeichnet werden. Daran hatte die Staatssicherheit einen großen Anteil. Sie war in anderen Teilen der Verwaltung vor allem gefürchtet, einschließlich der uniformierten Polizei, der Justiz, der Armee. Das Regime liquidierte ganze soziale Bevölkerungsgruppen. Physische Liquidationen wurden nur in ausgewählten Fällen angewandt, Enteignung des Vermögens oder konsequente Verwaltungsmaßnahmen betrafen dagegen breite Schichten. Die Schicht der Einzelbauern wurde so drastisch dezimiert, Gewerbetreibende und Unternehmer verschwanden aus der Gesellschaft. Die nichtkommunistische Intelligenz wurde in die Produktion geschickt oder verlor für viele Jahre die Möglichkeit zur wissenschaftlichen Arbeit. Mit drakonischen Maßnahmen brachten die Kommunisten die katholische Kirche unter ihre Kontrolle, dazu zählten die Schließungen von Klöstern, die Internierung der Nonnen und Mönche und die Inhaftierung hoher Repräsentanten der Kirche. Auch die noch verbliebenen Parteien gerieten zusehends unter den Einfluß der KPTsch. Die Sozialdemokratie war 1949 mit der KPTsch vereinigt worden, die einzigen genehmigten nichtkommunistischen Parteien, die National-Sozialistische Partei und die Volkspartei, wurden von gegenüber der KPTsch loyalen Funktionären geleitet. Hinzu kam die Liquidierung von Organisationen, Vereinen und Bürgerinitiativen, die durch einheitliche und umfassend kontrollierte Berufsverbände und gesellschaftliche Organisationen ersetzt wurden.

Diese Entwicklung zeitigte mancherlei Folgen: Etwa ein Drittel der 30.000 Gefängnisinsassen von 1954 war aus politischen Gründen inhaftiert. Von 248 Personen, die aus politischen Gründen in der Tschechoslowakei nach dem Februar 1948 hingerichtet wurden, starben unter der Regierung Gottwald von Juni 1948 bis März 1953, also in den ersten fünf Jahren, allein 189. Von 1948 bis 1989 wurden insgesamt 456 Todesurteile vollstreckt, davon mehr als die Hälfte aus politischen Gründen. Die Verfolgung und insbesondere die Zahl der aus politischen Gründen Hingerichteten war im Vergleich zu anderen „Bruderstaaten" überdurchschnittlich hoch.

Das Vorgehen der Kommunisten gegenüber den eigenen Bürgern erinnert in einigen Bereichen an Maßnahmen der vollständigen Beseitigung unliebsamer Bevölkerungsgruppen. Die Methoden bestanden vor allem in der Aufstellung von Bedingungen, die zum Untergang dieser Gruppen führten: Verweigerung des Zugangs zu höherer Bildung oder Beschlagnahme des Vermögens bis zu einem Maße, das nur noch das nackte Überleben ermöglichte. Das staatlich organisierte Vorgehen gegen Großbauern veranschaulicht diese Methoden auf bezeichnende Weise. Im Laufe der Jahre wurden die Methoden etwas abgemildert. Mit dem Stigma einer schlechten „Kaderherkunft" waren jedoch ständig, und das bis 1989, Beschränkungen bei Reisen, Studienmöglichkeiten, besseren Arbeitsplätzen usw. verbunden.

Ermittler im Schauprozess Slánský: Rechts der Leiter des Sektors VI. A Bohumil Doubek und links daneben sein Vertreter Karel Košťál.

Am 23. Mai 1950 wurde das Ministerium für Nationale Sicherheit gegründet. Als Grund wurde offiziell die Verschärfung des Klassenkampfes angeführt. Vielleicht geschah es auch im Rahmen einer damaligen „Mode" – das MfS der DDR wurde kurz zuvor installiert und in der UdSSR bestand ein MGB seit 1946.

Anfang 1952 begannen in der StB Säuberungsaktionen. Die angebliche große staatsfeindliche Verschwörung des ehemaligen Generalsekretärs des ZK der KPTsch Rudolf Slánský hatte auch für die Staatssicherheit Folgen. Slánský war neben anderen in einem großen Schauprozess zum Tode verurteilt und 1952 hingerichtet worden. Etwa 30 führende StB-Funktionäre wurden inhaftiert, der ehemalige Leiter der Staatssicherheit und Spanienkämpfer Osvald Závodský noch 1954 hingerichtet. Viele „unzuverlässige" Kader erfuhren Versetzungen, vor allem aus der Aufklärung zur uniformierten Polizei, oder mussten den Dienst quittieren. Die StB hatte im Ergebnis dieser Maßnahmen eine homogene Zusammensetzung, freilich auf Kosten ihres Bildungsstandes: Im Mai 1954 dienten in der StB 198 Mitarbeiter mit Hochschulabschluss (2,2 % der Gesamtzahl) und 513 mit höherer Bildung (5,7 %). Der Rest der etwa 13.000 StB-Angehörigen hatte nur eine Grundschulbildung von acht oder gar fünf Jahren absolviert. Auf Bezirksebene war die Situation in diesem Bereich noch katastrophaler.

Im Herbst 1953, mit der formellen Auflösung des Ministeriums für Nationale Sicherheit und seiner nunmehrigen Etablierung unter dem Schirm des Innenministeriums, begann eine neue Etappe der Arbeit der Sicherheitsorgane. Alles geschah nunmehr unter direkter Aufsicht der sowjetischen Berater. Die StB übernahm vom KGB auch die Richtlinien ihrer Arbeit. Ein Machtverlust war mit der Auflösung des Ministeriums für Nationale Sicherheit also nicht verbunden, im Gegenteil: Das Innenministerium glich im Jahr 1953 einem riesigen Koloss: Mehr als hunderttausend Mitarbeiter, neben StB und uniformierter Polizei VB unterstanden ihm sämtliche bewaffneten Kräfte mit Ausnahme der Armee, waren hier versammelt. Zum Innenminister wurde Rudolf Barák ernannt; einer jener Kommunisten, deren Karriere am Ende des Zweiten

Weltkriegs begonnen hatte. Barák war ein Hardliner. Eine seiner ersten Handlungen als Minister war die Zustimmung zur Entführung des vormaligen Vorsitzenden der Sozialdemokratischen Partei, Bohumil Laušman, aus seinem Salzburger Exil.

Die Entführung geschah im Dezember 1953, und sie sollte nicht der letzte derartige Vorgang sein. Unter Baráks Leitung betrieb die StB einige weitere Entführungen sowie mehrere Mordanschläge. Veranlasst wurden außerdem Prozesse gegen Kommunisten – etwa ist der spätere Generalsekretär der KPTsch und Präsident Gustáv Husák 1954 des „slowakischen bourgeoisen Nationalismus" angeklagt und auch verurteilt worden – und andere spektakuläre Geheimdienstaktionen.

Mit Beginn der sechziger Jahre wurden erste Rehabilitationen ausgesprochen und damit die Entwicklungen der Vergangenheit vorsichtig revidiert. Barák schützte zunächst seine StB-Angehörigen vor einer Verfolgung wegen früherer „Übergriffe". Seine Karriere fand jedoch ein jähes Ende, als er durch seine Machtbesessenheit und politischen Ambitionen selbst zu einer Gefahr für das Politbüro wurde. Im Jahre 1961 ist er als Minister aus seinem Amt ausgeschieden und 1962 zu fünfzehn Jahren Gefängnis wegen Machtmissbrauchs und Unterschlagung verurteilt worden. Eine Personifizierung der Staatssicherheit – wie durch Erich Mielke in der DDR – gab es in der Tschechoslowakei dadurch nicht; die politische Entwicklung des Landes verlief vergleichsweise komplizierter, so dass eine einzelne Person nicht während einer so langen Zeit unangefochten an der Spitze dieses wichtigen Ministeriums agieren konnte.

***

Von den Reformbemühungen der KPTsch zur Zeit des „Prager Frühlings" 1968 war auch die StB stark betroffen. Viele StB-Angehörige, besonders die jüngeren und diejenigen mit höherer Bildung, traten zugunsten von Reformen auf. Nach ihren Überzeugungen sollte sich die StB in der Zukunft mehr gegen den äußeren Feind und weniger gegen die eigenen Bürger richten. Damit gewann auch der Gedanke einer Reform des Staatsrechts an Gewicht. Der Einheitsstaat ČSSR wurde in eine Föderation umgewandelt, viele Befugnisse der StB den neu entstandenen tschechischen und slowakischen Innenministerien zugeteilt. Die Gefängnisverwaltung wurde vom Innenministerium an das Justizministerium weitergegeben. Am 1. März 1969 entstand eine einheitliche föderale Verwaltung des Nachrichtendienstes.

Nach der Okkupation vom August 1968 überlebte die Idee des Aufbaus eines Sozialismus mit menschlichem Antlitz jedoch nicht lange. Während der folgenden so genannten Normalisierung wurden etwa eine halbe Million KPTsch-Mitglieder (von ursprünglich 1.700.000) aus der Partei ausgeschlossen, bis August 1971 zudem mehr als 2.000 Reformwillige aus der StB entlassen. Viele von ihnen bedauerten übrigens später, wenn auch fruchtlos, ihre frühere Begeisterung für die Reformen. Es gab nach August 1968 auch manche Fälle von Desertion. Wer in der StB bleiben wollte, musste vor allem der Okkupation der Tschechoslowakei zustimmen. Die verbliebenen Mitglieder waren folgerichtig zumeist charakterlose Karrieristen, Pragmatiker oder hartnäckige Anhänger Moskaus. Dennoch wurden auch unter diesen Mitarbeitern, die immer wieder Überprüfungen bestehen mussten, in den siebziger und achtziger Jahren Agenten westlicher Geheimdienste entdeckt – im Fall des Majors Miloslav Kroča der Abwehr erst nach seinem plötzlichen Tod 1976 oder in einem anderen Fall, nachdem sich der Betreffende, Oberstleutnant Jan Fila, 1989 ins Ausland abgesetzt hatte.

Mit dem Ende der Reformbemühungen war auch die erneute Ausrichtung der StB nach innen verbunden. Schon 1971 wurden die meisten Befugnisse der StB von den Republiken zurück an die Föderation gegeben. Unterstützt wurde dies auch von den organisatorischen Wirren, die beim Kompetenzstreit zwischen den Republiken und der Förderation entstanden sind. In den siebziger und achtziger Jahren war die StB wieder gegen den inneren Feind ausgerichtet und stand vor immer komplizierteren Aufgaben, die nicht mehr wie früher durch rohe Gewalt gelöst werden konnten. Die Opposition war zwar nicht so zahlreich wie in Polen, dafür aber sehr vielfältig – zu denken ist hier an Intellektuelle, Reformkommunisten, die katholische Untergrundkirche, einflussreiche protestantische Geistliche, später auch pazifistische Kräfte und andere Umweltinitiativen. Diese Menschen gewannen Aufmerksamkeit und Unterstützung im Ausland. Dabei halfen ihnen das politische Klima, der KSZE-Prozess, Amnesty International und weitere internationale Vereinigungen. Die Perestroika in der Sowjetunion hatte insgesamt nur geringe Auswirkungen auf die StB. Ein letztendlich eher erfolgloser Reformversuch, dessen Kernidee die Zusammenführung der einzelnen Abwehrdienste in eine Hauptverwaltung Abwehr war, sollte Kosten senken und zu einer besseren Kommunikation führen. Er blieb ohne nachhaltige Wirkung.

Die so genannte samtene Revolution im November 1989 wird bis heute kritisch untersucht. Immer noch ist die Schnelligkeit überraschend, mit der das Regime damals kapitulierte. Erklärungsversuche operieren mit dem angeblichen Bestehen einer realistischen Fraktion in der Staatssicherheit, einem Einfluss des KGB auf die Ereignisse, dem Bemühen „zu retten, was noch zu retten ist" oder der unfähigen Leitung des damaligen KPTsch-Generalsekretärs Jakeš. Gegenwärtig scheint, dass das System wegen einer schleichenden Aushöhlung durch die Opposition, mehr noch aber aufgrund der fehlenden äußeren Unterstützung namentlich aus der UdSSR sowie des Fehlens von Führern, die das Regime auch zum Preis von Opfern zu verteidigen bereit waren, zusammengebrochen ist.

Die Staatssicherheit wurde am 15. Februar 1990 aufgelöst. Die Verarbeitung ihres Erbes war und ist kein leichter Prozess. 1989 hatten nur wenige Außenstehende in der Gesellschaft eine klare Vorstellung davon, wie die StB funktionierte. Eine Ausnahme waren allenfalls jene ehemaligen StB-Angehörigen, die nach der Niederschlagung des Prager Frühlings entlassen worden waren. Ihre Wiedereinsetzung erwies sich jedoch nicht als glückliche Lösung. In der Aufklärung legten diese alt-neuen Mitarbeiter zum Beispiel noch 1990 umfangreiche und dabei kuriose Pläne für ihre Aktivitäten in der Bundesrepublik Deutschland vor. Ihr Feindbild hatte sich nicht verändert. Da die Öffentlichkeit kaum etwas von der Funktionsweise der Staatssicherheit wusste, gelang es der StB, große Mengen an Akten und Materialien zu vernichten. Freilich sind auch nicht geschredderte Materialien und schon früher archivierte Akten längst nicht vollständig. Vernichtet wurden auch viele Auswertungsberichte, Übersichten und Arbeitspläne der einzelnen StB-Bestandteile. Wo sie erhalten sind, kann das Vorgehen der StB zumindest zum Teil rekonstruiert werden. Deshalb ermöglicht auch das breit angelegte Gesetz über den Zugang zu StB-Akten zwar theoretisch deren Einsicht; viele Anträge können jedoch nicht befriedigend bearbeitet werden, da die Akten nicht mehr erhalten oder unvollständig sind.

Interessant ist schließlich ein Vergleich des MfS der DDR mit dem tschechoslowakischen StB hinsichtlich der Zahl von hauptamtlich Beschäftigten und Informellen Mitarbeitern. Beide Staaten waren etwa gleich groß, 1983 lebten in der ČSSR 15,4 Millionen und in der DDR 16,3 Millionen Einwohner. Von Anfang der fünfziger Jahre bis in die achtziger Jahre hinein hatte die StB etwa 13.000 Mitarbeiter, nur in den sechziger Jahren gab es einen Rückgang auf etwa 10.000. Das MfS hatte Ende 1989 etwa 90.000 Mitarbeiter. Diese Zahl enthielt jedoch auch die Angehörigen der rückwärtigen Dienste, die in der Tschechoslowakei offiziell Mitarbeiter des Innenministeriums, und damit nicht der Staatssicherheit waren. Das Ministerium für Staatssicherheit der DDR übertraf die tschechoslowakische StB auch bei der Zahl der Inoffiziellen Mitarbeiter. Im Agentennetz der StB waren Ende 1989 fast 60.000 IM erfasst (Kategorien Agent, Resident, Inhaber einer konspirativen Wohnung oder niedrigere Kategorie Vertrauensmann). Mit der Gesamtzahl von 173.000 informellen Stasi-Mitarbeitern in der DDR im Jahr 1988 kann sie nicht mithalten, selbst wenn man jene kleinen Unterschiede einbezieht, die die Differenz etwas verringern.

Die internationale Zusammenarbeit mit den „verbrüderten Staatssicherheiten" verlief überraschend lange vor allem nicht koordiniert. Zwischen dem MfS der DDR und dem StB begann die Zusammenarbeit durch Unterzeichnung eines Protokolls über die operative Zusammenarbeit im Jahr 1955. Es folgten Gespräche der Minister sowie Vereinbarungen auf nachgeordneten Ebenen. Nach den bisherigen Erkenntnissen bestanden zwischen MfS und StB bald lebhafte Kontakte, mit Ausnahme des KGB war es die vielleicht intensivste Zusammenarbeit im Ostblock. Im Falle der StB waren Informations- und Dokumentenaustausch und die damit einhergehende Kooperation mit dem MfS der DDR sogar häufiger und umfangreicher als mit dem KGB. Die außerordentlich intensive Zusammenarbeit der Staatssicherheiten der DDR und der

ČSSR ergab sich dabei auch durch ihre gemeinsame Grenze zur Bundesrepublik Deutschland, mithin direkt an einer Frontlinie des Kalten Krieges.

Abschließend muss festgestellt werden, dass es immer noch keine einfache oder eindeutige Antwort auf die Frage gibt, warum die StB gleichermaßen gefürchtet wie erfolgreich war. Das Geheimnis könnte, denn Ursache des Erfolgs waren keinesfalls ihre brilliante Strategie oder ihre genialen Ideen, in ihrer organisatorischen Beherrschung des Staatsapparats und der gesamten Gesellschaft sowie das erfolgreiche Bemühen, das gesamte System zu kontrollieren, liegen. In diesem System konnte die StB auf die bereitwillige Mitarbeit vieler setzen, nicht zuletzt die verängstigter Bürger.

Anlage: Struktur der tschechoslowakischen Staatssicherheit vom 1. August 1988 bis 15. Februar 1990

Politbüro des Zentralkomitees der KPTsch + Abteilung Staatsverwaltung beim ZK der KPTsch

Föderaler Minister des Innern + stellvertretende Minister

Zentrale Bestandteile der Staatssicherheit (StB): I. Verwaltung SNB* – Hauptverwaltung Aufklärung SNB II. Verwaltung SNB – Hauptverwaltung Abwehr SNB III. Verwaltung SNB – Hauptverwaltung militärische Abwehr SNB IV. Verwaltung SNB – Verwaltung Observation SNB V. Verwaltung SNB – Verwaltung für den Schutz von Partei- und Staatsfunktionären SNB VI. Verwaltung SNB – Verwaltung Nachrichtentechnik SNB XII. Verwaltung SNB – Verwaltung Abwehr SNB in Bratislava XIII. Verwaltung SNB – Sonderverwaltung SNB Verwaltung für Untersuchungen der Staatssicherheit Verwaltung Pass- und Visaangelegenheiten Verwaltung Entwicklung der Automatisierung SNB

Bezirksverwaltungen SNB in den einzelnen Bezirken der ČSSR (insgesamt 10) Verwaltung StB Bereich Untersuchungen Bereich Pass- und Visaangelegenheiten

Kreisabteilungen SNB StB-Abteilungen Abteilungen Pass- und Visaangelegenheiten

*SNB – Sbor národní bezpečnosti (Korps der nationalen Sicherheit), Sammelbezeichnung für die bewaffneten Kräfte im Innenministerium: Veřejná bezpečnost (VB; Öffentliche Sicherheit) – Polizeiaufgaben und Státní bezpečnost (StB; Staatssicherheit)

Übersetzt von Andreas Weber

Daniel Povolný

Operative Technik in der tschechoslowakischen Staatssicherheit

Unter dem Begriff „operative Technik" verbargen sich in den Jahren 1948 bis 1989 mannigfache technische Anlagen. Sie dienten unter anderem zur geheimen Aufnahme von Bildern und Tönen, zielten auf die Informationsgewinnung aus Schriftstücken und wurden eingestzt zum Eindringen in verschlossene Räume. Weiter zählten die Störung von Funksendern fremder Agenten im Lande, die Erfassung von Funknachrichten aus dem Ausland sowie die Herstellung von falschen Unterlagen wie Ausweisen und Pässen zu den operativen Techniken. Nicht zuletzt kann auch die Zusammenarbeit mit den Geheimdiensten der übrigen sozialistischen Länder unter diesem Begriff subsummiert werden.

Die Befugnis zum Einsatz operativer Technik entschied man je nach Bedeutung der verfolgten Person, beispielsweise bei Verdächtigen im Zusammenhang mit einer staatsfeindlichen Straftat, insbesondere bei Diplomaten und ausländischen Touristen, oder des Objektes (Hotel, Restaurant, Botschaft oder Diplomatenwohnung) sowie nach den Notwendigkeiten des erforderlichen Vorgehens, sei es das Abhören von Gesprächen, das Öffnen einfacher Schlösser, aber auch eines Tresor oder das Ausspähen von Dokumenten. Waren die Bedeutung der Person oder des Objektes eher untergeordnet bzw. regional und die erforderliche Technik einfach, fielen sie in die Kompetenz der StB-Bezirksleiter bzw. StB-Bezirksleitstellen. Wenn es sich um komplizierte oder wichtige operative Vorgänge handelte, musste die Anwendung operativer Technik von den StB-Sektorenleitern, ab 1953 Leiter der Verwaltungen des Innenministeriums, genehmigt werden. In gravierenden Fällen wurde der Einsatz von den stellvertretenden Innenministern, gegebenenfalls auch vom Minister selbst genehmigt. Installiert wurden jene zur Verfügung stehenden Geräte auf überregionaler Ebene zunächst vom Sektor BAt (operative Technik) sowie der Gruppe Baa (der so genannten internen StB) oder dem Abwehrdienst. Letztere ließen die eigentliche Tätigkeit vom Sektor BAa-IV (Vollzug) durchführen. Der Abteilung Vollzug oblag die Koordinierung des Einsatzes.

In der Zeit von 1948 bis 1953 gab es viele organisatorische Veränderungen, die hier nicht detailliert beschrieben werden können. Im Jahre 1953 wurde die Anwendung operativer Technik auf dem Gebiet der Tschechoslowakei in der IX. Verwaltung des Innenministeriums zusammengefasst, sie selbst ist 1964 in die VI. Verwaltung des Innenministeriums umgewandelt worden. Auf Bezirksebene war der 9. Bereich (ope-

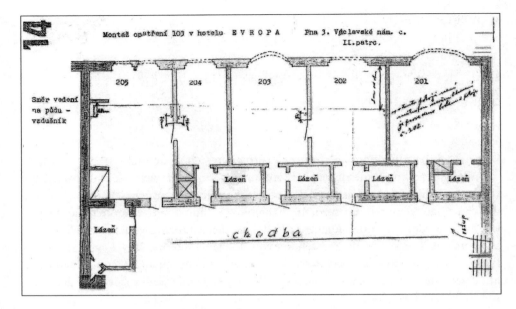

Plan der Abhöranlagen im Hotel Europa in Prag, 1961.

rative Technik) der Bezirksverwaltungen des Innenministeriums zuständig, sie wurden 1964 in den 6. Bereich umgewandelt. Die IX. Verwaltung bzw. später die VI. Verwaltung überwachten jeweils die 9. bzw. später die 6. Bereiche der Bezirksverwaltungen des Innenministeriums bei der Einhaltung der festgelegten Verfahren sowie hinsichtlich aller Regeln konspirativer Arbeit. In ihre Verantwortung fiel die Erneuerung der operativen Technik, sie erledigte technische Reparaturen und organisierte Schulungen sowie die methodische Anleitung. So wurde sichergestellt, dass die operative Technik in allen Bezirksverwaltungen auf gleiche Weise zum Einsatz kam. In besonders schwierigen Fällen, etwa bei komplizierten Chiffrierschlössern oder Sicherungsanlagen, oder bei delikaten Vorhaben wie einer Überwachung westlicher Diplomaten oder Militärattachés konnte die Verwaltung operative Technik ihre Mittel und ihr Wissen auch eigenmächtig, unter Überspringen der Bezirksverwaltungen, einsetzen.

∗∗∗

Die Anwendung operativer Technik durch StB-Angehörige wurde durch verschiedene Anweisungen, Dienstvorschriften und Richtlinien geregelt. Die ersten bekannten Vorschriften der StB zur Telefonüberwachung und zur Zensur des Briefverkehrs stammen aus dem Jahr 1949. Ab 1954 richtete sich ihr Einsatz nach den „Richtlinien über die Verwendung operativer Technik", die letztmalig im Jahr 1982 novelliert worden sind.

Allerdings sind diese Richtlinien und Weisungen nicht immer strikt eingehalten worden und waren zudem oft ungenau formuliert, so dass sie von der StB beliebig ausgelegt werden konnten. Laut den Regelungen sollte die operative Technik erst dann eingesetzt werden, wenn alle anderen Möglichkeiten zur Informationsbeschaffung ausgeschöpft waren oder zwingende Gründe hierzu vorlagen – und auch dann nur für die unbedingt notwendige Zeit. Tatsächlich begann die Bearbeitung verschiedener Vorgänge vor allem in den fünfziger und sechziger Jahren, aber auch später, erst nach dem Einsatz operativer Technik und ohne Rücksicht auf die Schwere des Vorgangs. Die Technik wurde dann eingesetzt, solange es irgendwie möglich war.

Obwohl sich im Laufe der Jahre die Dauer der Anwendung einzelner Arten der operativen Technik und die Befugnisse für ihren Einsatz änderten, blieben die Ziele dieselben. Die StB interessierte sich vor allem für die Botschaften kapitalistischer Länder, für dort tätige Diplomaten und ihre Wohnungen, Regimegegner von rechts und links, Mitglieder und führende Vertreter verschiedener Kirchen, bekannte Persönlichkeiten, Veteranen aus dem so genannten ersten Widerstand von 1914 bis 1920 sowie aus dem Widerstand aus den Jahren 1939 bis 1945, für Familien und Freunde von politisch Verfolgten, für im Westen lebende Emigranten und Landsleute sowie für die Angehörigen von nationalen Minderheiten in der Tschechoslowakei.

Die operative Technik ermöglichte es der Staatssicherheit, normalerweise nicht zugängliche Informationen über die Stimmung in der Bevölkerung und bei Einzelpersonen zu beschaffen und diese Stimmungen auf unterschiedlichen Wegen zu beeinflussen. Niemand im Lande konnte beispielsweise sicher sein, ob seine Briefe geöffnet und zensiert, ob sein Telefon überwacht oder seine Wohnung durchsucht würden. Viel sicherer konnten hingegen Ausländer sein, die die Tschechoslowakei aus verschiedensten Gründen besuchten, dass ihre persönlichen Sachen von StB-Angehörigen „präventiv" durchsucht und sie selbst auf Schritt und Tritt überwacht wurden.

Ein großes Problem der heutigen Untersuchung des Themas operative Technik in der tschechoslowakischen Staatssicherheit ist die bruchstückhafte Quellenlage. Viele Dokumente aus den fünfziger bis siebziger Jahren wurden schon vor 1989 geschreddert und ein großer Teil der Materialien aus den achtziger Jahren noch im Dezember 1989 vernichtet. Deshalb soll an dieser Stelle hinter die Kulissen der tschechoslowakischen Geheimdienste geschaut werden, um eine Vorstellung davon zu bekommen, wie der alltägliche „Kampf" gegen ausländische Geheimdienste und die Bürger des eigenen Landes geführt wurde.

Als konkrete Beispiele für den Einsatz der StB gegen tschechoslowakische Bürger deutscher Herkunft – gegen Tschechen und Slowaken ging die StB freilich ebenso hart vor –, gegen Bürger der Bundesrepublik und jene der DDR, sollen drei Aktionen aus den sechziger Jahren angeführt werden, bei denen operative Technik zum Einsatz kam.

***

IMBIR 16mm-Filmkamera, in einer Aktentasche verborgen, ein KGB-Produkt aus der ersten Hälfte der sechziger Jahre.

Bei der Aktion ÜBERGANG wurden ab 1964 Eisenbahner der Deutschen Bahn am Grenzübergang Česká Kubice (Böhmisch-Kubitzen/Furth im Wald) abgehört. Die StB nutzte damals die Tatsache, dass die deutsche Grenzabfertigung aufgrund eines internationalen Vertrags von Furth im Wald nach Česká Kubice verlegt wurde. In den einzurichtenden Büros der deutschen Eisenbahner im Bahnhof wurden Abhöranlagen montiert. Auf diese Weise wollte die StB Gespräche mit Reisenden, die in der Bundesrepublik Asyl beantragen wollten, verfolgen. Dabei nahm sie an, dass der BND eigene Mitarbeiter im Bahnpersonal einsetzte, die so selbst einer Kontrolle unterlagen. Der praktische Nutzen des Abhörbetriebs war jedoch nicht besonders groß, da die StB keine sofortige Übersetzung der Gespräche sicherstellen konnte und beim Abhören zudem mannigfache Probleme mit dem bayrischen Dialekt hatte.

Die Aktion KONSTRUKTEUR aus dem Jahr 1966 betraf Abhörmaßnahmen bei einem tschechoslowakischen Bürger deutscher Herkunft. Dieser hatte das Pech, dass sein Sohn aus jugendlicher Leichtsinnigkeit vor einem Polizisten geprahlt hatte, sein Vater unterhielte eine geheimschriftliche Verbindung mit seinen Verwandten in der Bundesrepublik Deutschland. Die StB begann sofort, diese Information zu prüfen. Der erwähnte VB-Polizist mit dem Decknahmen EDA bekam ein verstecktes Mikrofon und ließ sich die ganze Geschichte, wonach der erwähnte Vater angeblich geheimschriftliche Mitteilungen auf Zeitungsausschnitten erhielt, von dessen Sohn noch einmal wiederholen. Daraufhin versuchte die StB, die Geheimschrift aus den Zeitungen, die jener tatsächlich von seinen Verwandten erhielt, aufzudecken. Das blieb allerdings ohne Erfolg. Wiederholt wurde das betreffende Haus durchsucht, schließlich sind dort Abhöranlagen installiert worden. Als es immer noch nicht gelang, den Verdacht einer Spionage für den BND nachzuweisen, verhaftete die Staatssicherheit die gesamte Familie und verhörte sie zwei Tage. Die Familienmitglieder widerstanden jedoch dem Druck der StB, und so wurde der Vater schließlich wegen eines Devisenvergehens zur

SOBESEDNIK Apparat für heimliche Tonaufnahmen, ein KGB-Produkt aus den sechziger Jahren.

Rechenschaft gezogen, weil ihm seine westdeutschen Verwandten tatsächlich auch etwas Geld in Briefen übermittelt hatten.

Ein ganz anderer Fall war die Aktion SCHWAB, die 1967 auf Ersuchen des MfS eingeleitet wurde. Ein DDR-Wissenschaftler wurde der Spionage für die Bundesrepublik Deutschland verdächtigt. Er traf sich mit einer bundesdeutschen Kollegin in einem tschechoslowakischen Berghotel. Beim ersten Treffen stellte die StB dank ihrer Abhörtechnik fest, dass beide offensichtlich lediglich Geschlechtsverkehr verband. Beim zweiten Treffen vermerkte sie dagegen, dass sich die beiden auch über ihre Arbeit unterhielten und übergab das Tonband zur Auswertung den DDR-Behörden.

***

Diese Beispiele sind nur die sprichwörtliche Spitze des Eisberges, da sich die tschechoslowakischen Geheimdienstler schon seit 1945 für das Geschehen in Deutschland und die Lage der deutschen Minderheit in der Tschechoslowakei besonders interessierten. Der Einsatz operativer Technik umfasste zunächst die Zensur der Korrespondenz von Kriegsgefangenen, Flüchtlingen und Personen, die nach Deutschland ausgesiedelt werden sollten. Dieser so genannten politischen Prüfung des Innenministeriums, die geheim und ohne rechtliche Grundlage geschah, wurden alle Sendungen in und aus dem Ausland unterzogen, die über das Postamt am heutigen Masaryk-Bahnhof in Prag liefen. Mit Rücksicht auf die Wirren der Nachkriegszeit ist diese Maßnahme vielleicht noch verständlich, in den Jahren 1946 bis 1947 war es jedoch nur noch ein Vorwand, um den Briefwechsel all jener kontrollieren zu können, die den Aufstieg der Kommunistischen Partei an die Macht eventuell gefährden konnten. Erst am 20. Februar 1948 wurde die Zensur sämtlicher Korrespondenz in die Bundesrepublik Deutschland durch einen Sondererlass von der Staatssicherheit rechtlich geregelt. Er galt bis zum Juli

1951. Die Zensur des Postverkehrs mit der DDR wurde hingegen schon im September 1950 aufgehoben. Danach war die Kontrolle des Postverkehrs mit der Bundesrepublik Deutschland die Hauptaufgabe der „Prüfstelle Auslandskorrespondenz", die inzwischen zum Postamt 120 am heutigen Platz Senovážné náměstí in Prag verlegt wurde. Im Rahmen der Briefkontrolle wurden die Sendungen auch chemisch auf die Verwendung von Geheimtinte oder Geheimschriften untersucht. Auf diese Weise wurden von 1960 bis 1966 zehn BND-Agenten enttarnt. Sechs davon waren deutscher Herkunft, was das Misstrauen der StB gegenüber dieser nationalen Minderheit verstärkte.

Die StB war bestrebt, die schriftlichen Kontakte zwischen der ČSSR und der Bundesrepublik Deutschland so vollständig wie möglich zu erfassen und zu dokumentieren, da sich dort auch Interessen der amerikanischen und der britischen Geheimdienste fänden. So kam die StB 1965 auf den Gedanken einer, in ihrem Sprachduktus, komplexen Briefkontrolle. Die Methode bestand darin, eine maximale Zahl an Briefen zu bearbeiten und eine Kartei über Inhalt und Häufigkeit der Briefe, über die Ergebnisse der chemischen Überprüfung, über die grafische Analyse der Schrift und weitere Charakteristika anzulegen. Die komplexe Briefkontrolle endete im Zuge des Prager Frühlings 1968, im Jahr 1972 wurde sie jedoch mit marginalen Änderungen in der gesamten ČSSR wieder eingeführt.

Die Überwachung erfasste auch den Telefon- und Fernschreiberverkehr. So wurden beispielsweise 1963 alle Telefongespräche aus der Tschechoslowakei in die Bundesrepublik Deutschland, Großbritannien und die USA ausgewertet. Den Bezirksverwaltungen des Innenministeriums konnten danach 5.368 festgestellte Teilnehmer von Telefongesprächen mit der Bundesrepublik Deutschland zur einer weiteren Bearbeitung namhaft gemacht werden.

Eine weitere Form der Anwendung operativer Technik war die Verfolgung des Betriebs von Funksendern auf tschechoslowakischem Gebiet und teilweise auch im Ausland – also die Funkabwehr, die Anpeilung feindlicher Agentensender, sowie die Funkaufklärung. Auch die Funkverbindungen westlicher Armeen, der Polizei und des Bundesgrenzschutzes in Grenznähe wurden abgehört, ebenso wie der Funkverkehr der ausländischen Vertretungen in der Tschechoslowakei. Für diese Zwecke nutzte die StB noch bis Mitte der fünfziger Jahre alte angepasste Geräte der deutschen Funkabwehr aus der Zeit des Zweiten Weltkriegs. Wegen der Probleme bei der Abdeckung der gesamten Bandbreite der Sendungen zum einen und des gesamten tschechoslowakischen Gebietes zum anderen entstand im Herbst 1955 auf Initiative der tschechoslowakischen, ostdeutschen und polnischen Funkabwehr unter Leitung der UdSSR eine Koordinierungsgruppe mit Sitz in Warschau. Ihr Ziel war, das Gebiet aller beteiligten Staaten und die Bandbreiten so aufzuteilen, dass sie effizienter kontrolliert würden. Die Partner wollten sich gegenseitig informieren, wenn eine Sendung vom Gebiet eines anderen Staates erfasst wurde, dazu ihre Erfahrungen austauschen und die Technik, die meist sowjetischer Herkunft war, vereinheitlichen, um einen gleichen technischen Stand sowie vergleichbare Qualität zu erreichen.

Mit dem MfS arbeitete die tschechoslowakische StB vor allem bei der Funkaufklärung zusammen. So wurden zum Beispiel in den sechziger und siebziger Jahren gemeinsam Orte zur Aufstellung stationärer und mobiler Funkpeilstationen an der tschechoslowakisch-westdeutschen Grenze ausgewählt, um zusammen mit den Anlagen in der DDR den Funkverkehr der Bundeswehr, des Bundesgrenzschutzes und der westdeutschen Polizei bestmöglich kontrollieren zu können. Ab 1976 begann die StB damit, auch Autotelefone im Raum München und Nürnberg abzuhören.

Aufgrund von Vereinbarungen zwischen dem tschechoslowakischen Innenministerium und dem MfS der DDR tauschten die beiden Staatssicherheiten ihre Erfahrungen zum Beispiel bei so genannten geheimen technischen Durchsuchungen – das sind Durchsuchungen von Wohnungen und Büros ohne gerichtliche Genehmigung – aus. Sie informierten einander über die Überwindung verschiedener Schlösser, die Prüfung des Briefverkehrs und nicht zuletzt tauschten und lieferten sie sich gegenseitig verschiedene Arten operativer Technik. Das MfS kaufte allein in den Jahren 1967 bis 1969 von der StB operative Technik in einem Wert von fast vier Millionen tschechoslowakischen Kronen. Es handelte sich hier unter anderem um die Tonbandgeräte JESENÍK und HOSTÝN, die Geräte MILOŠ und JAZYK III zum Fotografieren von Dokumenten sowie Blöcke zur Abnahme von Fingerabdrücken. Diese Zusammenarbeit wurde bis 1989 fortgeführt und fand mit den friedlichen Revolutionen in beiden Staaten ein jähes Ende.

Übersetzt von Andreas Weber

Prokop Tomek

Die Entwicklung des tschechoslowakischen Gefängniswesens in den Jahren 1948 bis 1989

Die Liquidation von Regimegegnern durch den tschechoslowakischen Repressionsapparat erfolgte zumeist in zwei Phasen: zunächst eine mehr oder weniger verdeckt geführte operative Bearbeitung durch die Staatssicherheit durch verschiedene Formen von sogenannten Zersetzungsmaßnahmen wie Berufs- oder Auftrittsverbot, Einschüchterungen, Verleumdungen oder Anwerbung als IM; und dann offen, zum Beispiel durch Einleitung eines Strafverfahrens gegen das Opfer. In dieser offenen Repressionsphase trafen die Verfolgten zum ersten Mal auf Haftanstalten. Die häufigsten Einrichtungen dieser Art waren Untersuchungsgefängnisse. Dort konnten die Verhafteten und Untersuchungshäftlinge, die staatsfeindlicher Straftaten angeklagt waren, „bearbeitet" werden. Nach einer Verurteilung wurde die gerichtlich auferlegte Freiheitsstrafe zumeist in Strafvollzugsanstalten verbüßt. Letztere waren vor allem die großen Gefängnisse, meist große, gut bewachte Gebäudekomplexe oft noch aus dem vorherigen Jahrhundert, aber auch Arbeitslager oder -kompanien. Hier dominierten Barackenlager, die kurzfristig an Industrie- oder Bergbaustandorten errichtet wurden, zuweilen sind auch Wohnheime von Industriebetrieben genutzt worden. In einigen Fällen konnte die Strafe gänzlich in einem Untersuchungsgefängnis abgesessen werden. So könnte in ganz allgemeiner Form der Habitus des tschechoslowakischen Repressionsapparates skizziert werden.

***

Die erste Zeit des Strafvollzugs unter der Regierung der tschechoslowakischen Kommunisten nach dem Putsch im Februar 1948 bis zur Vereinheitlichung ihres Justizvollzugs im September 1952 war zunächst vor allem unübersichtlich. Um 1951 gab es etwa 350 Gefängnisse und Zuchthäuser im Land, die mehreren Ministerien unterstanden: dem Justizministerium, dem Ministerium für Nationale Verteidigung und dem Innenministerium sowie seit dem 23. Mai 1950 dem Ministerium für Nationale Sicherheit.

Der gerichtliche Strafvollzug befand sich bis zum Februar 1948 in der Befugnis des Justizministeriums. Dem Justizministerium unterstand auch das Korps der uniformierten Gefängniswache (SVS). Dessen Mitglieder wurden ab Februar 1948 Ziel umfangreicher Säuberungsaktionen sowie intensiver Beobachtungen durch die StB. Im

Wachpersonal und auch in höheren Funktionen waren noch viele Nicht-Kommunisten angestellt, die persönlichen Mut, Menschlichkeit und Gewissen bewiesen. So trat z.B. der Leiter des großen Gefängnisses Prag-Pankrác, Hauptmann František Němec, im Oktober 1950 öffentlich aus der KPTsch aus, da er als religiös denkender Mensch (!) die Politik der Kommunisten nicht billigte. Er wurde sofort seiner Funktion enthoben und von der Staatssicherheit verhaftet.

Im April 1949 wurde Oberstleutnant JUDr. Milan Kloss zum Leiter der SVS ernannt. Mit ihm hielt die „kommunistische Gerechtigkeit" im Strafvollzug Einzug; er verlangte von seinen Untergebenen vor allem Härte gegenüber den Gefangenen. Im April 1950 sagte er auf einer Sitzung von Gefängnisvorstehern: „Die Leiter werden danach beurteilt, wie sie Angesicht in Angesicht gegen die Reaktion vorgehen, wie sie halbe Rationen geben oder die Bunker anwenden (…). Der Gefangene darf nicht den Eindruck haben, dass er auf etwas Anspruch hat. Sentimentalität ist nicht am Platze, schon gar nicht jetzt, wo die größten Gauner in den Gefängnissen sind." Der SVS-Leiter sprach dann über das Lesen und die Büchereien. Wie er feststellte, müsste „… die belletristische Literatur aus den Gefängnisbüchereien verschwinden, diese Bücher müssen kassiert werden. Die Gefangenen sollen nur solche Bücher erhalten, die sie umerziehen können und in denen die Probleme unserer neuen Zeit gelöst werden. Der Abteilungsleiter ist für die Bücherauswahl verantwortlich. Zum 1. Mai 1950 müssen alle Gebetsbücher und Breviere verschwinden, zum Beispiel unter dem Vorwand, dass sie neu gebunden werden sollten. Alle Kreuze müssen abgenommen werden, zum Beispiel im Rahmen einer Woche der Sauberkeit. Die Kirchen sind zu schließen und die sog. Kapellen zu Vorlesungssälen umzugestalten, weil den Geistlichen nicht zu trauen ist. Sofern in Strafarbeitslagern Gottesdienste gestattet waren, sind sie zu verbieten. Gegen die Erteilung der letzten Ölung bestehen keine Einwände."

Kloss' Funktion wurde schon am 1. Juni 1951 von Oberstleutnant JUDr. Oldřich Mejdr übernommen. Dieser stand fast achtzehn Jahre an der Spitze des tschechoslowakischen Haftvollzugs. Sein Werdegang war für die damaligen Verhältnisse typisch. Bis Dezember 1948 war er einfacher Arbeiter. Dank seiner aktiven Mitgliedschaft in der KPTsch seit 1945 nahm seine Karriere nach dem Umsturz einen anderen Lauf. Im Jahr 1949 absolvierte er – obwohl ohne Abitur – die Justizschule für Werktätige und wurde nach kurzer Praxis schon am 1. März 1950 Bezirksstaatsanwalt in Liberec. Am 1. Juli 1951 zum Leiter der SVS im Dienstrang eines Oberstleutnants befördert, verblieb er trotz verschiedener Umstrukturierungen bis Ende 1968 in der Funktion des Chefs für Gefängnisse und Arbeitslager. Nach zweijährigem Fernstudium an der Juristenfakultät der Karlsuniversität Prag wurde Mejdr 1952 Doktor der Rechtswissenschaften. Seine Tätigkeit beschrieb er im Jahr 1954 wie folgt: „Ich mache meine Arbeit gerne, gerade jetzt, wo es klare Aufgaben im Gefängniswesen gibt und wir die reichhaltigen sowjetischen Erfahrungen nutzen können. Es ist eine freudige (!) Arbeit und ich habe keine größeren Schwierigkeiten damit." Mejdr erhielt mehrere staatliche Auszeichnungen, darunter die Medaille „Für ausgezeichnete Arbeit". Im Jahr 1968 zählte er zu den aktiven Vertretern der konservativen pro-sowjetischen Richtung und war ein erbitterter Gegner der damaligen Reformen im Strafvollzug. Folgerichtig stieg er 1969 in das Hauptkommando der Öffentlichen Sicherheit (Polizeioberkommando) auf, Mejdr ging 1982 in Pension.

∗∗∗

Neben den Untersuchungsgefängnissen fielen auch die Strafanstalten in die Kompetenz des Justizministeriums. Bekannte Beispiele sind Ilava und Leopoldov in der Slowakei, im tschechischen Teil der Republik Mírov, Pardubice, Pilsen-Bory, Valdice und natürlich die berüchtigten Lager in Jáchymov, die ab 1949 zunächst in den Uranbergbaugebieten von Jáchymov, Horní Slavkov und ab Anfang der fünfziger Jahre in der Region Příbram entstanden.

Bis 1952 unterhielt auch das Ministerium für Nationale Verteidigung eigene Gefängnisse. Bei den Bezirkswehrgerichten bestanden Militärgefängnisse für den Haftvollzug jener Personen, die dem Militärstrafrecht unterlagen. Das betraf neben Soldaten die SVS-Angehörigen und später auch Angehörige des Korps der nationalen Sicherheit. Traurigen Ruhm erreichte vor allem das Gefängnis des Bezirksmilitärgerichtes Prag auf dem Hradschin und eines seiner Nebengebäude – das sogenannte Häuschen (Domeček). In den ersten Jahren des kommunistischen Regimes wurden hier Häftlinge gefoltert, darunter nicht wenige Kriegsveteranen, die im Zweiten Weltkrieg für die Befreiung der Tschechoslowakei gekämpft hatten. Durch die Initiative des Ministeriums für Nationale Sicherheit wurden die Militärgefängnisse in der zweiten Hälfte des Jahres 1952 der Befugnis des Verteidigungsministeriums entzogen, als letztes wurde am 22. Dezember 1952 das Militärkrankenhaus auf dem Prager Hradschin an das Ministerium für Nationale Sicherheit übergeben.

Wichtigste zentrale Behörde für das gesamte Gefängniswesen war nun, mit Unterbrechung in den Jahren 1950–1953, als die Verantwortung beim Ministerium für Nationale Sicherheit lag, das Innenministerium. Für Ermittlungen durch die Staatssicherheit wurden besondere Untersuchungsgefängnisse eingerichtet, in denen ungestört politische Prozesse vorbereitet werden konnten. Zunächst handelte es sich nur um „ausgeliehene" Gefängnisse anderer Bereiche, zum Teil auch nur um einzelne Zellen. Etwa 1950 entstand dann ein Netz von Bezirksgefängnissen der Staatssicherheit, das nach jeweiligem Bedarf beliebig erweitert werden konnte.

∗∗∗

Am 23. Mai 1950 wurde das Ministerium für Nationale Sicherheit (MNB) gegründet, in dem alle bewaffneten Kräfte im Staat mit Ausnahme der Armee zusammengefasst wurden. So entstand ein gewichtiges Machtzentrum. Dem parallel weiter bestehenden Innenministerium blieben nur sehr eingeschränkte Befugnisse im Bereich der zivilen Verwaltung. In den folgenden zwei Jahren unternahm das Ministerium für Nationale Sicherheit zusätzliche Schritte, um den gesamten Strafvollzug in seine Befugnisse zu bekommen.

So übernahm das MNB am 1. Juni 1951 alle Gefangenenlager im Jáchymover Uranrevier. Der SNB-Einheit Kranich (Jeřáb), die bis dahin nur für die äußere Absicherung verantwortlich war, oblag nun auch die Bewachung und Verwaltung innerhalb der Lager. Es entstand die Haftanstalt Ostrov, 1955 umbenannt in Lagerverwaltung Ostrov. Später wurde diese Bezeichnung in „Verwaltung des Innenministeriums Jáchymov" geändert. Im Zuge der Schließung der Uranbergwerke in der Region löste man die Verwaltung am 31. Dezember 1959 auf. Ab 1951 sind weitere bedeutende Haftanstalten wie Leopoldov und das Frauengefängnis Pardubice an das Ministerium für Nationale Sicherheit übergeben worden. In diesen Zuchthäusern befanden sich die wichtigsten politischen Häftlinge.

Am 1. Juli 1952 waren in der Tschechoslowakei 37.601 Personen inhaftiert, davon 21.000 Männer und 1.700 Frauen in Arbeitslagern. Zum Vergleich: In der Zeit der demokratischen Republik von 1918 bis 1937 befanden sich in tschechoslowakischen Gefängnissen durchschnittlich 7.400 Personen, und am 1. Januar 1938 waren unter den damals 6.168 Häftlingen nur 22 politische Gefangene. Die Zeit Ende der ausgehenden vierziger und beginnenden fünfziger Jahre in der Tschechoslowakei wird als Zeit der politischen Prozesse in die Geschichte eingehen. Diese wurden zwar formell nach dem Gesetz geführt, die Anklage hing jedoch grundsätzlich von den Geständnissen der Häftlinge ab, die meist unter brutalem psychischem und körperlichem Druck in den Untersuchungsgefängnissen der Staatssicherheit erpresst wurden. Häufig gab es dabei Schläge und Verhöre über viele Stunden, aber auch raffinierte Methoden wie Schlafentzug, Verweigerung von Erholungsmöglichkeiten, Sitzverbot, Essensentzug und Trinkverbot sowie Einkerkerung in einem kleinen Raum, der gerade Platz zum Überleben gab.

∗∗∗

Mit Übernahme der einzelnen Hafteinrichtungen geriet ein zusätzlicher Teil der Sicherheitskräfte in den Machtbereich des Ministeriums für Nationale Sicherheit. 1952 entstanden sogar eigene militärische Einheiten des Ministeriums – die „Interne Wache", womit es sich Ende 1953 um einen Koloss mit fast 100.000 Angehörigen handelte.

Die Übernahme des Gefängniswesens wurde mit der Notwendigkeit begründet, „wirksamer neue Methoden zur Besserung der Gefangenen durch gemeinsame und nützliche Arbeit für das Ganze" durchsetzen zu können. Tatsächlich standen Interessen der StB wie die Aufsicht über alle bewaffneten Kräfte und über alle Sicherheitsbereiche dahinter. Zum 1. September 1952 waren alle Gefängnisse dem Ministerium für Nationale Sicherheit unterstellt. Der Minister für Nationale Sicherheit, Armeegeneral Karol Bacílek, und der Justizminister, Dr. Štefan Rajs, informierten die Regierung in einem gemeinsamen Bericht am 20. August 1952 hierzu ausführlich. Das Gesetz brachte eine wichtige Neuerung, nämlich die Übernahme der Gefängniswache SVS als Ganzes durch das Innenministerium. Die SVS-Angehörigen wurden automatisch Angehörige des Korps der nationalen Sicherheit. Am 1. September 1952 konstituierte sich zudem die Verwaltung für Besserungseinrichtungen.

Nachdem die Verwaltung damit vereinheitlicht worden war, konnten kleinere Gefängnisse aus Gründen der Wirtschaftlichkeit und Sicherheit geschlossen werden. Am 1. Januar 1957 gab es auf dem Gebiet der ČSR von den früher 350 derartigen Einrichtungen nur noch 23 Gefängnisse und 25 sogenannte Besserungsarbeitslager (NPT). Davon waren sieben feste Lager: Pilsen-Bory, Valdice, Leopoldov, Ilava, Opava, Mírov und Pardubice sowie das NPT für Jugendliche in Zámrsk. Von weiteren 17 NPT befanden sich sechs in der Region Jáchymov und zwei bei Příbram (jeweils Uranbergbau), zwei Lager in den Kohlerevieren bei Kladno und eines in der Region Most. Die Gefangenen in den Besserungsarbeitslagern Doksy, Trnovce, Želiezovce und Sýrovice arbeiteten in der Landwirtschaft. In den festen NPT wurde eine industrielle Produktion eingerichtet.

∗∗∗

Kennzeichen des kommunistische Gefängniswesens ist die rücksichtslose Ausnutzung der Arbeitskraft der Inhaftierten. Von vielen, die nach dem Gesetz Nr. 231 aus dem Jahr 1948 über den Schutz der Republik verurteilt worden waren, wurde das gesamte Vermögen eingezogen. Nach der Verurteilung galt es, nun auch noch ihre körperlichen und geistigen Kräfte vollkommen zu verwerten. Dabei waren auch die fachlichen Kenntnisse der Häftlinge gefragt – zum Beispiel die von Technikern oder Übersetzern. Ärzte und Krankenschwestern unter den Gefangenen wurden genutzt, um ordentliche Gefängnisärzte zu ersetzen. Auch administrative Schritte geben über diese Praxis Auskunft: Am 1. November 1952 wurde aus einem ehemaligen Militärgefängnis das Technische Gefangeneninstitut Opava gegründet. In den folgenden Jahren wurden weitere technische Institute des Innenministeriums installiert. Allein dort arbeiteten etwa 700 verurteilte Techniker. Weitere 300 sind in der Produktion als Betriebstechniker eingesetzt worden. Die technischen Institute bei den großen Haftanstalten (Prag-

Pankrác, Prag-Ruzyně, Pilsen-Bory) waren bald unentbehrliche Sublieferanten für die staatlichen Planungsinstitute, volkseigenen Betriebe, Forschungsinstitute und andere Organisationen.

∗∗∗

In den fünfziger Jahren bildeten die Insassen der kommunistischen Gefängnisse eine äußerst schillernde Gesellschaft. Zwei völlig unterschiedliche Schicksale sollen hier exemplarisch vorgestellt werden. Es sind dies die Biographien von Emanuel Voska und Max Rostock.

Emanuel Viktor Voska (1875–1960) verließ 1894 seine böhmische Heimat und wanderte in die USA aus, wo er als Unternehmer eine glückliche Hand hatte. Er war in der Bewegung der Exiltschechen aktiv und während des Ersten Weltkriegs als Mitarbeiter des späteren ersten Präsidenten T. G. Masaryk am Entstehen der selbstständigen Tschechoslowakei beteiligt. In der Zeit zwischen den Weltkriegen wirkte er verdienstvoll in der Tschechoslowakei als Sozialdemokrat, Antifaschist und humanitärer Mitarbeiter. Den Zweiten Weltkrieg erlebte er wieder in den USA, jetzt als Nachrichtenoffizier. Nach dem Krieg kehrte er abermals in seine Heimat zurück, wo er am 12. Juni 1950 von der Staatssicherheit verhaftet und in einem Schauprozess wegen „Militärverrat" zu zehn Jahren Gefängnis verurteilt wurde.

Seine Strafe verbüßte er, arbeitsunfähig und krank, in Gefängniskrankenhäusern und Krankenstationen. Aus gesundheitlichen Gründen wurde E. Voska am 22. Dezember 1959, fünf Monate vor Ablauf der gesamten Haftzeit, erlaubt, die Strafe zu unterbrechen. Er starb nur drei Monate später am 1. April 1960 im Alter von 84 Jahren. Die Inhaftierung dieses kranken Mannes und Greises, der außerordentliche Verdienste am Entstehen des tschechoslowakischen Staates hatte, war ein eindeutiges Verbrechen.

Zur gleichen Zeit befand sich auch der Kriegsverbrecher Max Rostock im Gefängnis. Neben seiner langjährigen Tätigkeit in den Sicherheitsdiensten des nationalsozialistischen Deutschlands war sein bekanntestes Verbrechen die aktive Beteiligung an der Zerstörung der Gemeinde Lidice im Jahr 1942. Nach Kriegsende konnte er in Deutschland untertauchen. Rostock wurde im April 1950 in der französischen Besatzungszone in Deutschland entdeckt und den tschechoslowakischen Behörden übergeben. Im August 1951 wurde er hier zum Tode verurteilt, doch ließ die Vollstreckung auf sich warten.

Präsident Zápotocký begnadigte ihn 1953 auf Initiative der Staatssicherheit, Rostocks Strafe wurde jetzt schrittweise gekürzt. Am 4. Februar 1960 wurde er sogar aus dem Gefängnis entlassen und mit einem Spionageauftrag in die Bundesrepublik Deutschland ausgewiesen. Seinen Auftrag erfüllte er jedoch nicht und lebte bis zu seinem Tod im Jahr 1986 unbehelligt in der Bundesrepublik.

Diese zwei Häftlinge sind sich wahrscheinlich niemals im Gefängnis begegnet, obwohl es viele unerwartete Treffen gab, saß doch in den tschechoslowakischen kommunistischen Gefängnissen in den fünfziger Jahren eine äußerst bunte Gesellschaft ein. Neben Naziverbrechern und ihren tschechischen und slowakischen Helfern waren es katholische Intellektuelle und Geistliche; Soldaten, die am Kampf um die Befreiung der Tschechoslowakei teilgenommen hatten; antikommunistische Widerstandskämpfer; ehemalige kommunistische Funktionäre, die Säuberungsaktionen in der KPTsch zum Opfer gefallen waren; Politiker nicht-kommunistischer demokratischer Parteien und natürlich kriminelle Verbrecher.

Die kriminellen Verbrecher standen dem kommunistischen Regime am nächsten. Nach sowjetischen Erfahrungen wurden sie als umerziehbar betrachtet. In den anderen Gefangenen sah man eine Gefahr, denn bei ihnen handelte es sich um bewusste Feinde des kommunistischen Regimes. Im Laufe der Jahre änderte sich die Zusammensetzung der Inhaftierten und der Anteil der politischen Gefangenen ging immer mehr zurück. So wurden im Rahmen von Amnestien des Präsidenten der Republik zum Jahrestag der Befreiung auch viele politische Häftlinge rehabilitiert.

$$***$$

Ab dem 4. Februar 1962 erhielten alle Haftanstalten die Bezeichnung „Abteilung der Besserungseinrichtungen des Innenministeriums" (ÚNZ). 1965 wurden das neue Gesetz über den Vollzug der Freiheitsstrafe Nr. 59 und daraufhin auch die Vollzugsordnung für die Freiheitsstrafe verabschiedet, die mit mehreren Änderungen bis zum Jahr 1989 gültig waren. Im August 1965 wurde das Korps der Besserungserziehung (SNV) als „bewaffnetes und nach militärischen Grundsätzen organisiertes Organ" gegründet, das „Aufgaben der Besserungserziehung sowie auch den Schutz und die Verwaltung in den Besserungserziehungseinrichtungen wahrnimmt". Es übernahm alle SNB-Angehörige, die zu dieser Zeit der „Verwaltung der Besserungseinrichtungen" am Ministerium zugeordnet waren. Die bisherigen Abteilungen wurden zu Besserungserziehungseinrichtungen des Innenministeriums (NVÚ) und Gefängnissen des Innenministeriums umbenannt. Leiter der Verwaltung Besserungserziehungseinrichtungen blieb der bewährte Oberst O. Mejdr. In den folgenden Jahren bestanden in der ČSSR noch 38 Gefängnisse und Besserungserziehungseinrichtungen.

Während der politischen Ereignisse des Jahres 1968 wurde die Vergangenheit des tschechoslowakischen Gefängnissystems vor allem in den Medien scharfer Kritik unterzogen. Gleichzeitig wurden von Opfern der Repressionen aus den Reihen freigelassener Gefangener viele Beschwerden und Strafanzeigen eingereicht. Am 1. April 1968 nahm eine Kommission zur Untersuchung und Klärung kritisierter Mängel bei der Tätigkeit von Angehörigen des Korps der Besserungserziehung und zur Untersuchung

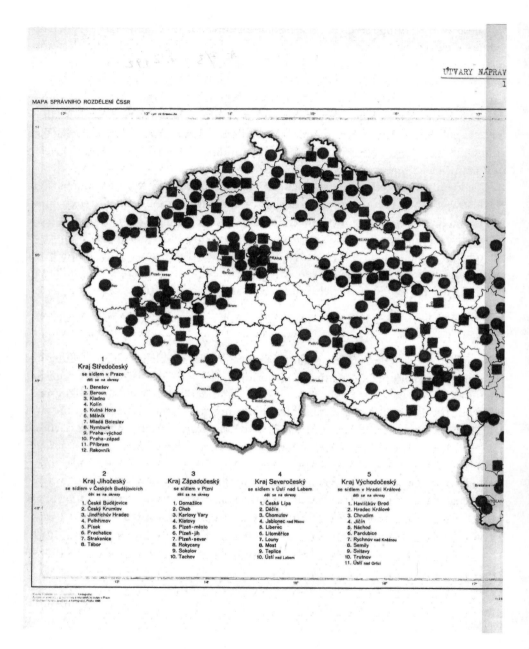

MAPA SPRÁVNÍHO ROZDĚLENÍ ČSSR

1
Kraj Středočeský
se sídlem v Praze
děli se na okresy

1. Benešov
2. Beroun
3. Kladno
4. Kolín
5. Kutná Hora
6. Mělník
7. Mladá Boleslav
8. Nymburk
9. Praha-východ
10. Praha-západ
11. Příbram
12. Rakovník

2
Kraj Jihočeský
se sídlem v Českých Budějovicích
děli se na okresy

1. České Budějovice
2. Český Krumlov
3. Jindřichův Hradec
4. Pelhřimov
5. Písek
6. Prachatice
7. Strakonice
8. Tábor

3
Kraj Západočeský
se sídlem v Plzni
děli se na okresy

1. Domažlice
2. Cheb
3. Karlovy Vary
4. Klatovy
5. Plzeň-město
6. Plzeň-jih
7. Plzeň-sever
8. Rokycany
9. Sokolov
10. Tachov

4
Kraj Severočeský
se sídlem v Ústí nad Labem
děli se na okresy

1. Česká Lípa
2. Děčín
3. Chomutov
4. Jablonec nad Nisou
5. Liberec
6. Litoměřice
7. Louny
8. Most
9. Teplice
10. Ústí nad Labem

5
Kraj Východočeský
se sídlem v Hradci Králové
děli se na okresy

1. Havlíčkův Brod
2. Hradec Králové
3. Chrudim
4. Jičín
5. Náchod
6. Pardubice
7. Rychnov nad Kněžnou
8. Semily
9. Svitavy
10. Trutnov
11. Ústí nad Orlicí

Besserungsanstalten des Ministeriums für nationale Sicherheit, 1953.

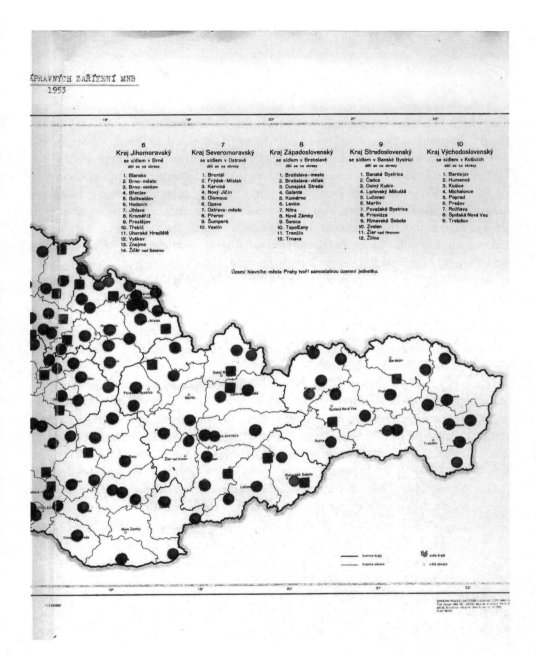

der Eingaben und Beschwerden von Bürgern zu ungesetzlichem Vorgehen von Angehörigen des SNV in den fünfziger Jahren ihre Arbeit auf. Die Kommission sollte vor
allem die Vorgänge in den Gefängnissen Pilsen-Bory, Mírov und Leopoldov untersuchen.

Diese Welle großen Interesses, wenn auch vor allem auf die Vergangenheit zielend,
fand ihren Niederschlag sogar in der damaligen Reformpolitik der KPTsch. Ausge-
hend von ihrem Aktionsprogramm ist der Entwurf für einen Aktionsplan des Innenministeriums erarbeitet worden. Er erlegte dem Ministerium des Innern auf „… die
in der Vergangenheit im Innenministerium zu große angehäufte Macht zu beseitigen"
und „… die Verwaltung Besserungserziehungseinrichtungen und Untersuchungsgefängnisse in die Befugnis des Justizministeriums zu überführen und ihm in diesem
Zusammenhang auch die Leitung des Korps der Besserungserziehung zu übergeben".
Die Angehörigen des Korps reagierten darauf allerdings ablehnend. Dabei erhielten
sie Unterstützung und Rückendeckung von O. Mejdr. Dennoch wurde die Veränderung zum 1. Januar 1969 vorgenommen. Sämtliche Haftanstalten und die Verwaltung
fielen nun in die Verantwortung der neuen (Landes-)Justizministerien der Tschechischen Sozialistischen und der Slowakischen Sozialistischen Republik. Gleichzeitig
damit wurde auch das Korps der Besserungserziehung entsprechend aufgeteilt und
neu geordnet. An der Struktur des gesamten Gefängniswesens und der Einstellung zu
den Inhaftierten änderte sich freilich wenig.

Nach der Niederschlagung des „Prager Frühlings" Anfang der siebziger Jahre begann eine neue Welle politischer Prozesse. In den Jahren von 1969 bis 1989 wurden
4.758 Personen wegen politischer Straftaten verurteilt, zusätzlich wegen versuchter
Republikflucht 105.993 Personen, zum Teil in Abwesenheit, zur Rechenschaft gezogen.
Zum Vergleich: nach 1989 wurden 141.192 Personen rehabilitiert, die in den Jahren
von 1948 bis 1968 wegen politischer Straftaten eine Bestrafung erfahren hatten.

Ein Beispiel für die Prozesse der siebziger Jahre war der Fall der linken Gruppe
„Revolutionäre Jugendbewegung", die unabhängige Informationen verbreitete. Die
Verfolgung wurde hier gezielt betrieben und war keine Massenerscheinung mehr wie
in den fünfziger Jahren. Ursache dafür waren die stabilisierte Gesellschaft und unter
anderem auch das immer größere Interesse der Weltöffentlichkeit. Das zeigte sich
auch in den folgenden Jahren. Hätten die Verfasser der Charta 77 ihren Aufruf in den
fünfziger Jahren veröffentlicht, wäre dies sehr wahrscheinlich mit der Todesstrafe
geahndet worden. Ein Prozess gegen das Komitee zur Verteidigung zu Unrecht Verfolgter (VONS) in der zweiten Hälfte der siebziger Jahre führte dagegen nur noch zu
Freiheitsstrafen.

***

Die von 1977 bis 1980 reichenden Bemühungen der Staatssicherheit, einen großen Prozess gegen die Autoren und Unterzeichner der Charta 77 anzustrengen, scheiterten. Die Ermittlungen wurden mit dem Schluss beendet, dass zwar Straftaten begangen worden waren, aber keine Tatsachen ermittelt werden konnten, die eine Strafverfolgung ermöglichen würden. Zudem war nach Meinung der Staatsführung die Gefahr für die Gesellschaft durch die Charta 77 im Jahr 1980 nur noch unerheblich. Die Staatssicherheit orientierte sich mehr auf die Kriminalisierung politischer Tätigkeit, so wurde beispielsweise der Vertreiber von Samizdat-Büchern Petr Cibulka wegen solcher nicht erlaubten Unternehmung angeklagt.

Am 1. Januar 1989 bestanden in der Tschechoslowakischen Sozialistischen Republik 37 Haftanstalten, davon 9 Gefängnisse und 28 Besserungserziehungsanstalten, in denen insgesamt 23.476 Personen inhaftiert waren. Aus der Zahl der Personen, die nach Verurteilungen wegen sogenannter Straftaten gegen die Republik rehabilitiert wurden, kann die Zahl der politischen Häftlinge in den Jahren 1948 bis 1989 auf 258.000 Personen geschätzt werden. Insgesamt gab es in den Gefängnissen aus verschiedensten Gründen dabei etwa 5.000 Todesfälle.

∗∗∗

Das Thema Gefängniswesen im kommunistischen Staat kann jedoch auch auf außergerichtliche Inhaftierungen erweitert werden. De facto wurde Haft auch durch teilweise völlig willkürlich getroffene Verwaltungsentscheidungen verschiedener Behörden verhängt. Ein Beispiel dafür waren Zwangsarbeitslager (TNP), die durch das Gesetz Nr. 247 vom 25. Oktober 1948 legitimiert wurden. Dorthin wurden „arbeitsscheue Personen und Personen, die eine Gefahr für das sozialistische System darstellen," für bis zu zwei Jahre auf der Grundlage einer Entscheidung von Sicherheitskommissionen der Nationalausschüsse, eine von den Kommunisten beherrschte Organisation der Selbstverwaltung, eingewiesen.

Ab 1950 trafen hier oft Personen ein, die ihre gerichtlich auferlegte Freiheitsstrafe soeben abgebüßt hatten. Betroffen waren auch Angehörige von gezielt durch die Staatssicherheit verfolgten sozialen Schichten und Berufsgruppen, Armeeoffiziere, Geistliche, ehemalige Gewerbetreibende und andere Personen, die in das Fadenkreuz der Ermittler geraten waren.

Diese Zwangsarbeitslager bestanden bis in das Jahr 1950. Im Rahmen der „Aktion K" entstanden im April desselben Jahres sogenannte Internierungsklöster. Bei der Aktion wurden Männerklöster in der Tschechoslowakei von der Staatssicherheit überfallen, ihr Vermögen beschlagnahmt und etwa 2 000 Ordensbrüder interniert. Die Klöster sind bis 1955 zu Inhaftierungen genutzt worden. Eine andere Form der politischen Verfolgung mit Einschränkung der persönlichen Freiheit waren Militärarbeitseinheiten, genannt „Technische Hilfsbataillons" (PTP), die von 1950 bis 1954 bestanden. Dorthin wurden politisch Unzuverlässige, aber auch politisch unbedenkliche Personen, wie zum Beispiel behinderte Männer, verbracht.

Die angeführten Einrichtungen und die geschilderten Umstände werfen die Frage auf, ob die Charakteristik der Haftanstalten als „kommunistische Konzentrationslager" zutreffend sein kann. Unabhängig von allen Erwägungen, auch angesichts mancher Bedenken dabei, bleibt allerdings der Tatbestand zu konstatieren, dass vor allem die ehemaligen Häftlinge alle Gefängniseinrichtungen, die sie durchlitten haben, so bezeichnen.

Übersetzt von Andreas Weber

III.

Martin Pulec

Die Bewachung der tschechoslowakischen Westgrenze zwischen 1945 und 1989

Organisation der Grenzsicherung

Am Ende des Zweiten Weltkriegs wurden die tschechoslowakischen Grenzgebiete von den siegreichen Alliierten besetzt. Daneben waren verschiedene paramilitärische Gruppen aktiv, die erst gegen Kriegsende entstanden waren, z. B. die sogenannten Revolutionsgarden oder Freiheitsbataillone. Ihre Beteiligung am Kampf gegen die verbliebenen deutschen Truppen und den auseinanderbrechenden nationalsozialistischen Machtapparat war aus juristischer und menschlicher Sicht oft problematisch. In die Grenzgebiete wurden zudem Armeeeinheiten aus einberufenen Reservisten geschickt, die unter einer selbstständigen Führung mit dem Status eigenverantwortlicher Bataillone wirkten.

Mit Ankunft der regulären tschechoslowakischen Armeeeinheiten im Grenzgebiet Ende Mai und Anfang Juni 1945 wurden die Tätigkeit der paramilitärischen Gruppen beendet und die Bataillone unter eine einheitliche Führung gestellt. Die im Grenzgebiet stationierten kleinen Armeeeinheiten wurden bald durch das so genannte Bereitschaftsregiment 1 der Nationalen Sicherheit verstärkt. Dabei handelte es sich um eine militärisch organisierte Polizeieinheit, die Ende Mai und Anfang Juni 1945 speziell für den Dienst in den Grenzgebieten gebildet wurde. Gleichzeitig nahm auch die Finanzwache, die die Aufgaben einer Zollverwaltung erfüllen sollte, ihren Dienst an den Grenzen wieder auf. Aus den erwähnten Einheiten wuchs so im August 1945 eine gemeinsame Formation, die in mehreren Linien für den Schutz und die Verteidigung der tschechoslowakischen Grenzen verantwortlich war.

In der vordersten Linie stand die Finanzwache, die vor allem an den Übergängen in die Nachbarländer diente und den Streifendienst entlang der Grenze versah. Sie sollte Zoll- und Eigentumsdelikte im Zusammenhang mit Grenzübertritten bekämpfen. In zweiter Linie wurden die Dienststellen des Korps der nationalen Sicherheit SNB, die Kompanien des Bereitschaftsregiments 1 der Nationalen Sicherheit und Einheiten der SNB-Ausbildungszentren zusammengefasst. Kompanien des Bereitschaftsregiments befanden sich in Tachov, Cheb, Aš, Karlovy Vary, Jirkov, Ústí nad Labem, Jílové u Děčína, Na Tokáni, Varnsdorf, Liberec, Trutnov und Broumov. SNB-Ausbildungszentren bestanden in Český Krumlov, Protivínu, Kašperské Hory, Železná Ruda,

Zbiroh, Mariánské Lázně, Litoměřice, Jablonec nad Nisou und in Herlíkovice. Zu den Einheiten zweiter Linie gehörte auch das Wachbataillon in Horní Litvínov.

Die dritte und vierte Linie bestand aus Armeeeinheiten, die auf Anforderung der zuständigen Befehlshaber von Einheiten der ersten oder zweiten Linie im Grenzgebiet eingriffen. Aus diesen Armeeeinheiten konnten nach Bedarf motorisierte Abteilungen geformt werden, so genannte fliegende Abteilungen, die regelmäßig schwierige Grenzabschnitte kontrollierten und gegebenenfalls einschritten.

Die Einheiten des Korps der nationalen Sicherheit im Grenzgebiet waren zunächst eher dünnmaschig aufgestellt. Das Netz der Grenzstationen erreichte Ende 1945 bei weitem noch nicht die Dichte der Gendarmeriestationen von 1938. Wegen der komplizierten Situation, die in den Grenzgebieten durch die Aussiedlung der deutschen Bevölkerung und Besiedlung der neuen tschechischen Bevölkerung entstanden war, konnten die Angehörigen dieser Einheiten neben ihren allgemeinen polizeilichen Aufgaben kaum Streifendienst an den Grenzen verrichten. Auch das Bereitschaftsregiment war meist mit der Bewachung von Gebäuden, bewaffnetem Schutz für die Behörden, Begleitung von Transporten der Deutschen und der mit der Aussiedlung und Neubesiedlung einhergehenden Kriminalität beschäftigt. Die eigentliche Grenzsicherung oblag somit vor allem der zahlenmäßig schwachen Finanzwache. Deshalb wurde entschieden, aus Angehörigen des Korps der nationalen Sicherheit eine spezielle Formation zur Bewachung der Grenze zu bilden. Im Sommer 1946 wurde das Bereitschaftsregiment 1 der Nationalen Sicherheit aufgelöst. Seine Angehörigen bildeten die Grundlage für die Führungskräfte einer neu gebildeten Grenzeinheit. Sie erhielt die Bezeichnung Abteilung VI des Ministeriums des Innern – SNB-Hauptkommando, bestand aus drei Bereitschaftsregimentern und bekam einen Decknamen. Diese Einheiten wurden ab September 1946 zu SNB-Grenzeinheiten umbenannt, das Kommando wurde vor allem als „SNB-Einheit 9600" bekannt.

Der Sitz des Hauptkommandos lag in Prag unter der Führung eines Vorstehers und dessen ständigen Vertreter. Die VI. Abteilung des Innenministeriums gliederte sich in sechs Unterabteilungen, die für die operative, die organisatorische und die Verwaltungs- und Aufklärungstätigkeit der untergeordneten Einheiten verantwortlich waren. Beim Prager Hauptkommando gab es zudem ein Hilfsamt, in dem eine Poststelle, der Schreibdienst, das Archiv und eine Hilfskompanie angesiedelt waren. Die dem Prager Hauptkommando untergeordneten Einheiten waren dem Militär vergleichbar strukturiert: in absteigender Hierarchie in Regimenter, Bataillone, Kompanien und Züge.

Zum Regiment in Liberec gehörten die Bataillone in Litoměřice, Liberec und Hradec Králové, das Pilsener Regiment bestand aus den Bataillonen in České Budějovice, Plzeň und Karlovy Vary und das Regiment in Brno leitete die Bataillone in Znojmo, Olomouc und Místek. Jedem Bataillon unterstanden drei bis sechs Kompanien, neben dem eigenen Kommando bestand ein Bataillon noch aus einem Ausbildungszentrum für neu aufgenommene Angehörige, einer Hilfstruppe sowie aus berittenen Zügen. Die Kompanien der Bereitschaftseinheiten bestanden aus einem Befehlshaber, seinem Stellvertreter und einer Hilfstruppe. Jede Kompanie führte drei bis fünf Züge an. Die niedrigste Einheit in der Einheit 9600 war ein Zug. Die Züge waren auch die einzigen, die den Streifendienst an der Grenze selbst verrichteten, die höheren Einheiten hatten nur Kommando- oder Stabsfunktionen. An der Spitze eines Zuges standen ein Zugführer mit seinem Stellvertreter. Ein Zug bestand aus drei Gruppen mit jeweils einem Gruppenführer, neun Angehörigen, einem Fahrer und einem Verbindungsmann.

Im März 1948 wurden die Kommandos der Grenzregimenter aufgelöst und neue SNB-Grenzbataillone gegründet, zum Teil ist dabei die bestehende Organisation der Einheiten verändert worden. Die Grenzsicherung wurde in zwölf Bataillone mit Sitz in České Budějovice, Písek, Plzeň, Karlovy Vary, Litoměřice, Liberec, Hradec Králové, Brno, Znojmo, Olomouc, Frýdek und Bratislava aufgeteilt, die sämtlich direkt dem Prager Hauptkommando unterstanden.

∗∗∗

Nach dem politischen Umbruch im Februar 1948 versuchten viele Bürger, sich vor dem kommunistischen Regime durch den illegalen Grenzübertritt in die amerikanische Besatzungszone nach Deutschland oder nach Österreich zu retten. Einige von ihnen kehrten mit geheimdienstlichen Aufgaben als Agenten für Exilwiderstandsgruppen oder für die Geheimdienste der westlichen Mächte zurück. Das bestehende Grenzregime, konzipiert zum Schutz der Grenzen eines demokratischen Staates, konnte die illegalen Bewegungen über die Grenze nicht wirkungsvoll eindämmen. Anfang 1949 wurde die Grenzsicherung deshalb modifiziert.

Zum 1. Januar 1949 ist die Finanzwache reorganisiert worden. Deren Mitarbeiter hatten oftmals schon vor dem Krieg in ihr gedient und besaßen wenig Vertrauen in die Kommunisten. Dennoch wurde die Hälfte von ihnen in die neu gebildete Grenzwache übernommen. Die Grenzwache gehörte nun zu den Strukturen des Innenministeriums und erfüllte sowohl die Aufgaben der früheren Finanzwache als auch jene der SNB-Grenzeinheiten. Aufgrund ihrer heiklen personellen Besetzung und der schlechten Ausrüstung der Einheiten blieben die Resultate ihres Einsatzes unbefriedigend. Folgerichtig ist die Reorganisation des Grenzregimes weiter vorangetrieben worden. Die Staatsgrenze wurde nun in zwei Abschnitte aufgeteilt, um mehr Kräfte auf die „Westgrenze" zu Deutschland und Österreich zu konzentrieren.

Die Organisation der Grenztruppen im westlichen Abschnitt entsprach eher einer militärischen, denn einer polizeilichen Organisation. Ihre hauptsächlichen Aufgaben bestanden in der Unterbindung illegaler Grenzübertritte und im Aufspüren von Kurieren und anderen Personen, die sich unerlaubter Handlungen zu Lasten des Staates schuldig machten. Ihr Bereich umfasste die Grenzen zu Deutschland und Österreich, die Kommandostellen der Grenzbataillone lagen in Liberec, Litoměřice, Karlovy Vary, Plzeň, Písek, České Budějovice, Znojmo und Bratislava. Die dort stationierten Einheiten sind personell verstärkt und technisch besser ausgerüstet worden als jene an der Ostgrenze. Die Bataillone des östlichen Abschnitts hatten ihre Sitze in Hradec Králové, Opava, Lučenec, Košice, Prešov und Liptovský sv. Mikuláš, wo vornehmlich ein organisierter Schmuggel zu bekämpfen war. Diesen Einheiten wurden jetzt die meisten der ehemaligen Angehörigen der Finanzwache zugeteilt. Sie unterstanden nicht direkt dem Hauptkommando der Grenzwache in Prag, sondern dem Bereich Öffentliche Sicherheit des Innenministeriums und den zuständigen SNB-Bezirksvorstehern.

Ende 1949 oder Anfang 1950 wurde die Grenze zur DDR aus dem westlichen Abschnitt herausgenommen. Zum verbliebenen westlichen Teil der Grenze zählten die Grenzbataillone in Karlovy Vary (auch zuständig für die äußere Bewachung des Sperrgebiets um die Uranbergwerke), Plzeň, Sušice, České Budějovice, Znojmo und Bratislava. Insgesamt wurde die Grenze von 34 Kompanien, 121 Zügen und 9 getrennten Gruppen bewacht.

Der erhoffte Effekt wurde jedoch auch durch diese Reorganisation nicht erreicht, immer noch gab es massive illegale Bewegungen über die Grenze. Ein Problem blieb die insgesamt zu geringe Personaldecke der Grenzwacheneinheiten. Anfang 1949 dienten in der Grenzwache 6.272 Mann einschließlich 3.165 ehemaliger Angehöriger der Finanzwache. Im 930 Kilometer langen westlichen Abschnitt dienten 2.949 Angehörige, das bedeutete, dass je Kilometer etwas mehr als 3 Posten zur Verfügung standen. Im 2.620 langen östlichen Abschnitt war die Relation wesentlich ungünstiger: Hier dienten 3.323 Mann, durchschnittlich etwa eineinhalb Posten pro Kilometer.

Die tschechoslowakischen Kommunisten ließen sich bei der Organisation des Grenzregimes von der Sowjetunion inspirieren und entschieden sich schließlich, das bisherige „Gendarmeriesystem" durch ein „Soldatensystem" zu ersetzen. In der ersten Phase der folgenden Reorganisation wurden im Oktober 1949 4.000 Soldaten des Grundwehrdienstes aus der Armee in die Ausbildungszentren der Grenzwache abgestellt. Hier absolvierten sie eine Grundausbildung und dienten ab April 1950 gemeinsam mit der Grenzwache. Daneben meldeten sich 1.910 Freiwillige zur Ausbildung in den Zentren der Grenzwache. Ihnen wurde der Grundwehrdienst um sechs Monate auf eineinhalb Jahre gekürzt. Danach traten sie im Rang eines (Berufs-)Wachtmeisters zum Dienst an.

Im Oktober 1950, der zweiten Phase der so genannten Einnahme der neuen Stellungen an der westlichen Grenze, wurden Kräfte der 13. Infanteriedivision und des 64. selbständigen Bataillons von der Armee zur Grenzwache überstellt. Diese Einheiten mit einer Stärke von 8.000 Soldaten wurden einschließlich ihrer Führungskader zur

Grenzwache abkommandiert. Die übernommenen Armeekräfte verteilte man über die Gebiete ihrer zukünftigen Standorte Cheb, Planá, Poběžovice, Sušice und Volary. Hier absolvierten die Soldaten eine Grund- und Grenzausbildung. Die Kommandanten und Stäbe der zukünftigen Grenztruppen wurden in Bystřice pod Čechovem geschult. Dort wurde auch die Aufteilung der einzelnen Grenzabschnitte und die Bestimmung der Standorte für die zukünftigen Grenztruppen vorgenommen.

Im Grenzabschnitt Ašský výběžek-Třístoličník (Ascher Zipfel-Dreisesselberg), d. h. an der Grenze zur vormaligen amerikanischen Besatzungszone in Deutschland, war die Grenzwache (weiterhin mit dem Oberkommando in Prag) in Brigaden, Bataillone und Kompanien eingeteilt. Die Kommandos der Brigaden hatten ihre Standorte in Cheb, Planá, Poběžovice, Sušice und Volary. Die Kommandanten dieser noch nach dem alten System organisierten Einheiten übernahmen ihre Abschnitte am 10. Dezember 1950. Die neuen Einheiten wurden durch eine Verschmelzung der alten Struktur mit der neuen Aufstellung geschaffen, ihr Einsatz begann am 1. Januar 1951.

Auf die gleiche Weise wurden im November und Dezember 1950 auch die Grenzwache im Grenzabschnitt Ašský výběžek-Vejprty (Ascher Zipfel-Weipert), der Grenze zur DDR im Gebiet der Uranbergwerke, und an der Grenze zu Österreich reorganisiert. Diese Einheiten waren zahlenmäßig kleiner als jene an der bayrischen Grenze und traten ihre neuen Stellungen am 26. Januar 1951 an. Am 1. Februar 1951 traten frisch eingezogene Soldaten aus dem Grundwehrdienst hinzu. Die neu entstandenen Brigaden erhielten später Nummern: 3. Karlovy Vary, 4. Znojmo, 5. Cheb, 7. Sušice, 9. Poběžovice, 10. Volary, 11. Bratislava, 12. Planá und 15. České Budějovice. Von nun an wurde die Grenzwache stets durch Soldaten aus dem Grundwehrdienst verstärkt, die den eigentlichen Streifendienst verrichteten. Die Berufsgrenzsoldaten nahmen als Führungskader nicht an den Streifengängen teil.

Nach der umfangreichen Reorganisation stand an der tschechoslowakischen Westgrenze eine relativ starke und straff organisierte militärische Kraft, befehligt von einer umfangreichen Führung. An deren Spitze stand der Befehlshaber der Grenzwache mit Stellvertretern, Adjutanten und einem Sekretariat. Dem Befehlshaber unterstand ein Grenzwachenkommandostab mit einem Stabschef an der Spitze. Der Stab bestand seinerseits aus Abteilungen für operative Arbeit, Aufklärung, Schulungen, Organisation, technische Fragen, eine Kaderabteilung und rückwärtige Dienste. Neben der militärischen Organisation wirkte beim Kommando auch ein ausgedehnter politischer Apparat.

Die Brigade als selbständige Einheit bestand aus dem Brigadekommando, dem Stab und dem politischen Apparat. Ihr Kommando hatte also eine ähnliche Struktur wie das Oberkommando in Prag. Jeder Brigade unterstanden in der Regel vier Bataillone, die für die Grenzsicherung an den einzelnen Abschnitten verantwortlich waren. Das Brigadekommando hatte zudem ein Reservebataillon, das für Kommandofunktionen, rückwärtige Dienste und die Technik verantwortlich war. Zusätzlich wurde es bei großen Grenzaktionen eingesetzt, bei ausgedehnten Geländefahndungen, Sperrungen etc.

Die nächste Einheit unter den Bataillonen waren Kompanien, die den eigentlichen Wachdienst ausübten. Jedes Bataillon war in etwa fünf Abschnitte eingeteilt, die wiederum einzelnen Kompanien zugeordnet waren. An der Spitze des Bataillonskommandos standen ein Bataillonskommandeur mit seinen Stellvertretern, der Stab, ein politischer Apparat und rückwärtige Dienste. Das Bataillon verfügte außerdem über einen Reservezug, der ähnliche Aufgaben wie das Reservebataillon einer Brigade hatte.

Unterste Einheit der Grenzwache war die Kompanie, die den ihr zugeteilten Grenzabschnitt bewachte. An deren Spitze stand ein Kompanieführer mit Stellvertretern für den Dienst und für politische Angelegenheiten, ein mit Versorgungsfragen beauftragter Kompanieältester, später ergänzt mit einem Techniker und mehrere Zugführer. Die Stärke der Grenzwachenkompanien änderte sich im Laufe der Zeit und war von der Länge des Grenzabschnitts und den Geländeverhältnissen abhängig. Anfang der fünfziger Jahre gab es bei Wachabschnitten von etwa 3,5 km zur bayerischen Grenze weniger als 60 Soldaten, an der Grenze zu Österreich waren die Abschnitte länger. Später wurden die Abschnitte neu gegliedert, ihre Ausdehnung ging mit einer Erhöhung des einsetzbaren Personals einher. Die Stärke einer Kompanie hing zudem nicht nur von der Länge des Grenzabschnitts, sondern auch von dem dort herrschenden Verkehr ab. Nach der Reorganisation im Jahr 1951 zählte die Grenzwache an den Westgrenzen insgesamt mehr als 20.000 Mann. Diese Zahl gilt für die gesamte untersuchte Zeit, lediglich am Ende der sechziger Jahre sank sie kurzzeitig auf 16.000.

Diese beschriebene Organisation der Grenzwache bestand faktisch während des gesamten Untersuchungszeitraums, vereinzelte Modifizierungen änderten die Grundstruktur nicht. Erwähnenswert als spürbare Veränderung ist vor allem die Einführung des „Soldatensystems" auch an der Grenze zur DDR in den Jahren 1952 bis 1966. Neben der schon erwähnten Brigade Karlovy Vary wurde die Grenze hier von der 19. Brigade, die in Děčín ansässig war, bewacht.

Der Dienst an der Grenze

Der Schutz der Staatsgrenze sollte nach Vorstellung der damaligen Kommandanten „ununterbrochen, gestaffelt bis in den rückwärtigen Bereich, flexibel und verborgen" stattfinden. Gleichzeitig sollten die Einheiten an der Grenze ständig kampfbereit sein.

Die Grenzwache hatte folgende Aufgaben:

1. Aufdeckung von Vorbereitungen zu Grenzdurchbrüchen, Vereitelung sämtlicher Versuche von Grenzdurchbrüchen aus dem Inland und Festnahme jeder Person, die vom Gebiet eines Nachbarstaates die Grenze übertritt.
2. Eindämmung des Schmuggels.
3. Schutz der Bewohner des Grenzstreifens und Schutz staatlichen Eigentums vor Beschädigung und Diebstahl.
4. Im Fall des Angriffs seitens eines Nachbarstaates Verteidigung des zugeteilten Grenzabschnittes; Zusammenarbeit mit der Armee bei der Sicherstellung ihrer Aufgaben zur Landesverteidigung und Sicherung des Luftraums.
5. Kontrolle und Instandhaltung der Grenzzeichen.
6. Sicherstellung der öffentlichen Ordnung im Grenzgebiet.

Zur Erfüllung dieser Aufgaben war die Grenzwache berechtigt, Streifen im Grenzgebiet operieren zu lassen, Pionier-, Verbindungs- und Signaleinrichtungen zu errichten sowie den Verkehr der Bevölkerung zu beeinflussen. Bei ihrem Dienst hatten die Angehörigen der Grenztruppen folgende Befugnisse:

1. Festnahme und Gewahrsam sämtlicher Personen, die einen illegalen Grenzdurchbruch versuchten oder schon unternommen hatten.
2. Festnahme und Gewahrsam sämtlicher Personen im Grenzgebiet, die einer staatsfeindlichen Tätigkeit, der Hilfeleistung für Andere beim Grenzdurchbruch, des Schmuggels oder anderer Straftaten verdächtigt wurden; die Angehörigen der Grenztruppen konnten bei solchen Personen Leibesvisitationen und Hausdurchsuchungen vornehmen und Tatgegenstände einziehen.
3. Im Grenzgebiet Kontrolle der Personaldokumente von Personen und von Fahrzeugen und Festnahme der Personen, die Bestimmungen des Grenzregimes verletzt hatten.

An dieser Stelle ist zu betonen, dass die Grenzwache ständig und in hohem Maße nicht nur im Grenzstreifen, sondern auch tief im rückwärtigen Raum in den Landkreisen an der Grenze operierte. Ihre Aufgabe bestand in der Spionageabwehr, in der Überwachung des Verkehrs in Richtung der Grenze, der Kontrolle von Verkehrsknotenpunkten im Umfeld des Grenzgebietes und der Beobachtung auffälliger Bewegungen im zugewiesenen Territorium. Zur Erfüllung dieser Aufgaben standen der Grenzwache folgende Mittel zur Verfügung:

1. Bewaffnete Grenztruppen,
2. Aufklärungsdienst,
3. Pionier- und technische Einheiten,
4. Grenzregime.

1. Bewaffnete Grenztruppen

In der Zeit von 1945 bis 1950 bestand der Schwerpunkt beim Schutz der tschechoslowakischen Grenze im Streifendienst. Diese waren in bewegliche Streifen oder Streifen mit festen Standorten unterteilt. Die Streifen bestanden meist aus zwei Männern mit Gewehren oder Maschinenpistolen, gegebenenfalls mit Pistolen und Diensthund. Später kamen Handgranaten hinzu. Größere Streifen wurden nur in außerordentlichen Fällen eingesetzt. Die beweglichen Streifen sollten während ihres Dienstes ausgesuchte Orte kontrollieren. Die Kontrolle dieser „Bezugspunkte" war zumeist mit „Spähen" verbunden, d. h. der Überwachung möglicher Übergangswege an Anwesen im Grenzgebiet, die ein Versteck für Schmuggler oder Schlepper sein könnten. Ihre Aufgabe bestand zudem im Wachdienst, das heißt sie inspizierten ein Gebiet von etwa einem Kilometer um einen bestimmten Punkt. Zusätzlich wachten die Streifen tagsüber an einem bestimmten Posten, von dem aus sie einen längeren Abschnitt einsehen konnten. Nachts prüften sie vor allem die Wege in Richtung Grenze, sie waren dann als so genannte Horchstreifen unterwegs. Zur Kontrolle dieses Dienstes näherten sich die Führer der jeweiligen Einheiten unregelmäßig von einem nicht bewachten Gebiet an die Streifen an.

In den Gebäuden der Grenzwacheneinheit hatten 1 bis 2 Mann Aufsicht und Wachdienst. Ihre Aufgabe war es, den ordnungsgemäßen Tagesablauf der Einheit bei Abwesenheit des Führers oder dessen Stellvertreters zu gewährleisten und bei Bedarf eine Verbindung zu ihnen herzustellen, die Dienstausübung zu leiten, Sicherheit und Ordnung in der Kaserne und ihrer unmittelbaren Umgebung zu garantieren. Das bedeutete auch die Kontrolle von Personen und Fahrzeugen, die sich in der Nähe der Einheit bewegten. Ein weiterer Teil der Grenzer diente als operative Reserve für den Führer, bei Bedarf halfen Angehörige der Grenzwache auch örtlichen Behörden aus.

Nach der Reorganisation wurde das größte Gewicht auf die Arbeit der bewaffneten Streifen gelegt. Diese überwachten einen bestimmten Grenzabschnitt von einem versteckten Standort aus. Die Stärke der Streife, ihre Häufigkeit und den konkreten Auftrag bestimmte der Kompanieführer nach den Befehlen seiner Vorgesetzten, nach den Informationen aus der Aufklärung und nach den Vorkommnissen des Vortages.

Die Streifen kamen bereits bewaffnet zu ihrem Posten. Neben Gewehren, die bis etwa Ende der fünfziger Jahre üblich waren, gehörte mindestens eine Maschinenpistole zur Ausrüstung, berittene Streifen hatten zusätzlich Säbel. Neben der genannten Bewaffnung konnten die Streifen auch mit einem leichten Maschinengewehr, Bajonetten, Granaten oder mehr Munition ausgerüstet sein. Bei der Bestimmung der Posten wurden bevorzugt jene Orte gewählt, an denen es häufiger zu Grenzdurchbruchsversuchen kam. Hier wurde die größte „Bewachungstiefe" gebildet, d. h. es wurden mehrere Streifen hintereinander oder andere Mittel zur Verhinderung von Grenzübertritten eingesetzt. Ziel war, ein System zu bilden, das durch seine Struktur und Zusammenwirkung die Festnahme des potentiellen „Verletzers" sicherstellte.

Bis 1951 wurden die Kompanien eher zufällig, nach den gerade zur Verfügung stehenden Gebäuden an der Grenze stationiert. Die Einheiten waren dadurch zumeist in ehemaligen Zollstationen oder in Häusern von ausgesiedelten Deutschen unterge-bracht. Nach der Reorganisation im Jahr 1951 wurden in der Mitte der zugeteilten Grenzabschnitte Kasernen gebaut. Aus Gründen der Geheimhaltung standen sie au-ßerhalb von Siedlungen im grenznahen Bereich, jedoch stets außer Sichtweite von der anderen Seite der Grenze. Die Standorte wurden dabei so nah wie möglich an der Grenze gewählt, um die Zugangswege zu ihr kurz zu halten.

Im untersuchten Zeitraum entwickelte sich die Taktik der Grenzbewachung spür-bar weiter. Ab 1951 versahen die Grenzstreifen ihren Dienst immer mehr in versteckten Beobachtungsstellungen. Diese bestanden aus unterschiedlichen Materialien und wa-ren getarnt, z. B. als Holzhaufen, unterirdischer Bunker oder als Einrichtung der Forst. Die Beobachtungsstreifen saßen auf Hochsitzen, in hölzernen Wachtürmen oder an geeigneten Punkten im Gelände. Wenn eine Person im überwachten Abschnitt gesich-tet wurde, unterrichtete die Streife die Stammeinheit, die eine so genannte Alarmgrup-pe an den gemeldeten Ort sandte. Als später Kolonnenwege für die Grenzwache ein-gerichtet wurden und die Grenzwache mit Fahrzeugen ausgerüstet war, sind die Alarmgruppen ebenfalls motorisiert worden. Die herbeigerufenen Einheiten sollten der Streife im Gelände bei der Festnahme der Person helfen. Für den Fall, dass ein „Grenzverletzer" verfolgt werden musste, war eine Mitwirkung der Streifen in den benachbarten Abschnitten vorgesehen.

Ab 1951 schickten die Zugführer auch berittene Streifen in das Hinterland. Der Versuch, eine „tiefgreifende" Bewachung einzurichten, endete 1952 mit dem Bau eines Sperrzauns. Er wurde zur Achse, entlang derer die Posten aufgestellt wurden. Diese „lineare" Art der Grenzsicherung ermöglichte zwar die Abdeckung des gesamten Ab-schnittes auch bei geringerer Personalstärke, ein Nachteil war jedoch der fehlende Kontakt mit der örtlichen Bevölkerung. Gerade die Zivilbevölkerung zeigte bereitwil-lig unbekannte Personen an und war deshalb eine große Hilfe für die Grenzwache. Ein weiterer Nachteil des Sperrzauns bestand darin, dass eine Person, die ihn überwunden hatte, meist nicht mehr festgenommen werden konnte. Deshalb wurde der Streifen-dienst auch unregelmäßig an Spurensicherungsstreifen aus geeggtem Sand oder Schnee verrichtet. Eine noch tiefere Staffelung der Grenzsicherung gab es nur an den am schwierigsten zu kontrollierenden Zugängen zur Grenze.

Größere Umstrukturierungen des Grenzregimes begannen Ende der fünfziger Jah-re, als die bisherige „lineare" Sicherung durch eine räumliche Gliederung mit Staffe-lung bis tief in das Hinterland der Wacheneinheiten ersetzt wurde. Teil dieser Modifi-zierung war auch die Gewinnung von Informanten in der örtlichen Bevölkerung.

Immer mehr Grenzwachenkompanien bestanden aus zu Übungen einberufenen Reservisten und immer häufiger wurden Grenzer aus den rückwärtigen Diensten der Bataillone und Brigaden zum Streifendienst an den Zufahrtsstraßen zur Grenze herangezogen. Durch diese Maßnahmen sollte ein komplexes Bewachungssystem entstehen, also eine zeitliche und örtliche Vernetzung aller Bewachungselemente (Spitzel, Streifen im Hinterland, Grenzposten, Sperrzäune und Signalanlagen, Alarmgruppen). Dazu gab es mehrere Einsatzvarianten. Insgesamt sollte der Dienst aktiv verrichtet werden, „Verletzer" sollten noch vor ihrer Ankunft an die Sperranlagen aufgespürt und festgenommen werden. Diese Art der Grenzsicherung wurde immer weiter ausgebaut und perfektioniert.

2. Aufklärungsdienst

Die unterste Ebene, die noch mit dem Aufklärungsdienst betraut war, war der Zugführer einer SNB-Grenzeinheit. Er sammelte Informationen von seinen Unterstellten und Informanten aus der Zivilbevölkerung, aus Verhören Festgenommener und aus anderen Einheiten der Streitkräfte. Der Zugführer ordnete sämtliche ihm zugängliche Informationen, und zwar von beiden Seiten der Grenze. Diese offensive Aufklärung betraf vor allem die Anwesenheit von in Grenznähe stationierten Streitkräften, paramilitärischen Gruppen sowie die allgemeinen wirtschaftlichen und politischen Verhältnisse im benachbarten Grenzgebiet. Seine Abwehrtätigkeit umfasste den Schutz vor ausländischer Spionage, die Meldung sämtlicher Ereignisse, die für die Grenzsicherung von Bedeutung sein konnten, die Sicherheitslage in seinem Abschnitt sowie die wirtschaftlichen und politischen Verhältnisse im eigenen Grenzgebiet. Alle gewonnenen Informationen übergab der Zugführer in Form von regelmäßigen Berichten an den Aufklärungsoffizier des Bataillons, der sie dann überarbeitet an das Prager Kommando schickte.

Mit der neuen politischen Lage änderte sich nach 1948 auch die Aufklärungstätigkeit der Grenztruppen. Sie sollten bei ihrem Dienst Schlepper, Fluchtkanäle und Agenten von Widerstandsgruppen sowie internationale Transportunternehmen beobachten, Personenbewegungen im Grenzgebiet überwachen etc. Der illegale Grenzverkehr verlor jedoch an Intensität, was wiederum zu einem Mangel an Informationen führte, die für eine Verbesserung der Organisation der Grenzsicherung aber unbedingt benötigt wurden.

Eine Verbesserung dieser Situation sollte 1950 durch die Einführung so genannter Organe des Präventivdienstes erreicht werden. Zu deren Aufgaben gehörten der Aufbau eines Spitzelnetzes im Grenzland sowie die Verbesserung der Zusammenarbeit mit den anderen Sicherheitskräften, vor allem der Staatssicherheit. Nunmehr wurde die gesamte Bevölkerung im Grenzgebiet überprüft, die Umsiedlung von „unzuverlässigen" Personen in das Inland war vorzusehen. Der Beginn einer tatsächlichen Aufklärungstätigkeit nach diesem Plan ist erst mit der Reorganisation der Grenzwache im Jahr 1951 verbunden. Im Zusammenhang mit der Einführung des „Soldatensystems" bei der Grenzsicherung in jenem Jahr wurde auch die „staatssicherheitliche" Bedeutung des Dienstes an der Grenze propagandistisch betont. Die Aufklärungstätigkeit an der Grenze wurde dabei auf die gleiche Stufe gestellt wie die bewaffnete Grenzsicherung.

Die Aufklärungstätigkeit der Grenzwache richtete sich auf beide Seiten der Staatsgrenze. Die Zuständigkeit im Inland betraf vor allem die Sperrzone, die Grenzzone sowie die grenznahen Landkreise. Im tschechoslowakischen Grenzgebiet interessierten sich die Geheimdienstler für die Schleichwege der Fluchthelfer, Schmuggler und ausländischen Agenten, für ihre Helfer und Personen, die Verbindungen mit dem Ausland unterhielten. Ferner kontrollierten sie sämtliche Einwohner der Grenzgebiete mit dem Ziel, „unzuverlässige" Personen festzustellen. Sie verhörten festgenommene „Verletzer" und versuchten, mit Geheimdienstmethoden Vorbereitungen für Fluchtversuche ins Ausland, Schmuggel oder andere Personen, die sonstige „staatsfeindliche" oder kriminelle Aktivitäten entfalteten, aufzudecken. Wurde eine strafbare Handlung festgestellt, übergaben sie den Fall den zuständigen Sicherheitskräften. Weitere Erkenntnisse für den Bedarf der Grenzwache sammelten sie von den übrigen Behörden vor Ort.

Etwa ab Mitte der fünfziger Jahre schickten die Widerstandsgruppen und ausländischen Geheimdienste keine „Fußagenten" mehr über die grüne Grenze in die Tschechoslowakei. Die Arbeit des Aufklärungsdienstes der Grenzwache konzentrierte sich fortan auf die Aufdeckung von Vorbereitungen für Fluchtversuche und die Gewinnung von Informationen, dank derer Personal und Mittel besser zur Grenzsicherung eingesetzt werden sollten. Bei ihrer Tätigkeit erhielten sie ihre Informationen insbesondere von Informanten und aus Verhören festgenommener Personen. Die Angehörigen des Aufklärungsdienstes der Grenzwache hatten das Recht, Personen festzunehmen und gegen sie zu ermitteln. In Zusammenarbeit mit der militärischen Aufklärung wurden daneben Informationen für die militärischen Planungen der Tschechoslowakei gesammelt. Zusammen mit der Aufklärung des Innenministeriums sollten die öffentliche Meinung sowie die wirtschaftliche und politische Lage im benachbarten Grenzgebiet ermittelt werden. Nicht zuletzt war der Aufklärungsdienst der Grenzwache an der Identifikation von geflüchteten Personen beteiligt.

Mit der allmählichen Entspannung der internationalen Lage und der aufkeimenden Entwicklung des Tourismus in den sechziger Jahren übernahm der Aufklärungsdienst der Grenzwache die Kontrolle der Grenzübergänge und war bis zur Wende für deren Funktionieren verantwortlich. An den Grenzübergängen überprüfte er Ausländer und meldete nach bestimmten Listen und Varianten Informationen über ihre Bewegungen und ihre Tätigkeit an andere Einheiten der Staatssicherheit weiter. Bis zum Ende der achtziger Jahre entwickelte sich der Aufklärungsdienst der Grenzwache so zu einem umfangreichen Apparat mit zahlreichen Mitarbeitern, der sich spinnennetzgleich durch alle tschechoslowakischen Grenzgebiete zog.

3. Pionier- und technische Einheiten

Die technische Sicherung der Staatsgrenze sollte den Zugang möglicher „Verletzer" zur Grenze erschweren, Bewegungen der Grenzwache bei der Personenverfolgung erleichtern, rechtzeitig Versuche des Eindringens in die Sperrzone aufdecken, beim Auftreten einer unbefugten Person im kontrollierten Gebiet Signale geben, Abschnitte versteckt oder offen überwachen sowie der Verteidigung der Grenzkompanien dienen.

Wichtigstes Element hierbei war der Sperrzaun. Er wurde in den Jahren 1951 bis 1952 in einfacher oder dreifacher Ausführung gebaut. Ergänzt wurde er durch einen Spurensicherungsstreifen aus Sand oder Schnee, ab 1952 wurde an den mittleren Zaun zudem eine Hochspannung von bis zu 6 000 Volt angelegt. Ein Grenzverletzer, dem das Vordringen bis hierher gelungen war, sollte durch deren Stromschlag getötet werden. Im Jahre 1954 wurde der erste Zaun durch eine Signalanlage ergänzt, die der Grenzkompanie bzw. der Streife im Gelände einen Grenzübertrittsversuch im betroffenen Abschnitt durch Licht- und Tonsignale anzeigte.

Tötungswirkung von 6 000 Volt in der so genannten mittleren Wand (mittlere Grenzbefestigung), 1953.

Der Sperrzaun bestand in den fünfziger Jahren aus drei einzelnen Stacheldrahtzäunen oder „Wänden" mit Pfosten im Abstand von einigen Metern. Die äußeren so genannten Abweiser sollten verhindern, dass Flüchtlinge zum mittleren Hochspannungszaun gelangten. Für den Bau wurden etwa 15 cm dicke Pfosten von 220 bis 290 cm Länge verwendet, die 20 cm tief in die Erde eingelassen waren. An besonders gefährdeten Abschnitten waren die äußeren Zäune locker mit Stacheldraht umwickelt. An normalen Abschnitten wurden die Drähte waagerecht in einem Abstand von ca. 15 cm geführt. An der mittleren Wand befanden sich, an Isolatoren befestigt, fünf bis sieben Drähte unter Spannung, die an den Kompanietransformator angeschlossen waren. Der mittlere Zaun stand nicht ständig unter Strom, sondern vor allem nachts oder bei schlechter Sicht und tagsüber zu Zeiten, in denen die Fluchtversuche am häufigsten waren. Auf unebenem, felsigem oder sumpfigem Gelände, in das die Pfosten nicht in die Erde eingerammt werden konnten, wurde ein

Sperrzaun aus kreuzartig verbundenen Pfeilern verwendet, die dicht mit Draht umwickelt waren. Auch dieser Zaun stand unter Spannung. In den Jahren 1952 bis 1957 wurde der Zaun an besonders gefährdeten Abschnitten vermint. Die Minen wurden von Pioniereinheiten in Minenreihen zwischen die drei Grenzzäune gelegt. Die Grenzwache verwendete dabei folgende Minenreihen:

- Infanterieminen mit Signaldrähten, gezündet durch Zug oder Riss des Signaldrahtes; sie wurden auf der Erdoberfläche verlegt,
- Infanterieminen mit elektrischer Zündung, gezündet durch Zug oder Riss des Signaldrahtes oder durch Tritt auf den Auslöser, sie wurden in 60 cm Höhe angebracht,
- Minenreihen aus Tretminen, die eingegraben wurden.

Für die Minen sind von den Pioniereinheiten gefertigte Holz- oder Betonummantelungen verwendet worden. Zur Wirkungsverstärkung trugen hinzugefügte Eisensplitter bei. Die Minen wurden später wieder entfernt, da sie desöfteren blind explodierten und dies einige Grenzsoldaten das Leben kostete.

Die Grenzabsperrung in dreifacher Ausführung wurde bis Mitte der sechziger Jahre genutzt. Danach trat ein acht Meter breit angelegter Doppelzaun mit sieben Hochspannungsdrähten, einer Signalanlage und einem Kontrollstreifen an ihre Stelle. 1965 wurde die Hochspannung abgeschaltet und gegen Ende der sechziger Jahre auch der Doppelzaun durch eine einfache Signalwand ersetzt, die sich bei unübersichtlichem Gelände allerdings mehrfach staffelte. Dieser Sperrzaun enthielt eine Schwachstromsignalanlage, die bei einem Versuch der Überwindung Signal gab.

Neben dem Signalzaun installierte Hilfssignalanlagen kamen auch überall dort zur Anwendung, wo den Streifen nur eingeschränkte Sichtmöglichkeiten zur Verfügung standen. Weitere Hilfssignalanlagen waren im Hinterland installiert, hier bereits hinter den Abschnitten der Grenzkompanien. Bei diesen Anlagen gab es eine Entwicklung von frei aufgehängten Blechdosen im Gelände oder Barrieren aus verflochtenen Ästen bis hin zu Warnleuchtgebern, das waren sich bei Kontakt selbst abfeuernde Leuchtraketen, deren Licht auf die Anwesenheit einer Person hinwies. Teilweise wurden auch batteriebetriebene Leuchtsignalgeber eingesetzt. Beide Anlagen wurden durch die Berührung von Signaldrähten in einigen Zentimetern Höhe in Gang gesetzt. Die Entfernung der Zaunsperre bzw. des Signalzauns von der eigentlichen Staatsgrenze richtete sich nach der Besiedlung im Grenzgebiet und konnte zwischen einigen hundert Metern bis zu mehreren Kilometern betragen.

Von Beginn der Grenzsicherung an galt dem Kontrollstreifen höchste Aufmerksamkeit. Er wurde ab 1951 unmittelbar hinter der Grenze als 15 Meter breiter geeggter Erdstreifen angelegt, sofern dem kein Waldbewuchs entgegenstand. Grenzverletzer sollten dort Spuren hinterlassen, um der Streife den Ort des geplanten Grenzübertritts anzuzeigen und eine Verfolgung zu ermöglichen. Nach dem Bau der Grenzabsperrung und der Signalwände wurden dem Kontrollstreifen weitere Spurensicherungsstreifen hinzugefügt. Diese Streifen waren drei bis vier Meter breit. An Stellen, die sich aufgrund ihrer natürlichen Beschaffenheit hierzu nicht eigneten, sind Kontrollerdwälle, einfache Zäune oder andere Hindernisse installiert worden. Im Winter konnte man zumeist zusätzliche Schneefelder nutzen. Am schwierigsten gestalteten sich die Arbeiten in dichten Waldabschnitten. Hier mussten Schneisen geschlagen werden, die den Posten aus Bunkern oder auf Wachtürmen Sichtmöglichkeiten gewährten. Selbstverständlich hatten auch diese Beobachtungsstellen stets Tuchfühlung zu ihrer Kompanie, wo Hilfstruppen und Fahrzeuge für einen eventuellen Einsatz bereitstanden.

4. Grenzregime

In den Jahren 1945 bis 1950 waren die Grenztruppen im gesamten Zollgrenzgebiet im Einsatz. Das zu kontrollierende Gebiet bestand aus einem zehn bis fünfzehn Kilometer breiten Streifen in Richtung Landesinneres. Das Leben der Bevölkerung innerhalb dieses Streifens wurde zunächst nicht wesentlich beeinflusst. Das änderte sich jedoch im April 1950, als das Grenzgebiet ausgerufen wurde. Die äußere Begrenzung des vormaligen Streifens war jetzt weißroten Schildern oder Warntafeln markiert, die an den befahrbaren Wegen aufgestellt wurden. Das Betreten des Grenzgebiets war nur mit Passierscheinen möglich, nach Sonnenuntergang durfte sich niemand außerhalb von Wegen, Straßen oder Schienenwegen bewegen. Ein Jahr später wurden auch die Landkreise an der Grenze zum Grenzgebiet erklärt. Die Gebiete wurden in drei Zonen eingeteilt: Sperrzone, Grenzzone und grenznahe Zone.

Die Sperrzone war etwa zwei Kilometer breit. Ihr genauer Verlauf wurde vom Grenzwachenkommandanten bestimmt und vom zuständigen Kreisnationalausschuss, mithin vom Landkreisamt, verkündet. Die Bewohner dieser Zone siedelte man vollständig um, der Aufenthalt war nur noch den Angehörigen der Grenzwache gestattet. Das Betreten durch andere Personen, zum Beispiel für Forstarbeiten, war genehmigungspflichtig und fand nur in Begleitung durch einen Grenzer statt.

Die Grenzzone wurde ebenfalls vom Grenzwachenkommandanten bestimmt und vom zuständigen Kreisnationalausschuss verkündet. Sie reichte zehn bis fünfzehn Kilometer ins Landesinnere. Auch hier war das Betreten nur mit einer von der Staatssicherheit erteilten Genehmigung möglich. Personen durften sich in der Grenzzone nach Einbruch der Dunkelheit nicht außerhalb öffentlicher Wege aufhalten. Etwa bis acht Kilometer landeinwärts demontierte man sämtliche Wegweiser und Richtungsschilder. Als politisch unzuverlässig eingestufte Personen wurden nach und nach aus der Grenzzone umgesiedelt, ein Schicksal, das etwa 800 Familien mit ungefähr 2.500 Personen betraf. Sämtliche dadurch verlassenen Gebäude, für die die Armee oder die

Sicherheitskräfte keine Verwendung hatten, fielen dem Abbruch anheim. Bei genutzten Wirtschaftsgebäuden bestimmte die Grenzwache genaue Bedingungen für ihren Betrieb. Die Abrissarbeiten sind Ende der fünfziger Jahre abgeschlossen worden.

Mit Verkündung des Grenzgebiets wurde die Grenzwache in der Sperrzone sowie der Grenzzone die entscheidende Kraft bei der „Aufrechterhaltung der Ordnung" und konnte die dort lebenden Personen jederzeit überprüfen und kontrollieren. Die Anfang der fünfziger Jahre festgelegte Tiefe der Sperr- und Grenzzone kam für das Grenzgebiet allerdings wirtschaftlich einem Desaster gleich. Schon Mitte der fünfziger Jahre wurden deshalb erste Anpassungen vorgenommen, weitere folgten bald. Im Jahr 1964 entschloss man sich zur Aufhebung der Sperrzone und verkleinerte die Grenzzone. Sie reichte fortan von der Grenze nur noch ein bis drei Kilometer in das Landesinnere. Das Betreten der Grenzzone war grundsätzlich an eine Genehmigung gebunden, die hauptsächlich zu Arbeitszwecken erteilt worden ist. Private Aufenthalte entfielen generell, da die Grenzzone nicht mehr bewohnt wurde und jedweder Aufenthalt vom Eintreten der Dunkelheit bis zur Morgendämmerung untersagt war.

Gescheiterter Versuch eines Jugendlichen aus der DDR, in einem Zuckerwaggon in den Westen zu flüchten, 1965.

Während die Sperrzone abgeschafft und die Grenzzone verkleinert worden waren, weitete die Staatssicherheit das inoffizielle Einsatzgebiet der Grenzwache noch zusätzlich aus. Taktische Offiziere bestimmten eine so genannte Zone des Zugangs zur Staatsgrenze, die für die Beobachtung durch die Grenzwache bestimmt war und tief in die grenznahen Landkreise reichte. In diesem Gebiet operierten neben Aufklärungsgrenzern zusätzliche Streifen, die Beobachtungen anstellten sowie Fahrzeuge, den öffentlichen Verkehr und verdächtige Personen kontrollierten. Außerdem waren Grenzer in Zivil tätig, so genannte Fahnder, deren Hilfe die Kontrolle der Grenzwachen komplettierte.

Anstelle eines Schlussworts

Der Schutz der Staatsgrenze ist das Recht jedes souveränen Staates. Im Fall der Tschechoslowakei wurde dieses Recht im untersuchten Zeitraum jedoch nicht adäquat angewandt, sondern vor allem missbraucht. Namentlich an den Staatsgrenzen zu Deutschland und Österreich standen Grenzstreitkräfte, die Wach- und Streifendienst an Absperranlagen versahen, die in ihrer Gestalt an die Umzäunung früherer nationalsozialistischer Konzentrationslager erinnerten. Dazu wurden Gesetze und Vorschriften verabschiedet, die diese Zustände legalisierten. Abgesehen von allen wirtschaftlichen, politischen und moralischen Konsequenzen dieses Grenzregimes kann der Versuch einer ersten Bilanz der Vorkommnisse an dieser Staatsgrenze nicht über folgende Tatsachen hinwegsehen:

Beim Versuch, die tschechoslowakischen Grenzen zu Deutschland oder Österreich zu überqueren, wurden in den Jahren von 1948 bis 1989 nach heutigem Kenntnisstand 145 Menschen erschossen und 96 Menschen durch Stromschläge aus den elektrischen Grenzzäunen getötet.

Beim Versuch, die tschechoslowakischen Binnenwassergrenzen zu Deutschland oder Österreich zu überqueren, kamen im gleichen Zeitraum 11 Menschen ums Leben. Diese Zahl erfasst nur jene Personen, die beim Versuch, die Grenzflüsse zu durchschwimmen, nachweislich zu Tode kamen. Tatsächlich ist diese Zahl in jedem Fall höher, denn im untersuchten Zeitraum wurden mehr als 50 Leichen, denen heute kein Aktenvorgang mehr zugeordnet werden kann, aus den Grenzflüssen geborgen.

Beim Versuch, die tschechoslowakischen Grenzen zu Deutschland oder Österreich zu überqueren, verübten in dieser Zeit sechzehn Personen aus Angst vor einer Festnahme durch die Grenzwachen Selbstmord. Weitere Opfer waren fünf Piloten von Flugobjekten, die infolge des Abschusses durch Militärflugzeuge, Kollision mit einem Militärflugzeug oder in Folge eines Absturzes zu Tode kamen.

Beim Versuch, die tschechoslowakischen Grenzen zu Deutschland oder Österreich zu überqueren, kamen zudem fünf Personen in Fahrzeugen durch Unfälle in den Grenzabsperrungen ums Leben, zu beklagen sind weiter zwei Tote infolge von Minenexplosionen am Sperrzaun. Ein Fall von Kreislauf- oder Herzversagen infolge der Festnahme ist ebenso aktenkundig wie ein Toter nach einem Angriff durch einen Diensthund.

Unter den Getöteten sind 14 Österreicher, 31 Polen, 11 Deutsche aus den Besatzungszonen, sieben Westdeutsche, 14 DDR-Bürger, vier Jugoslawen, vier Ungarn, ein Franzose und ein Marokkaner nachweisbar. Es gibt Informationen, die nahelegen, dass weitere Personen an den Grenzen zu Deutschland und Österreich in den Jahren 1948 bis 1989 ihr Leben verloren, jedoch existieren dazu keine Archivmaterialien. Im Untersuchungszeitraum starben mindestens 23 Personen unter den Rädern von Fahrzeugen der Grenzwache, wurden von Grenzern ermordet oder starben aufgrund der Handlungen der Grenzwache. Diese Zahlen getöteter Personen sind nach dem neuesten Stand der Archivforschung ermittelt, aber insbesondere angesichts einer komplizierten Quellenlage sind es noch nicht die endgültigen Zahlen.

Verzeichnis der deutschen Opfer an der tschechoslowakischen Staatsgrenze in den Jahren 1948 bis 1989

in alphabetischer Reihenfolge

BAUER, Heinz Erich
geb.: 03.10.1926
gest.: 30.08.1950
Staatsangehörigkeit: DDR
Ort, Abschnitt der Grenzeinheit: Grenzwachenbataillon Karlovy Vary, Grenzwacheneinheit Bublava, DDR-Gebiet Straße
Bublava-Klingenthal
Todesursache: Erschossen durch eine
Streife der Grenzwache bei der Flucht
auf DDR-Gebiet.

BLANK, Arnold
geb.: 29.02.1884
gest.: 04.05.1951
Staatsangehörigkeit: BRD
Ort, Abschnitt der Grenzeinheit: Gemeinde Hranice v Čechách, 5. Grenzwachenbrigade Cheb
Todesursache: Erschossen durch eine
Streife der Grenzwache.

BRANDL, Ludvík (Ludwig)
geb.: 10.09.1914
gest.: 12.08.1948
Staatsangehörigkeit: BRD
Ort, Abschnitt der Grenzeinheit: am Ein-
zelgehöft Buchar bei Hammern, SNB-
Grenzbataillon Plzeň, SNB Hamry
Todesursache: Erschossen durch eine
SNB-Streife.

BRUNO, Heinrich
geb.: 22.04.1935
gest.: 10.07.1963
Staatsangehörigkeit: DDR
Ort, Abschnitt der Grenzeinheit:
5. Grenzwachenbrigade Cheb,
14. Grenzwachenkompanie Hraničná
Todesursache: Getötet durch Stromschlag
vom Grenzzaun.

CARL, Helmut
geb.: 29.12.1945
gest.: 15.12.1978
Staatsangehörigkeit: BRD
Ort, Abschnitt der Grenzeinheit: Dolní
Dvorec, 5. Grenzwachenbrigade Cheb
Todesursache: Erschossen durch Mitarbeiter der Nachrichtenabteilung
der 5. Grenzwachenbrigade, bei einer
gemeinsamen Fahndungsaktion der
Grenzwache, SNB und Armee, nachdem
Carl illegal durch die Passkontrolle in
die ČSSR eingedrungen war.

DAUSCH, Thomas
geb.: 07.10.1968
gest.: 31.03.1986
Staatsangehörigkeit: BRD
Ort, Abschnitt der Grenzeinheit:
5. Grenzwachenbrigade Cheb, OPK
Pomezí

Todesursache: Getötet bei einem Unfall nach Aufprall auf die Grenzsperre. Fuhr angeblich mit Selbstmordabsicht in die Grenzsperre.

DICK, Johann
geb.: 23.03.1927
gest.: 18.09.1986
Staatsangehörigkeit: BRD
Ort, Abschnitt der Grenzeinheit:
5. Grenzwachenbrigade Cheb,
15. Grenzwachenkompanie Broumov,
Gebiet der BRD Grenzstein 24/5
Todesursache: Erschossen durch eine Streife der Grenzwache, nachdem die Streife bei der Verfolgung von Grenzverletzern die Grenze überschritten hatte. Dick verteidigte einen polnischen Flüchtling, den die Grenzwache auf das Gebiet der ČSSR zurückschleppen wollte.

FELBIGER, Max (auch FELBINGER)
geb.: 06.09.1909
gest.: 26.07.1953
Staatsangehörigkeit: BRD
Ort, Abschnitt der Grenzeinheit: 12. Grenzwachenbrigade Planá, 6. Grenzwachenkompanie, Grenzstein 21
Todesursache: Getötet durch Stromschlag im elektrischen Grenzzaun.

FUCHS, František (Franz)
geb.: 09.07.1913
gest.: 03.12.1948
Staatsangehörigkeit: BRD
Ort, Abschnitt der Grenzeinheit: SNB-Grenzbataillon Karlovy Vary, SNB Cheb, Straße Cheb – Pomezí 3 km vor der Grenze

Todesursache: Erschossen durch eine SNB-Streife.

HOFFMEISTER, Kurt
geb.: 28.11.1954
gest.: 21.08.1977
Staatsangehörigkeit: DDR
Ort, Abschnitt der Grenzeinheit: bei Grenzstein 6, 9. Grenzwachenbrigade Domažlice, 8. Grenzwachenkompanie Bernstein
Todesursache: Erschossen durch eine Streife der Grenzwache.

HUBER, Alois
geb.: 08.01.1915
gest.: 17.11.1953
Staatsangehörigkeit: BRD
Ort, Abschnitt der Grenzeinheit: deutsches Gebiet bei Grenzstein 19/1, Gemeinde Untergrafenried,
Todesursache: Als Grenzpolizist erschossen von einem Soldaten im Grundwehrdienst auf deutschem Gebiet, Absicherung der Aktion durch die Grenzwache.

JERKE, Albert
geb.: 05.05.1940
gest.: 04.10.1961
Staatsangehörigkeit: BRD
Ort, Abschnitt der Grenzeinheit: Grenzstein 6/2, 5. Grenzwachenbrigade Cheb, 3. Grenzwachenkompanie
Todesursache: Getötet durch Stromschlag im elektrischen Grenzzaun.

KOLBECK, Ludvík (Ludwig)
geb.: 10.01.1912
gest.: 26.08.1972

Staatsangehörigkeit: BRD
Ort, Abschnitt der Grenzeinheit:
9. Grenzwachenbrigade
Todesursache: Wurde erhängt aufgefunden, vermutlich Selbstmord.

KREIM, Anton
geb.: 25.06.1935
gest.: 14.10.1972
Staatsangehörigkeit: BRD
Ort, Abschnitt der Grenzeinheit: Zollamt
Furth im Wald, BRD
Todesursache: Der diensthabende Zollbeamte wurde von einem tschechoslowakischen Grenzpolizisten erschossen.

KREMER, Roland
geb.: 28.10.1949
gest.: 14.08.1973
Staatsangehörigkeit: DDR
Ort, Abschnitt der Grenzeinheit: 5. Grenzwachenbrigade Cheb, 2. Grenzwachenkompanie Pastviny
Todesursache: Angeschossen von einer Streife der Grenzwache am 04.08.1973, gestorben in der Universitätsklinik Plzeň.

KÜHNEL, Michael
geb.: 06.07.1959
gest.: 19.12.1978
Staatsangehörigkeit: DDR
Ort, Abschnitt der Grenzeinheit: bei
Litvínov
Todesursache: Gestorben an den Folgen eines Unfalls. Er fuhr beim Versuch, einer SNB-Streife zu entkommen, in eine Sperre aus Wagen der VB (Polizei) und wollte ursprünglich nach dem illegalen

Grenzübertritt DDR - ČSSR weiter in die BRD flüchten.

LEDER, Ludvík
(auch LEDELER, Adolf)
geb.: 05.02.1939
gest.: 22.03.1959
Staatsangehörigkeit: BRD
Ort, Abschnitt der Grenzeinheit:
7. Grenzwachenbrigade Sušice,
10. Grenzwachenkompanie Alžbětín,
Grenzstein 1
Todesursache: Getötet durch Stromschlag im elektrischen Grenzzaun.

LINZMAIER, Franz
geb.: 01.06.1918 (auch 01.07.1918)
gest.: 01.07.1950
Staatsangehörigkeit: BRD
Ort, Abschnitt der Grenzeinheit: auf der Felswand über dem Schwarzen See, Grenzwachenbataillon Plzeň, Grenzwacheneinheit Železná Ruda
Todesursache: Erschossen durch eine Streife der Grenzwache.

MARIN, Arno (auch MARTIN)
geb.: ?
gest.: 22.06.1950
Staatsangehörigkeit: DDR
Ort, Abschnitt der Grenzeinheit: bei der Gemeinde Doubrava, Grenzwachenbataillon Karlovy Vary, Grenzwacheneinheit Podhradí
Todesursache: Angeschossen von einer Streife der Grenzwache, starb an den Folgen der Verletzung im Krankenhaus Aš.

MICHAL, Wolfgang
geb.: 29.03.1927
gest.: 28.01.1948
Staatsangehörigkeit: Deutschland
Ort, Abschnitt der Grenzeinheit: SNB-
Grenzbataillon Liberec, SNB Jiříkov
Todesursache: Erschossen durch eine
SNB-Streife.

MÜLLER, Max
geb.: 10.12.1902
gest.: 05.07.1948
Staatsangehörigkeit: BRD
Ort, Abschnitt der Grenzeinheit: Ein-
zelgehöft Wohlspohl bei der Siedlung
Gottmansgrün, Grenzwachenbataillon
Karlovy Vary, SNB Rossbach,
Todesursache: Angeschossen von einer
SNB-Streife beim Stehlen von Holz,
starb an den Folgen der Verletzung im
Krankenhaus Aš.

NIRSCHL, Georg
geb.: 11.06.1913
gest.: 03.07.1951
Staatsangehörigkeit: BRD
Ort, Abschnitt der Grenzeinheit: Pfei-
fermühle, Gebiet der BRD, 5. Grenzwachenbrigade Cheb, Grenzwacheneinheit
Dubina
Todesursache: Deutscher Zollbeamter.
Wurde von einem Mitarbeiter der Nachrichtenabteilung der Grenzwache ml-16
beim erfolglosen Versuch, zwei Agenten
im Ausland auszusetzen, erschossen.

NUSSER, George (Georg)
geb.: 14.03.1924
gest.: 03.10.1963

Staatsangehörigkeit: BRD
Ort, Abschnitt der Grenzeinheit: Gemeinde Nové Sedliště
Todesursache: Pilot eines Sportflug-
zeuges. Wurde von einem tschechoslowakischen Jagdflugzeug abgeschossen,
nachdem er die Orientierung verloren
hatte und tschechoslowakisches Staatsgebiet überflogen hatte.

PANKRATZ, Michal
(auch PANGRATZ, Michael)
geb.: 27.06.1879 (auch 16.05.1868,
auch 1870)
gest.: 03.06.1958
Staatsangehörigkeit: BRD
Ort, Abschnitt der Grenzeinheit: bei Da-
berg (Bayern), 9. Grenzwachenbrigade
Poběžovice, 16. Grenzwachenkompanie
Spálenec
Todesursache: Gestorben, nachdem ihm
von einer Streife der Grenzwache Hand-
schellen angelegt wurden und er eskor-
tiert wurde.

PRZIBOROWSKI, Frank Ralf
geb.: 30.06.1959
gest.: 26.10.1978
Staatsangehörigkeit: DDR
Ort, Abschnitt der Grenzeinheit: Všeruby,
9. Grenzwachenbrigade, 15. Grenzwachenkompanie, Grenzstein 28/7
Todesursache: Erschossen durch eine
Streife der Grenzwache.

PUCHNER, Ondřej
(auch PÜCHNER, Andreas)
geb.: 11.07.1923
gest.: 01.03.1950

Staatsangehörigkeit: BRD
Ort, Abschnitt der Grenzeinheit: Liščí
farma, Siedlung Oldřichov, Grenzwachenbataillon Karlovy Vary, Grenzwacheneinheit Palič
Todesursache: Angeschossen von einer
Streife der Grenzwache am 25.02.1950.
Gestorben an den Folgen der Verletzung
im Krankenhaus.

SADDRAS, Ditrich
(auch SUDARS, Dieter, auch Dietrich)
geb.: 11.07.1941
gest.: 27.08.1963
Staatsangehörigkeit: DDR
Ort, Abschnitt der Grenzeinheit: Bei der
Gemeinde Brdí, Triangulationspunkt
1093,8 Trigon, Punkt Meluzina 3. Grenzwachenbrigade Karlovy Vary, 9. Grenzwachenkompanie
Todesursache: Der desertierende Offizier
der DDR-Sicherheitskräfte wurde bei
einer Grenzoperation unter Leitung des
Kommandoführers der Grenzwachenbrigade erschossen. Beteiligt waren auch
Kräfte der so genannten Internen Wache
des Innenministeriums und der Armee.

SAURIEN, Peter
geb.: 09.08.1967
gest.: 21.04.1989
Staatsangehörigkeit: DDR
Ort, Abschnitt der Grenzeinheit:
11. Grenzwachenbrigade Bratislava,
Passkontrolleinheit Petržalka
Todesursache: Prallte beim Versuch,
die Grenzkontrolle mit einem PKW zu
durchbrechen, auf die Schranke und
überlebte den Unfall nicht.

SCHLENZ, Richard
geb.: 20.01.1939
gest.: 27.08.1967
Staatsangehörigkeit: DDR
Ort, Abschnitt der Grenzeinheit:
11. Grenzwachenbrigade Bratislava,
Grenzwacheneinheit Devín, österrei-
chisches Gebiet bei Flusskilometer 0,200
Todesursache: Erschossen durch eine
Streife der Grenzwache auf österrei-
chischem Gebiet.

SCHMIDT, Gerhard
geb.: 05.02.1939
gest.: 06.08.1977
Staatsangehörigkeit: DDR
Ort, Abschnitt der Grenzeinheit: 5.
Grenzwachenbrigade Cheb, 17. Grenz-
wachenkompanie, u Grenzstein 24/9
Todesursache: Erschossen durch eine
Streife der Grenzwache.

SPECHT, Wilhelm
geb.: 29.03.1905 (auch 1915)
gest.: 09.07.1948
Staatsangehörigkeit: BRD
Ort, Abschnitt der Grenzeinheit: Berg
Bouřňák, Grenzwachenbataillon Karlovy
Vary, SNB Jáchymov
Todesursache: Erschossen durch eine
SNB-Streife.

STAUBER, František (auch Peter)
geb.: 22.09.1919
gest.: 22.10.1949
Staatsangehörigkeit: BRD
Ort, Abschnitt der Grenzeinheit: Grenzwachenbataillon Plzeň, Grenzwacheneinheit Maxov.

Todesursache: Erschossen durch eine Streife der Grenzwache.

STRECKER, Kevin
geb.: 29.12.1980
gest.: 16.05.1989
Staatsangehörigkeit: DDR
Ort, Abschnitt der Grenzeinheit:
7. Grenzwachenbrigade Sušice, Passkontrolleinheit Strážný
Todesursache: Der neunjährige Junge kam in einem PKW um, mit dem seine Mutter und seine Brüder den Grenzbaum durchbrechen wollten.

SULZER, Alois
geb.: 03.02.1934
gest.: 23.07.1960
Staatsangehörigkeit: BRD
Ort, Abschnitt der Grenzeinheit:
15. Grenzwachenbrigade České Budějovice, 8. Grenzwachenkompanie Mnichovice
Todesursache: Getötet durch Stromschlag im elektrischen Grenzzaun.

TAUTZ, Harthmut
geb.: 10.02.1968
gest.: 09.08.1986
Staatsangehörigkeit: DDR
Ort, Abschnitt der Grenzeinheit:
Grenzstein 12/11 - 12/12, 11. Grenzwachenbrigade Bratislava, 11. Grenzwachenkompanie
Todesursache: Wurde am 08.08.1986 von einem Rudel Diensthunde angegriffen

und starb an den Folgen der Verletzung im Krankenhaus.

VOGL, Josef (auch VOGEL, Jan, Johann oder Johannes)
geb.: ?
gest.: 14. oder 15.11.1948
Staatsangehörigkeit: BRD
Ort, Abschnitt der Grenzeinheit: Střední Fleky u Nýrska, SNB-Grenzbataillon Písek
Todesursache: Erschossen durch eine SNB-Streife.

WENDA, Brigit (auch Brigitte)
geb.: ?
gest.: 24.09.1989
Staatsangehörigkeit: DDR
Ort, Abschnitt der Grenzeinheit: Donau, ungarische Grenze, 11. Grenzwachenbrigade Bratislava, 3. Binnenwasserstraßeneinheit der Grenzwache Komárno
Todesursache: Ertrunken beim Versuch, die Donau zu durchschwimmen.

WENDA, Jens
geb.: ?
gest.: 24.09.1989
Staatsangehörigkeit: DDR
Ort, Abschnitt der Grenzeinheit: Donau, ungarische Grenze, 11. Grenzwachenbrigade Bratislava, 3. Binnenwasserstraßeneinheit der Grenzwache Komárno
Todesursache: Ertrunken beim Versuch die Donau zu durchschwimmen.

Übersetzt von Andreas Weber

Jiří Plachý

Die Instrumentalisierung von NS-Kriegsverbrechern durch die tschechoslowakische Staatssicherheit nach 1945

1. Zur Zusammenarbeit mit vormaligen Nationalsozialisten zwischen Mai 1945 und Februar 1948

Schon in den unmittelbaren Nachkriegsjahren, noch vor dem kommunistischen Putsch im Februar 1948, versuchte die Kommunistische Partei der Tschechoslowakei, mit inhaftierten Nationalsozialisten zusammenzuarbeiten, um ihre eigene Interessen zu befördern – wenngleich diese Werbung bei den Inhaftierten zunächst sehr häufig auf Widerwillen stieß.

Im Sommer 1946 wurde im Auftrag der so genannten „Erfassungsunterabteilung" des Zentralkomitees der KPTsch bei der Gebietsdienststelle der Staatssicherheit in Prag die Abteilung „F" gegründet. In dieser geheimen Einheit dienten 20 ausgewählte StB-Mitarbeiter – sämtlich Mitglieder der KPTsch. Die Abteilung „F" bekam zum Jahreswechsel 1946/47 den Befehl, verhaftete Gestapo- und SD-Angehörige zu verhören, um Material zu beschaffen, mit dem die politischen Gegner der KPTsch kompromittiert werden könnten. Die Verhöre wurden in Theresienstadt geführt. Es war die Zeit der Retribution, des außerordentlichen Gerichtswesens, in dessen Rahmen in den ersten zwei Nachkriegsjahren Nazi-Kriegsverbrecher und Kollaborateure bestraft werden sollten. Die Verhörmethoden der StB-Mitarbeiter standen den vorher angewandten Methoden ihrer jetzigen Gefangenen in nichts nach. Und so kann nicht verwundern, dass die Verhöre vielfach genau die Ergebnisse brachten, die die Auftraggeber erwarteten – unabhängig vom Wahrheitsgehalt der Geständnisse. Aussagen über Kommunisten, die vor der Gestapo kapituliert und ihre Genossen verraten oder in deren Auftrag kommunistische Widerstandsorganisationen infiltriert hatten, verschwanden freilich tief in den Tresoren der Partei. Demgegenüber wurden die oft unwahren und zweckmäßig entstellten „Beweise" über die Ineffizienz des bürgerlichen Widerstandes sofort propagandistisch genutzt und nach dem kommunistischen Putsch im Februar 1948 nicht selten sogar als historische Fakten präsentiert.

Die Vertreter der nichtkommunistischen Parteien erfuhren erst Ende 1947 von der Existenz der Abteilung „F" und legten dagegen bei der Regierung Protest ein. In einer

Stellungnahme erklärte die Tschechoslowakische Nationalsozialistische Partei: „…
(diese Abteilung habe) die Aufgabe, Material gegen die leitenden Personen der sozialistischen, sozialdemokratischen sowie der Volkspartei zu sammeln. Sie späht auch
nach der geringsten Straftat aus der Zeit der Besetzung. Wir haben Informationen von
mehreren Seiten und alle sind sich darin einig, dass es bei der Untersuchung durch
unsere Sicherheitsorgane mit Hilfe der deutschen Zeugen, besonders der Gestapo-
Mitarbeiter, möglich ist, aus einem Unschuldigen einen Verbrecher zu machen und
aus einem Verbrecher eine Person, die man zum Verdienstorden vorschlagen kann.“
Aufgrund dieser Enthüllungen wurden die Verhöre in Theresienstadt zum Jahreswechsel 1947/48 vorübergehend eingestellt.

Zu den ersten Festlegungen, die nach der kommunistischen Machtergreifung im
Februar 1948 verkündet wurden, zählten die Gesetze Nr. 33 und 34 vom 25. März 1948.
Sie leiteten eine so genannte „erneuerte Retribution“ ein. Damit sollte belegt werden,
dass die bis Februar 1948 von Vertretern der Tschechoslowakischen Nationalsozialistischen Partei beherrschte Justiz in den Retributionsverfahren der ersten Nachkriegs-
jahre eine Reihe von Kriegsverbrechern begnadigt hätte und dass die KPTsch die einzige Kraft sei, die wirklich gegen den deutschen Nationalsozialismus gekämpft habe.
Die Gesetze erlaubten die Wiederaufnahme bereits abgeschlossener Verfahren, ohne
dass hierfür relevante neue Tatsachen vorliegen mussten. Diese „erneuerte Retribution“ hatte allerdings nur geringe praktische Auswirkungen. Sie diente vor allem der
kommunistischen Propaganda und nicht selten der Verunglimpfung der bereits ge-
schlagenen politischen Gegner.

Die Tätigkeit der Abteilung „F“ wurde damals von der „Náchod-Kommission des
Innenministeriums“ weitergeführt. Sie war aus einem in der Stadt Náchod ansässigen
Untersuchungsausschuss des Innenministeriums hervorgegangen, dem 1948 gelang,
den Journalisten Josef Vondráček zu überführen. Er hatte vor 1945 mit den Nationalsozialisten kollaboriert und war dabei zu einem der wichtigsten Spitzel ihres Sicherheitsdienstes aufgestiegen. Vondráček war bis zu seiner Verhaftung nicht nur unbehelligt geblieben, er hatte sich nach 1945 sogleich für eine Tätigkeit in der
tschechoslowakischen Staatssicherheit verpflichtet. Und damit nicht genug: Er gab ohne
jedweden Druck zu, dass er gleichzeitig Agent des britischen Geheimdienstes sei. Der
Fall Vondráček – dessen Protagonist, wie sich später herausstellte, eine recht lebhafte
Phantasie an den Tag legte – bestärkte die damaligen, geradezu paranoiden Befürchtungen, dass bisher nicht entdeckte nationalsozialistische Konfidentennetze auf Grund
erbeuteter Archivmaterialien von irgendeinem westlichen Sicherheitsdienst übernommen werden könnten. Als Referenzfall galt das so genannte „Štěchovice-Archiv“, das im
Februar 1946 durch eine Fahndungsgruppe der amerikanischen Armee in Štěchovice
bei Prag entdeckt und den tschechoslowakischen Sicherheitseinheiten angeblich nicht
komplett übergeben worden sei. Aus diesem Grund wurde am 1. November 1948 eine

Sonderuntersuchungsgruppe des Ministeriums des Innern (MdI) mit Sitz in Hradec Králové gebildet, die ein Netz der tschechoslowakischen Polizei und Gestapo aus der Zeit vor dem Münchner Abkommen aufdecken sollte. Von dieser Kommission wurden zahlreiche ehemalige Nazis verhört, die sich kurz darauf als Spitzel für die tschechoslowakische Staatssicherheit anwerben ließen.

2. Nazis und Kollaborateure als Agenten der StB-Abwehr nach 1948

Die allgemeine Atmosphäre der „Spionomanie", charakteristisch für die tschechoslowakische Gesellschaft am Anfang der fünfziger Jahre, hatte aus der Sicht der Staatssicherheit einen doppelten Effekt.

Wahrscheinlich zu der Zeit, als Rudolf Barák 1953 das Amt des Innenministers antrat, bekamen die bisher unkoordinierten und oft ineffizienten Bemühungen um die Identifizierung der ehemaligen Mitarbeiter der NS-Sicherheitseinheiten eine ganz neue Dimension. Neben den gründlichen Verhören der Retributionshäftlinge – vor allem der Angehörigen von Gestapo, Abwehr und des Sicherheitsdienstes (SD) – wurde dem Archivmaterial dieser Einheiten eine große Aufmerksamkeit gewidmet, das dem MdI bereits seit dem Jahr 1945 vorlag. Dort blieb es jedoch bis zu diesem Zeitpunkt unbearbeitet.

Jetzt entstand die 1. Sonderabteilung des Innenministeriums, die unter dem Namen „Studienanstalt des Ministeriums des Innern" bekannt werden sollte und von der verschiedene Archivbestände zusammengetragen wurden. Die Unterlagen belegten Vorkommnisse der 1. und 2. Republik, aber vor allem des Zweiten Weltkriegs sowie der Nachkriegszeit bis zum Februar 1948. Vom persönlichen Nachlass – etwa das private Archiv von Eduard Beneš – über die Unterlagen verschiedener Vereine – beispielsweise Archive der aufgelösten Freimaurerlogen – bis zu den Schriftstücken der Sicherheitsämter und -institutionen wurden Informationen gesammelt. Die Ergebnisse waren schockierend.

✳✳✳

Gemäß einer streng vertraulichen und übrigens bis heute noch immer nicht veröffentlichten statistischen Übersicht vom 1. Oktober 1955 wurden allein in den tschechischen Ländern (ohne die Slowakei) 357 Abwehr-Mitarbeiter, 3.005 SD-Angehörige und 5.372 Gestapo-Mitarbeiter sowie 2.728 weitere Personen gezählt, die der Zusammenarbeit mit diesen Institutionen verdächtigt waren. Dabei handelte es sich insgesamt um mehr als 11.000 Personen. Obwohl in dieser Übersicht lediglich von „Mitarbeitern" die Rede ist, mit denen auch die gelegentlichen und inoffiziellen Kollaborateure gemeint sein können, geht aus anderen Dokumenten hervor, dass es sich bei diesen Personen zum Teil auch um Angehörige des festen Mitarbeiterstamms der nationalsozialistischen Geheimdienste handelte. Aus dieser auf den ersten Blick unglaublichen Anzahl Betroffener gelang jedoch nur ungefähr die Hälfte, nämlich genau 5.855 Personen, namentlich zu identifizieren.

Von ihnen waren mittlerweile 224 verstorben oder nach dem Krieg hingerichtet worden. Insgesamt waren 437 Personen im Zuge der Retribution verurteilt worden, von denen bis zum 1. Oktober 1955 noch 212 inhaftiert waren. Die Restlichen hatten ihre Strafe verbüßt oder waren – was häufiger zutraf – zwischenzeitlich amnestiert oder begnadigt worden. Weitere 101 Personen hielten sich im Ausland auf. Auf sie richtete sich jetzt die besondere Aufmerksamkeit, denn diese sollten zu einem Reservoir der tschechoslowakischen Auslandsspionage aufgebaut werden.

Von rund 3.000 namentlich bekannten Konfidenten konnte der Aufenthaltsort allerdings nicht ermittelt werden. So blieben der StB-Spionageabwehr immer noch fast 1.100 Spitzel und Mitarbeiter der ehemals deutschen Dienststellen, tatsächliche Nationalsozialisten, denen es bis dahin gelungen war, ihre Vergangenheit zu verheimlichen und damit einer Bestrafung zu entgehen. Dass diese Gruppe leicht erpressbar war, liegt auf der Hand.

Interessant ist auch die Untersuchung der Sozialstruktur der ermittelten Personen. Am zahlreichsten waren Arbeiter vertreten (609), dann folgten mit großem Abstand Beamte (334), Rentner (182), Angehörige der akademischen Intelligenz (78), Hausfrauen (50), Künstler, Schauspieler, Schriftsteller und Journalisten (24), Leiter von Unternehmen und Ämtern (23), Angehörige der Streitkräfte (18), Lehrer und Professoren (16), Handwerker (16), private und genossenschaftliche Landwirte (15 und 13) sowie schließlich sogar Geistliche (9). Von 111 NS-Kollaborateuren konnte kein Beruf ermittelt werden.

Die Aktion „Rekonstruktion" hatte jedoch letztlich eine noch größere Tragweite: Im Zuge der Auswertung der Archivmaterialien wurden nicht nur Personen registriert, die Angehörige oder Konfidenten der Abwehr, der Gestapo oder des SD waren, sondern auch jene, die aus der Okkupationszeit noch einen „schwarzen Fleck" auf ihrer Weste hatten, etwa weil sie der bedeutendsten Kollaborateurorganisation der tschechischen Nazis „Vlajka" (Die Flagge) angehörten, sich zur deutschen Nationalität bekannten, Medaillenauszeichnungen für die „Sudetenbefreiung" angenommen hatten oder gar Mitglieder der NSDAP waren bzw. Dienst in der Wehrmacht oder SS geleistet hatten. So wurden zum Beispiel im Gebiet der StB-Bezirksverwaltung in Košice in der Slowakei fast 50 ehemalige SS-Mitglieder ermittelt, von deren Vergangenheit man bis dahin nichts gewusst hatte. Allzu leicht war es im Nachkriegschaos gewesen, die eigene Vergangenheit zu verheimlichen. Die Zahl der Bürger, die das betraf, ging in die Tausende.

Die Aktion „Rekonstruktion" hatte, dies sei noch einmal ins Gedächtnis gerufen, nicht das Ziel, die bislang unentdeckten Verräter, Kollaborateure und Nazis für ihre Verbrechen zu bestrafen. Die „Studienanstalt" des MdI sandte ihre Erkenntnisse vielmehr an die StB-Bezirksverwaltungen weiter, in deren Bezirk die ermittelten Personen ihren Wohnsitz hatten. Diesen gelang es dann sehr leicht, mit Hilfe dieser kompromittierenden Materialien neue Agenten und Informanten anzuwerben.

Allein in einem Referat der StB-Bezirksverwaltung Pilsen wurden beispielsweise im Dezember 1954 zehn neue Informelle Mitarbeiter (IM) verpflichtet. Mindestens vier von ihnen sind mit Hilfe der Erkenntnisse aus der Aktion „Rekonstruktion" gewonnen worden. Bei weiteren fünf Personen, die der Staatssicherheit in Pilsen im Dezember 1954 bekannt wurden, sind nachweislich Vorschläge zu deren Anwerbung formuliert worden. Hierzu einige Beispiele: Der angeworbene Spitzel „STEIN" war ein ehemaliger Angehöriger des Sudetendeutschen Freikorps, Agent „OLDA" vormaliger Unteroffizier der Luftwaffe und der Informant „JOHANN" ein Funktionär der NS-Organisation „Vlajka" (Die Flagge).

Unter dem Decknamen „JAN" war der StB-Agent Jaroslav Šebesta aus Pilsen tätig. Er wurde 1901 geboren. Nach seinem Schulabschluss arbeitete er kurzzeitig als Beamter. Von 1923 bis zur Okkupation war er Angehöriger der tschechoslowakischen Finanzwache in der Slowakei und in der Karpato-Ukraine. Sogleich im August 1939 bekannte er sich zur deutschen Nationalität, gewann die Reichsbürgerschaft, wurde Mitglied der NSDAP und änderte seinen Namen in Schebesta. Im Jahr 1942 trat er seinen Militärdienst an und wurde als Dolmetscher der Abwehr in Prag zugeordnet. Später meldete er sich freiwillig zur Wehrmacht und gelangte an die Ostfront. Im Kampf gegen die Sowjetarmee wurde er verletzt und ausgezeichnet. Im März 1945 wurde er in Schlesien gefangen genommen. In der Gefangenschaft besann er sich der tschechischen Nationalität. Schebesta wurde freigelassen und in die Tschechoslowakei repatriiert. Seine Kriegsvergangenheit wurde erst im Zuge der Aktion „Rekonstruktion" enthüllt; diese Entdeckung diente aber lediglich dazu, ihn als StB-Agenten anwerben zu können.

Diese massive Anwerbung von moralisch diskreditierten Personen erwies sich jedoch von Anfang an auch als problematisch. Einige Agenten blieben buchstäblich nur ein paar Monate in StB-Diensten – meistens, weil ihre Berichte trotz aller Anstrengungen, die sie entwickelten, für die Spionageabwehr keine Bedeutung hatten. Andere blieben immerhin bis in die siebziger und achtziger Jahre aktive StB-Spitzel.

✳✳✳

Mit der „Rekonstruktion" hing auch die Aktion „Karel" eng zusammen. Ihre Aufgabe war die Auslieferung von Jaroslav Nachtmann, einem ehemaligen Angehörigen des Antifallschirmjägerreferats der Prager Gestapo, der seit 1945 in der Sowjetunion war.

*SS-Oberscharführer Jaroslav Nachtmann, Angehöriger
der Prager Gestapo, mitverantwortlich für den Tod von
mehr als 200 tschechoslowakischen Bürgern. Später
NKVD-Agent und Schützling der StB.*

Nachtmann wurde im Jahre 1915 in einer tschechischen Familie in Kladno-Kročehlavy
geboren. 1935 schloss er seine Lehre als Zahntechniker ab, im gleichen Jahr trat er
den Grundwehrdienst in der tschechoslowakischen Armee an. Im Anschluss daran
wurde er von der tschechoslowakischen Polizei übernommen. 1939 bekannte er sich
zur deutschen Nationalität und gehörte bald der Gestapo, SS und NSDAP an. Bei der
Gestapo entdeckte er seine Begabung für die Bildung von konspirativen Agentennetzen sowie für die Anwerbung von Lockspitzeln. Er stieg zum Leiter eines umfangreichen Konfidentennetzwerkes auf und hatte wesentlichen Anteil am Kampf gegen
Fallschirmaktionen tschechoslowakischer Emigranten und Widerstandskämpfer, die
von Großbritannien aus operierten. Spätere gerichtliche Ermittlungen wiesen seine
Mitwirkung am Tod von über 200 tschechoslowakischen Bürgern nach.

Nach dem Krieg wurde er in Prag verhaftet und dem sowjetischen NKWD übergeben, das ihn in die Sowjetunion deportierte. Dort ist er für die Teilnahme an der
Liquidierung einiger von der Sowjetunion aus operierender Fallschirmgruppen zu
15 Jahren Zwangsarbeit in Sibirien verurteilt worden. In den Arbeitslagern genoss er
eine Reihe von Vergünstigungen, denn mindestens seit 1952 bespitzelte er als NKWD-
bzw. KGB-Agent unter dem Decknamen „EVA" seine Mithäftlinge. 1955 wurde er vorzeitig entlassen. Er lehnte die Rückführung in seine Heimat ab und entschied sich, in
der Sowjetunion zu bleiben.

Nachtmann heiratete und arbeitete als Zahntechniker in der KGB-Poliklinik in
Taischet im Irkutsker Gebiet. 1963 wurde er auf Verlangen der StB in der UdSSR verhaftet und an die Tschechoslowakei ausgeliefert. Dort wurde er direkt vom Flughafen
ins Gefängnis transportiert. Seine Hauptaufgabe bestand jetzt darin, „Erinnerungen"
zu Papier zu bringen. 1964 wurde er vom Bezirksgericht in Prag zu 14 Jahren Freiheitsentzug verurteilt. Seine in der UdSSR in Haft verbrachte Zeit ist ihm dabei angerechnet
worden, und so gelangte er schon bald in Freiheit.

Der Staatssicherheit erwies er selbst nach seiner Freilassung außerordentliche
Dienste. Auch wenn er höchstwahrscheinlich kein registrierter Mitarbeiter war, hielt

die Abwehr ihre schützende Hand über ihn. Unter anderem besorgte sie ihm Arbeit – er war jetzt als Zahnarzt in einer Praxis in der Stadt Votice tätig, die zum Kreisgesundheitsamt in Benešov bei Prag gehörte. Im Jahr 1968 wurde nicht nur seine Identität in der Presse enthüllt, sondern auch der Umstand, dass er sich unberechtigt – und mit dem Wissen der StB – als Absolvent der Medizinischen Fakultät der Deutschen Universität in Prag ausgegeben hatte. Dafür wurde er 1969 zu einer Bewährungsstrafe verurteilt. Der Historiker Jiří Šolc bemerkt dazu: „Nach der Pfändung seines Gehalts blieben ihm monatlich 600 Kronen, das heißt, er hatte große finanzielle Schwierigkeiten. Er machte sich nun verschiedener Betrugsdelikte schuldig und verursachte so der StB unvorstellbare Schwierigkeiten. Er entzog sich ihrer Kontrolle und weil er als IM weder interessant noch zukunftsträchtig war, überlegte die StB, wie sie ihn loswerden könnte." Letztendlich bekam er 1974 die Genehmigung zur Übersiedlung in die Bundesrepublik Deutschland.

∗

Ähnlich gelagert wie der Fall Jaroslav Nachtmann war jener von Bohumil Siebert, der zu den gefährlichsten Prager Gestapo-Spitzeln zu rechnen ist. Noch während seiner Haftzeit 1955 ist Siebert als Staatssicherheitsagent angeworben worden. Ursprünglich war er zu einer lebenslänglichen Haftstrafe verurteilt worden. Da er nicht nur seine Mithäftlinge denunzierte, sondern darüber hinaus Kenntnisse über die Agentennetze der Prager Gestapo hatte, wurde er 1958 vorzeitig aus der Haft entlassen. Die Staatssicherheit besorgte ihm zudem eine Arbeitsstelle.

Aus Dankbarkeit begann er, als Agent „DANILO" an die Staatssicherheit Nachrichten zu liefern. Siebert hatte zwar wie viele seinesgleichen eine reiche Phantasie und litt an dem Wahn, unentwegt jemanden anzeigen zu müssen. Doch waren nicht alle Hinweise von ihm belanglos, denn nach Angaben des ehemaligen StB-Offiziers Frolík – der 1969 in die USA emigrierte – war es Siebert, der die StB auf Materialien in einem bislang völlig außer Acht gelassenen Archiv der tschechoslowakischen Nationalbank aufmerksam machte. Dort befanden sich die Gehaltslisten bezahlter Gestapo-Spitzel. Das Material enthielt angeblich unter anderem auch Dokumente über viele bedeutende kommunistische Funktionäre einschließlich des Präsidenten Antonín Novotný. Tatsache ist, dass Bohumil Siebert kurz nach dem Sturz von Innenminister Rudolf Barák – 1961 wurde jener abberufen, im Januar 1962 aller seiner Funktionen enthoben und schließlich verhaftet – wegen einer Lappalie 1963 wieder ins Gefängnis kam.

1962 startete die StB im Archiv der Nationalbank in Prag die Aktion „VALUTA". Hier spielte eine Rolle, dass man bisher den Agentennetzen der Gestapo die größte Aufmerksamkeit gewidmet hatte. Die Abwehr und der Sicherheitsdienst waren zunächst noch außer Acht geblieben. Das galt vor allem für ihre Agenten aus den Reihen

Gestapo-Angestellte Marie Felklová aus Kladno, mit ihrem Mann Oskar (hingerichtet im Jahr 1947 wegen Kriegsverbrechen). Später Vertrauensfrau der Grenzwache in Měděnec (Kupferhübel, Erzgebirge).

der tschechoslowakischen Bürger, die für den StB im Ausland arbeiteten. Auf Grund dessen wurden in jenem Archiv die Eintragungen über Zahlungen aus den Jahren 1939–1945 ausgewertet. Ziel der Aktion war es nach einem Bericht vom August 1962, der dem StB-Leiter und dem 1. Stellvertreter des Innenministers vorgelegt wurde, „auszuschließen oder zu bestätigen, ob diese Personen für fremde Nachrichtendienste arbeiten, Bedingungen für (deren) nachrichtendienstliche Verhöre vorzubereiten (und vor allem) aus diesem Personenkreis geeignete Agenten für die Unterwanderung deutscher Nachrichtendienste anzuwerben".

Die ehemaligen Nazis waren nicht nur Agenten des Aufklärungsdienstes, der Abwehr oder der so genannten „Gefängnisagentur" der StB. Sie wurden auch von anderen Bereichen des repressiven Apparats eingesetzt.

Zum Beispiel war die ehemalige Angehörige der Kladnoer Gestapo Marie Jakovicová, geborene Mařincová, verheiratete Felklová – deren erster Mann, der Gestapo-Angehörige Oskar Felkl, an der Ausrottung von Lidice teilgenommen hatte und als Kriegsverbrecher im Jahre 1947 in der Tschechoslowakei hingerichtet worden war – in der Mitte der fünfziger Jahre Vertrauensperson beim Grenzschutz im erzgebirgischen Měděnec (Kupferhügel).

Die sich überschneidenden Kompetenzen einiger Bereiche der StB führte dazu, dass die Tätigkeit der Spionage-Abwehr in einem bestimmten Zeitabschnitt über die Staatsgrenze hinaus reichte. Diese „Abwehraktionen" waren keine Kavaliersdelikte. Einige verdienen durchaus das Prädikat Akte des internationalen staatlichen Terrorismus.

1956 sollte beispielsweise die Moderatorin der tschechoslowakischen Redaktion des Hörfunksenders Radio Freies Europa, Marie Tumlířová, entführt werden (Aktion „T"). Mit der Durchführung sind die StB-Agenten „WALDMAN" und „GRANADA" beauftragt worden. Ersterer war ein ehemaliger Angehöriger der SS-Panzerdivision Wiking. Nach dem Krieg war es ihm gelungen, seine Identität zu verbergen. Unentdeckt lebte er im nordböhmischen Grenzgebiet. Im Jahr 1953 wurde er wegen eines kriminellen Delikts verurteilt, vor dem Haftantritt gelang es ihm jedoch, über die DDR nach Westberlin zu flüchten. Ein Jahr später kehrte er, bereits als StB-Agent, freiwillig in die Tschechoslowakei zurück. Obwohl inzwischen seine Kriegsvergangenheit ans Tageslicht gekommen war, wurde er auf Intervention der StB nicht vor Gericht gestellt.

Der zweite Agent war Miroslav Žarko (bzw. Ciarko), geboren 1921 im schlesischen Heřmanice (Herschmanitz). Seine Nationalität sowie die seiner Familie wechselten je nach der politischen Lage in der Region. Während des Krieges erklärte er sich als Deutscher und diente bei den Bodeneinheiten der Luftwaffe an der Westfront. Nach dem Krieg lebte er in Großbritannien, von wo er 1954 vor einer Bestrafung wegen unerlaubter Ausübung des Arztberufes fliehen musste. Er kehrte in die Tschechoslowakei zurück und trat hier in den Dienst der StB ein.

Die Entführung der unliebsamen Radiomoderatorin plante die Staatssicherheit allerdings sehr dilettantisch, so dass diese Aktion erfolglos blieb. Beide Agenten wurden von der westdeutschen Polizei verhaftet und zu mehrjährigen Strafen verurteilt; später in die Tschechoslowakei ausgewiesen. Beide wurden hier wieder von der StB versorgt.

3. Die Zusammenarbeit des kommunistischen Spionagedienstes mit vormaligen Nazis in den 50er und 60er Jahren am Beispiel von Max Heinrich Rostock

Im Jahr 1955 wurde im Zusammenhang mit einer leichten Lockerung der Ost-West-Beziehungen in der Sowjetunion eine große Amnestie für deutsche Gefangene in Gefängnissen und Arbeitslagern erlassen. Daraufhin wurden ähnliche Maßnahmen auch in den meisten kommunistischen Satellitenstaaten getroffen.

In der Tschechoslowakei bedeutete diese Aktion das definitive Ende der Kriegsverbrecher-Verfolgung. Durch die Mai-Amnestie 1955 des Präsidenten Zápotocký wurden für die meisten Inhaftierten die Strafen wesentlich herabgesetzt. Im Herbst 1955 sind viele von ihnen unerwartet zügig entlassen und in die Bundesrepublik Deutschland abgeschoben worden.

Der kommunistische Nachrichtendienst beschloss, die Situation auszunutzen und ungeachtet der Schwere der Kriegsverbrechen unter den Anwärtern für eine spätere Aussiedlung Personen zu suchen, die geeignet für eine Zusammenarbeit mit der Staatssicherheit schienen.

***

Scheinbar verfolgte die StB damit zwei wesentliche Ziele: Einerseits waren so genannte „Agentenspiele" mit der Organisation Gehlen geplant. Dabei ging es darum, solche Mitarbeiter anzuwerben, von denen von vornherein angenommen wurde, dass sie nicht

mit dem kommunistischen Regime zusammenarbeiten und sofort nach der Grenzüberschreitung alles in der nächsten BND-Dienststelle melden würden. Das sollte die
westlichen Geheimdienste so stark beschäftigen, dass ihre Aufmerksamkeit von jenen
Agenten abgelenkt würde, die tatsächlich für den tschechoslowakischen Nachrichtendienst arbeiteten. Die Anwerbungsmethode hierzu war recht einfach, sie ging fast immer auf.

Derzeit sind die Namen von ungefähr 20 NS-Kriegsverbrechern bekannt, die als
geheime Mitarbeiter des kommunistischen Nachrichtendienstes angeworben und 1955
sowie in den darauf folgenden Jahren ins Ausland gesandt wurden. Anhand der vorgenommenen Ermittlungen, bei denen immer noch neue Namen ans Tageslicht kommen, kann angenommen werden, dass ihre tatsächliche Zahl viel höher ist. Das haben
auch mehrere ehemalige Angehörige des StB-Nachrichtendienstes bestätigt. So wurde
beispielsweise erst vor kurzem in den Archivmaterialien des Innenministeriums der
ehemalige Angehörige der Gestapo Karl Cuno als StB-Agent enttarnt.

Als Nazi, der für die kommunistische Tschechoslowakei arbeitete, wurde Ende
2000/Anfang 2001 der Sudetendeutsche Werner Tutter enthüllt und sein Name auch
in den Medien veröffentlicht. Tutter war zum Ende des Krieges als stellvertretender
Kommandant der slowakisch-deutschen SS-Sondereinheit „JOSEF" tätig und trug
die Verantwortung für die Auslöschung der mährischen Gemeinde Ploština.

Im Herbst 2001 wurde eine Namensliste 15 weiterer Nazis entdeckt, die für die StB
arbeiteten. Auf ihr standen unter anderem die Namen des letzten deutschen Kommandanten von Prag (vor dem Krieg deutscher Militärattaché in Prag) General Rudolf
Toussaint, weiterhin einer der engsten Mitarbeiter von Konrad Henlein, der Abgeord-
nete der Sudetendeutschen Partei und Kommandant einer Freikorps-Einheit, Dr. Fritz
Köllner, der Leiter der Gestapo-Dienststelle in Kolín Eduard Ernst Kruger, Dr. Heinrich Rochlitzer, während des Krieges Regierungskommissar in Louny sowie der Ober-
landrat in Kladno, Felix Diesel, Sonderbevollmächtigter von Minister Speer für die
Rüstungsproduktion in dem so genannten „Protektorat", Adolf Bernard, Generaldirek-
tor des Verbands für die chemische und metallurgische Produktion in Prag sowie der
Leiter des Zentralverbands der Industrie im „Protektorat", zudem drei Gestapo-Angehörige, ein Sicherheitsdienst- und ein SS-Offizier, zwei deutsche Agenten der nationalsozialistischen Sicherheitseinheiten und ein nationalsozialistischer Journalist.

Einen Platz auf dieser Liste nahm ein weiterer Sudetendeutscher ein, der Jurist
Dr. Wernfried Pfaff, Absolvent der Deutschen Juristischen Fakultät in Prag und faktisch einer der Gründer des Prager Sicherheitsdienstes, der nach dem Krieg in der
Tschechoslowakei zu 20 Jahren Freiheitsentzug verurteilt wurde. Schon im Gefängnis
kam er den Forderungen der StB-Ermittler nach und half ihnen, Organisation, Struktur sowie das Spitzelnetz des nationalsozialistischen Sicherheitsdienstes in Böhmen
aufzudecken. Für sein Entgegenkommen wurde er bereits 1955 aus der Haft entlassen

und konnte in die Bundesrepublik Deutschland übersiedeln. Kurz danach meldete er sich aus Westdeutschland unter seinem Decknamen „POP". Er gehörte zu jenen Mitarbeitern, die die StB fest im Griff hatte. Im Unterschied zu vielen anderen war er ein zuverlässiger Agent mit großem Durchhaltevermögen. Seine Tätigkeiten in der Bundesrepublik können leider noch nicht vollständig erschlossen werden, da wichtige Unterlagen hierzu noch gesperrt sind.

***

Im Juni 2001 sind Begnadigungsschreiben gefunden worden, die Präsident Antonín Zápotocký im Oktober 1953 vier zum Tode verurteilten NS-Kriegsverbrechern ausgestellt hatte. Wie festgestellt werden muss, war darunter auch der ehemalige SD-Dienststellenleiter in Kladno, SS-Obersturmführer Max Rostock, der zu den Kommandoführern bei der Ausrottung des Dorfes Lidice gehörte. 1959 wurde er als Agent der kommunistischen Spionage gewonnen und im darauf folgenden Jahr bereits in der Bundesrepublik Deutschland eingesetzt.

Max Heinrich Rostock wurde am 29. September 1912 in Ludwigshafen am Rhein geboren. 1930 beendete er eine Lehre als Ladengehilfe. Weil er während der sich zuspitzenden Wirtschaftskrise in diesem Beruf keine Perspektive hatte, nahm er eine weitere Lehre im väterlichen Malerbetrieb auf, die er 1933 beendete. Noch davor wurde er Mitglied der SA sowie der NSDAP. 1934 wurde Rostock Zivilangestellter des Sicherheitsdienstes (SD), des Nachrichtendienstes der NSDAP, der von Reinhard Heydrich geführt wurde. Rostock war Angehöriger der SD-Dienststelle in Ludwigshafen, die zu der Zeit eine der wichtigsten im Deutschen Reich war.

Im Januar 1935 sollte im benachbarten Saarland, das sich seit 1920 infolge des Versailler Friedensvertrages unter internationaler Kontrolle befand, eine Volksabstimmung stattfinden. Dabei sollte entschieden werden, ob der Status quo bestehen bleibt, Saarland an Frankreich angeschlossen wird oder zu Deutschland zurückkehrt. Die Volksabstimmung wurde als Belastungsprobe des NS-Regimes verstanden. Zu ihrer erfolgreichen Durchführung sollte eine offensive Nachrichten-, Spionage- und Desinformationskampagne beitragen, die von der SD-Dienststelle in Ludwigshafen durchgeführt wurde. Rostock hatte sich in dieser Kampagne hervorragend bewährt. 1935 wurde er im Rang eines Unterscharführers in die SS aufgenommen. Im nächsten Jahr trat er als überzeugter Nazi aus der evangelischen Kirche aus. Bis 1939 wechselte er zu weiteren SD-Dienststellen im Westen Deutschlands und stieg kontinuierlich auf der SS-Karriereleiter nach oben. Seinen eigenen späteren Aussagen zufolge befand er sich die ganze Zeit im operativen Einsatz gegen Frankreich und gegen die neutrale Schweiz.

Wenige Tage vor Kriegsbeginn, am 26. August 1939, wurde der SS-Hauptscharführer Rostock in die neu errichtete SS-Gruppendienststelle nach Prag versetzt. Hier

SS-Obersturmführer Max Rostock, Leiter der SD-Dienststelle in Kladno, mitverantwortlich für die Vernichtung von Lidice. Später Agent des kommunistischen Nachrichtendienstes, Deckname „FRITZ".

wurde er mit der Observation der Tätigkeiten von Ausländern aus den Balkanländern, vor allem aus Jugoslawien und Bulgarien, beauftragt. Seine Vorgesetzten waren mit ihm abermals sehr zufrieden, so dass er im April 1940 zum Offizier (SS-Untersturmführer) ernannt und einen Monat später mit dem Aufbau der SD-Dienststelle in Kladno betraut wurde.

Die SD-Dienststelle in Kladno war außer für die dort wichtige Industrieregion im Wesentlichen für den gesamten Nordwesten des „Protektorats" zuständig. Die Hauptaufgabe der Dienststelle war die Bildung eines Spitzelnetzes, das die leitenden Mitarbeiter im betreffenden Gebiet von allen wichtigen Ereignissen informieren sollte. Die Dienststellenreferate sammelten Informationen über die Kirchen, den Adel, die Juden, die Organe der tschechischen autonomen Verwaltung, die Angehörigen der deutschen Minderheit, die nationale Gemeinschaft, über Organisationen wie „Vlajka" (Die Flagge), die Landwirtschaft und Industrie, Theater, Presse, Schulen. Gewonnene Erkenntnisse, die der Sicherheitsdienst als „gefährlich für das Reich" einstufte, wurden an die Gestapo weitergeleitet, die im Grunde die vollziehende Gewalt des nationalsozialistischen repressiven Apparats war.

Rostock schuf und leitete bis 1942 ein Netz von mehr als 100 Spitzeln, das nach dem Krieg übrigens nie komplett aufgedeckt wurde. Er wurde erneut befördert und im Januar 1942 von Heydrich ausgezeichnet. Damals wohnte Rostock in Unhošť-Nouzov in einer Villa von jüdischen Emigranten, fuhr ein Auto, das von einer jüdischen Firma konfisziert worden war und nahm in Brünn gemeinsam mit seinem Schwiegervater und seinem jüngeren Bruder Hans die Zwangsenteignung der Fabrik „Schick und Stern" mit 90 Beschäftigten vor. In dieser „Protektoratsidylle" erschien am 27. Mai 1942 das Attentat auf den Stellvertretenden Reichsprotektor Reinhard Heydrich wie ein Blitz aus heiterem Himmel. Eine von vielen verfolgten, aber nicht bewiesenen Spuren der Attentäter führte in das Bergarbeiterdorf Lidice, nur wenige Kilometer von Kladno entfernt.

Die Entscheidung, dass gerade dieses Dorf als Exempel der nationalsozialistischen Willkür dienen sollte, traf angeblich Hitler selbst. Am 9. Juni 1942 wurde ein Operationsstab gebildet, der den Befehl des „Führers" ausführen sollte. Hierzu trafen sich: der Kommandant der Prager Gestapo Dr. Geschke, der Leiter der IV. Gestapo-Abteilung Wilhelm Leimer, der Kommandant der Gestapo in Kladno Harald Wiesmann, sein

Stellvertreter Thomas Thomsen, der Kommandant der SD-Gruppendienststelle in Prag Walter Jakobi, der Kommandant der SD-Dienststelle in Kladno Max Rostock, der Kommandant der Schutzpolizei in Kladno August Marwedel, der Kommandant des 20. Polizeiregiments Paul von Bähren und andere.

Die Angehörigen der SD-Dienststelle von Kladno plünderten unter Rostocks Führung die St. Martins-Kirche sowie das Pfarrhaus von Lidice. Rostock selbst führte den 73-jährigen römisch-katholischen Pfarrer P. Josef Štemberka zur Hinrichtung. Auf dem Weg misshandelte er ihn noch mit Fußtritten. In den folgenden Tagen war er in der Turnhalle des Gymnasiums in Kladno aktiv an der Maßnahme beteiligt, den Müttern aus Lidice ihre Kinder zu entreißen. Bei der Ausrottung von Lidice kamen insgesamt 340 tschechoslowakische Bürger ums Leben.

Kurz nach dem Lidice-Massaker im Sommer 1942 wurde im so genannten Protektorat die Zahl der SD-Dienststellen reduziert. Die Dienststelle von Kladno wurde zur Zweigstelle der Pilsner Dienststelle umstrukturiert und Rostock als stellvertretender Dienststellenkommandant nach České Budějovice versetzt. Dort blieb er bis Ende 1943. Die Versetzung in eine niedrigere Funktion betrachtete er als Degradierung. Anfang 1944 wurde er in der gleichen Funktion nach Hradec Králové versetzt. Nach einigen Wochen löste er einen Skandal aus, als er den Portier eines Hotels brutal zusammenschlug. Sein Vorgesetzter Dr. Wernfried Pfaff ließ ihn bei der ersten Gelegenheit wieder versetzen. Im März 1944 kam Rostock nach Ungarn, das gerade von der deutschen Armee besetzt wurde. Dort war er in Cluj und in Budapest tätig. Im November 1944 wurde ihm für die aktive Teilnahme an der Niederschlagung des ungarischen Aufstandes und die Errichtung der Schreckensherrschaft der Pfeilkreuzler ein außerordentliches Lob zuteil.

Im Dezember 1944 wurde er im letzten Augenblick aus dem belagerten Budapest nach Berlin berufen, um dann (wahrscheinlich als Instrukteur) bei einer Wehrwolf-Einheit zu wirken. Kurz danach wurde er in die SD-Dienststelle in Konstanz versetzt, wo er für die Ausbildung der französischen Kollaborateure sorgen sollte, die als Diversanten im Hinterland der Alliierten eingesetzt werden würden. Für die Ausbildung blieb allerdings keine Zeit mehr – Rostock besorgte den ihm Anvertrauten nur noch gefälschte Dokumente, um einer Strafe wegen Verrats zu entgehen. Er zog seine SS-Uniform erst einige Stunden vor der Ankunft der Amerikaner in einem kleinen Dorf bei Innsbruck am 8. Mai 1945 aus und kehrte mit gefälschten Papieren in seine Heimat Deutschland zurück.

In den Jahren 1945 bis 1948 versteckte sich Rostock abwechselnd in allen Besatzungszonen der Westmächte. Im Jahre 1946 wurde er zum ersten Mal von den Amerikanern verhaftet und sollte an die Tschechoslowakei ausgeliefert werden. Unterwegs gelang ihm jedoch die Flucht. Endgültig wurde er dann im Juni 1948 im heimatlichen Ludwigshafen in der französischen Besatzungszone verhaftet. Bis zu seinem Fluchtversuch aus dem Gefängnis war es ihm gelungen, seine wahre Identität zu verheimlichen. Anfang 1949 ist Rostock zweifelsfrei überführt worden. Auf diplomatischem Wege erhielten die tschechoslowakischen Behörden hiervon Kenntnis, die seine sofortige Auslieferung beantragten.

Aufgrund bürokratischer Verzögerungen auf tschechoslowakischer Seite traf er allerdings erst am 22. April 1950 auf dem Luftweg unter höchsten Sicherheitsvorkehrungen in Prag ein. Nach seiner Ankunft entbrannte ein Streit darum, wer die Ermittlungen gegen ihn führen sollte. Einzelne StB-Abteilungen reichten ihn untereinander immer wieder weiter, weil zu jener Zeit die Inszenierung von konstruierten Monsterprozessen gegen politische Gegner Priorität hatte.

Erst nach mehreren Mahnungen von Seiten der französischen Botschaft wurde Rostock im Frühling 1951 einer heterogenen Gruppe von Kriegsverbrechern zugeordnet, die in einem Prozess gemeinsam vor Gericht stehen sollten. Seine Mitangeklagten waren der ehemalige SS-Gruppenführer und Generalleutnant der Polizei Ernst Hitzegrad, in den Jahren 1943 bis 1945 Kommandant der deutschen Schutzpolizei in Böhmen und Mähren, ferner Generalmajor Friedrich Karl Gottschalk, im Jahr 1945 Kommandant der 540. Wehrmachtsdivision, Generalmajor Richard Schmidt, ebenso 1945 Kommandant der 254. Wehrmachtsdivision und SS-Sturmscharführer Kurt Max Walter Richter, von 1939 bis 1945 Angehöriger der Gestapo-Dienststelle in Jičín. Ihre Fälle hatten eines gemeinsam: Alle hatten sie Kriegsverbrechen an tschechoslowakischen Bürgern begangen. Die StB hatte allerdings kaum Erfahrung im Umgang und in der Überführung schwerer Kriegsverbrecher und unterwanderte im Grunde alle Ermittlungsgrundsätze. Dementsprechend fiel der Prozess im August 1951 vor dem Staatsgerichtshof in Prag aus. Er geriet in erster Linie zu einem großen propagandistischen Schauspiel, das der Welt zeigen sollte, dass in der volksdemokratischen Tschechoslowakei die Kriegsverbrecher im Unterschied zu den westlichen Ländern tatsächlich konsequent und rückhaltlos bestraft würden. Alle Angeklagten wurden zum Tode verurteilt. Die Urteile – mit Ausnahme des Generalmajors Gottschalk, dessen Todesurteil nachträglich in lebenslänglich umgeändert wurde – sind im März 1952 vom Obersten Gericht in Prag bestätigt worden.

Bereits im Laufe der Verhöre bemühte sich Rostock, den Ermittlungsorganen seine Zusammenarbeit anzubieten. Nach der Urteilsverkündung wurden seine Bemühungen noch intensiver, blieben jedoch fruchtlos. Doch die Vollstreckung des Urteils wurde fast anderthalb Jahre nach seiner Verkündung immer noch nicht befohlen. Dies war zumindest ungewöhnlich. Als im August 1953 die Hinrichtung schließlich angeordnet wurde, ist der Befehl nach einigen Tagen aus nicht näher erklärten Gründen wieder zurückgenommen worden.

Im September 1953 beschloss das Politbüro des ZK der KPTsch ohne nähere Erklärung, für die Verurteilten eine Begnadigung vorzusehen. Der Vorschlag wurde am

2. Oktober 1953 vom damaligen Justizminister JUDr. Václav Škoda ausgearbeitet. Auf Grund dieses Papiers wurden alle vier Nazis vom damaligen Staatspräsidenten Antonín Zápotocký im Geheimen begnadigt. Erwähnenswert ist, dass während der neunmonatigen Regierungszeit Zápotockýs im Jahre 1953 insgesamt 41 Verurteilte, meist politische Häftlinge, hingerichtet wurden. Zápotocký sprach damals acht Begnadigungen aus, vier davon für die ehemaligen Nazis, eine für den ehemaligen sowjetischen Partisanen Timofej Simulenko und nur drei für tschechoslowakische Bürger. In den folgenden sechs Jahren durchlief Rostock Strafvollzugs-Arbeitslager in Leopoldov, Valdice und Mírov. Durch die Amnestie vom Mai 1955 wurde seine Strafe von lebenslänglich auf 25 Jahre Freiheitsentzug herabgesetzt.

Erst 1959 interessierte sich der kommunistische Spionagedienst für Rostock. Leutnant Miroslav Majdoch stellte fest, dass jener der StB seine Zusammenarbeit schon im Jahr 1950 angeboten hatte. In seinem Bericht führt er an, „im Laufe der Strafvollstreckung […] wurde die Zusammenarbeit nicht angenommen, weil die Organe (StB) Rostock als einen Menschen betrachteten, der Lidice auf dem Gewissen hatte sowie sich durch ein serviles Verhalten auszeichnete".

Seit Oktober 1959 wurde Max Rostock im Gefängnis von den Organen der I. Verwaltung verhört. Dort störten weder seine Lidice-Vergangenheit noch sein „serviler Charakter". Agent „FRITZ", zu dem Rostock im Herbst 1959 mutierte, erfuhr hier zugleich die Vorbereitung auf seine künftige Mission in der Bundesrepublik. Er sollte zu seinen früheren Kameraden aus dem Zweiten Weltkrieg Kontakte knüpfen und gegebenenfalls direkt in der Gehlen-Organisation unterkommen. Voller Diensteifer wollte er seinen Führungsoffizier davon überzeugen, dass er durch seinen Aufenthalt im kommunistischen Gefängnis ein überzeugter Marxist geworden war – so schrieb Rostock pseudophilosophische Pamphlete, die eine obskure Mischung aus Christentum, Kommunismus und Nationalsozialismus waren.

Er plante sogar, ein Drehbuch für einen Spielfilm über sein Leben zu schreiben. Der Film, der in der Zusammenarbeit mit Hollywood, Mosfilm und den Filmstudios in München, Paris, Budapest und Ost-Berlin im Prager Barrandov-Studio gedreht werden sollte und dessen Hauptrolle er selbst spielen wollte, sollte unter anderem das Schicksal der Kinder aus Lidice schildern. Es schien, dass der Nazi, der an ihrem tragischen Ende selbst einen wesentlichen Anteil hatte, völlig den Verstand verloren hatte. Sein 55 Seiten umfassendes Machwerk unterschrieb er mit „Ein SS-Mann mit Herz" und widmete es seinem Führungsoffizier. Dasselbe tat er mit einem tschechisch-deutschen Gedicht mit dem Titel „SS-Mann ist nicht gleich SS-Mann!". Die Staatssicherheit nahm nicht einmal diese Unverschämtheiten zum Anlass, die Zusammenarbeit mit ihm abzubrechen. Im Gegenteil, sein Führungsoffizier konnte ihn gar nicht genug loben. Um Rostocks Warten auf die Ausreisepapiere im Gefängnis zu verkürzen, nahm er ihn jede Woche zu verschiedenen Gelegenheiten mit – ins Kino, zum Abendessen.

Es gab, gemeinsam mit anderen StB-Leuten, Trinkgelage in Prager Kneipen und Ausflüge in die Prager Umgebung.

Bei einem dieser Ausflüge brachte ihn Majdoch auch nach Lidice. In einem freundschaftlichen Gespräch zeigte der SS-Mann dem StB-Mann, wie die Aktion Lidice durchgeführt wurde. Das Gespräch fand im Prinzip vor den Augen von Lidice-Überlebenden statt, zu einer Zeit, als das Dorf zum Aushängeschild des von den Kommunisten verkündeten staatlichen Antifaschismus geworden war.

Am 4. Februar 1960 wurde Rostock formal aus der Haft entlassen und reiste in die Bundesrepublik Deutschland aus. In den folgenden Monaten führte er die Befehle der Prager Spionagezentrale genau nach dem festgelegten Plan aus. Doch bereits Ende April 1960 erfuhr man in Prag, dass sich Rostock in Deutschland selbst enttarnt hatte. Als er seinen ehemaligen Vorgesetzten Dr. Pfaff bei einem Besuch um Geld bat, teilte er ihm vertraulich mit – ohne zu wissen, dass auch Pfaff ein StB-Agent war –, dass er in der Tschechoslowakei für die Zusammenarbeit gewonnen worden war. Mit Prag versuchte Rostock dann, ein Doppelspiel zu spielen, das aber durch die Meldung von Pfaff sofort aufgedeckt wurde. In der I. Verwaltung spielte mehrmals der Vorschlag eine Rolle, Rostock wenigstens in einem Spiel mit der Gehlen-Organisation zu instrumentalisieren. Dies wurde jedoch nie realisiert. Es bleibt die Frage nach den Gründen, da doch die StB ausreichend kompromittierendes Material zur Verfügung hatte.

***

Nazis und Kollaborateure, die für den Geheimdienst Spitzeldienste leisteten, gehörten vor allem in den ersten zwei Jahrzehnten zum kommunistischen Alltag. Trotzdem war man bis vor kurzem der festen Überzeugung, dass bei den Kommunisten trotz all ihrer Verbrechen gegen die Menschlichkeit wenigstens der entschiedene Kampf gegen Faschismus und Nationalsozialismus ein Grundgedanke ihres Handelns war.

Man könnte einwenden, dass nach Kriegsende Nazis von allen Geheimdiensten der Welt instrumentalisiert worden sind. Daher mache dies angesichts des moralischen Dilemmas zwischen West und Ost keinen Unterschied. Doch das Gegenteil ist der Fall: In allen demokratischen Staaten stehen die Geheimdienste zumindest teilweise unter Kontrolle der Öffentlichkeit oder der unabhängigen Presse. Kein westlicher Staat konnte sich somit erlauben, Nazis als Spitzel der Geheimpolizei gegen die eigenen Bürger, als Lockspitzel oder als falsche Zeugen vor Gericht einzusetzen. Das alles geschah jedoch in der kommunistischen Tschechoslowakei, die andererseits auf internationalem Parkett keine Gelegenheit ausließ, die westlichen Staaten dafür anzuprangern, ehemalige Nazis zu schützen. Dies geschah zudem zu einer Zeit, in der Tausende von Widerstandskämpfern und Soldaten der tschechoslowakischen Auslandseinheiten in konstruierten Prozessen zu jahrelangen Haftstrafen verurteilt wurden und in der Tausende unschuldige Bürger ums Leben kamen. Als Symbol dieser Zeit könnte das Bild von SS-Obersturmführer Max Rostock und StB-Oberleutnant Miroslav Majdoch im freundschaftlichen Gespräch über den Ruinen des dem Erdboden gleichgemachten Dorfes Lidice dienen.

Übersetzt von Heiko Krebs

Jiří Bašta

Deutsche Kriegsverbrecher als Auslands-Spione für den tschechoslowakischen Geheimdienst

Im Zentrum dieser Studie steht der Umgang des tschechoslowakischen Repressions-apparates mit deutschen NS-Kriegsverbrechern, die nach 1945 im Lande verhaftet, in den 50er Jahren von der kommunistischen Auslandsspionage angeworben und an-schließend in die Bundesrepublik Deutschland „abgeschoben" wurden, um dort als Agenten tätig zu werden. Dabei handelt es sich um Dutzende Nazis oder Kollabora-teure, die wegen Verbrechen gegen das tschechoslowakische Volk während des Zweiten Weltkriegs zu hohen, in einigen Fällen sogar zu lebenslangen Haftstrafen verurteilt worden waren. Die Mitarbeiter, die der tschechoslowakische Auslandsgeheimdienst auf diese Weise rekrutierte, erwiesen sich zwar zumeist als unzuverlässig, doch gibt es daneben auch einige Fälle, in denen sie sich als Auslandsspione bewährt haben.

Zur Instrumentalisierung vormaliger Nationalsozialisten für die Auslandsspionage nach 1945

Auf beiden Seiten des „Eisernen Vorhangs" wurden nach 1945 Nazis und ihre Kolla-borateure für die Arbeit in Nachrichtendiensten angeworben. Die Rekrutierungsme-thoden der westlichen Sicherheitsorgane unterschieden sich dabei kaum von denen der Ostblock-Geheimdienste. Jeder der rivalisierenden Spionage-Dienste bediente sich für seine Zwecke besonders gern im besiegten Deutschland. Dabei interessierten sich die Nachrichtendienste nicht nur für Expertenwissen, das beispielsweise bei hochka-rätigen Wissenschaftlern gewonnen werden könnte, sondern auch für Kontakte zu ehemaligen Mitgliedern und Agenten der Gestapo, des SD oder der Abwehr. Viele von ihnen beteiligten sich später als Mitarbeiter von Geheimdiensten verschiedener Staaten beispielsweise an der Schleusung von NS-Funktionären nach Südamerika oder am Kampf gegen die „kommunistische Gefahr". Es liegt auf der Hand, dass auch die Organisation Gehlen, aus der später der BND hervorging, einen Teil seiner Mitarbeiter in Osteuropa aus den Reihen früherer NS-Agenten und Kollaborateure anwarb.

Doch auch auf der anderen Seite des „Eisernen Vorhangs" ließen sich kompromit-tierte Nazis und ihre Helfershelfer von den Nachrichtendiensten der totalitären Re-gime einspannen. Die tschechoslowakische Staatssicherheit hatte keine moralischen Skrupel, ihre ehemaligen Feinde anzuwerben und gegen die demokratischen Länder einzusetzen. Das war keineswegs nur hierzulande Praxis, NS-Kriegsverbrecher waren beispielsweise auch bei den sowjetischen Geheimdiensten und beim „befreundeten" ostdeutschen Ministerium für Staatssicherheit tätig, obwohl solche skrupellose Instrumentalisierung von ehemaligen Nazis durch die Sicherheitsdienste im direkten Widerspruch zum offiziell propagierten Antifaschismus stand. Auf der einen Seite verurteilten die Medien den „westdeutschen Revanchismus", auf der anderen Seite billigten die kommunistischen Spitzenfunktionäre die Zusammenarbeit mit ehemaligen Nazis, deren Hände häufig „blutbefleckt" waren.

***

Beide totalitären Regime, das kommunistische und das nationalsozialistische, verbinden viele Gemeinsamkeiten. Daher ist es nicht überraschend, dass zahlreiche Personen, die zunächst tschechoslowakische und deutsche Gestapo- und später Staatssicherheits-Spitzel waren, keine Probleme damit hatten, als Doppelagenten für beide Seiten zu arbeiten. Als Agenten der kommunistischen Gegenaufklärung waren, wie wir heute wissen, mehrere hundert Tschechen und Deutsche tätig, die während der Zeit der deutschen Besatzung mit den nationalsozialistischen Machthabern zusammengearbeitet hatten. Für die teschechische Staatssicherheit arbeiteten sie vor allem auf dem Territorium der Tschechoslowakei. Entlassene deutsche Kriegsverbrecher versuchte die Staatssicherheit für die Unterwanderung und Aufdeckung des Agentennetzes der Organisation Gehlen in der Tschechoslowakei zu gewinnen. Die Abteilung Aufklärung, die ein Bestandteil des Innenministeriums war, entsandte ihre Agenten auch ins Ausland, vor allem nach Westdeutschland.

Der bekannteste Fall eines dauerhaften Wirkens im Ausland ist der Kriegsverbrecher Kurt Werner Tutter (1909–1983). Tutter war vor dem Zweiten Weltkrieg Nachrichtenoffizier der Abwehr und später Befehlshaber der Sondereinheit „JOSEF". Er trug unter anderem die Verantwortung für den Tod von 92 Menschen. Nach dem Krieg wurde er an die Tschechoslowakei ausgeliefert und dort für weitere, weniger schwerwiegende Straftaten verurteilt. Seit 1954 lebte er in der Bundesrepublik Deutschland und war als Zivilangestellter der Bundeswehr tätig. Zugleich aber war Tutter Agent der tschechoslowakischen Auslandsspionage. Öffentlich bekannt wurde sein Fall erst im Jahr 2000, als zwei Funktionäre der kommunistischen Ära angeklagt wurden, seine Kriegsverbrechen vertuscht zu haben. Kurt Werner Tutter hat diese Enthüllung nicht mehr geschadet, er starb 1983 als angesehener Bürger im bayerischen Kötzing. Seine Führungsoffiziere, mittlere Chargen der Abteilung Aufklärung, hatten ihn bis zu seinem Lebensende vor der Ermittlungsbehörde der Staatssicherheit und dem Innenministerium gedeckt und damit vor einer Bestrafung bewahrt.

Die Abteilung Aufklärung warb nach derzeitigem Kenntnisstand mehrere Dutzend vormals inhaftierte Deutsche an. Die übergroße Mehrheit wurde Mitte der 50er Jahre in die Bundesrepublik überstellt, einige von ihnen nach Österreich. Zu den auch einer größeren Öffentlichkeit bekannt gewordenen Fällen der Instrumentalisierung früherer Nazis gehörte Max Rostock, ehemaliger Befehlshaber des SD in Kladno, der zunächst wegen seiner Beteiligung an der Vernichtung des Dorfes Lidice zum Tode verurteilt worden war. Zu jenen verurteilten Nazis und Offizieren, die die tschechoslowakische Staatssicherheit für den Einsatz außerhalb des Territoriums der Tschechoslowakei angeworben hatten, zählten auch mehrere prominente Nationalsozialisten, insbesondere der Wehrmachtsgeneral Rudolf Toussaint.

Rudolf Toussaint (1891 – 1968), ehemaliger Oberbefehlshaber der Wehrmacht für Böhmen und Mähren, unterzeichnete im Gefängnis eine Verpflichtung zur Zusammenarbeit mit dem Nachrichtendienst, wurde aber nicht eingesetzt und erst im Jahr 1961 freigelassen.

Die Retributionsgerichte in der Tschechoslowakei

Die neu geschaffenen Sicherheitskräfte der wiederhergestellten Tschechoslowakei setzten in der ersten Nachkriegszeit alles daran, neben den tschechoslowakischen Konfidenten auch die deutschen Kriegsverbrecher – vor allem Angehörige des SD, der SS, der Gestapo und anderer elitärer Vereinigungen der Nationalsozialisten – aufzuspüren und zu verhaften. Die Bestrafung der „NS-Verbrecher, Verräter und ihrer Helfer" beruhte auf den Retributions-Gesetzen Nr. 16 und 17 des Jahres 1945. Auf der Grundlage dieser Dekrete wurden durch so genannte Volksgerichte Hunderte Menschen zum Tode verurteilt und Zehntausende ins Gefängnis gebracht. Die Urteilsbegründungen beriefen sich dabei zutreffend auch auf die internationalen alliierten Abkommen über die Bestrafung von Kriegsverbrechern.

Um die Abschiebung der Deutschen aus der Tschechoslowakei so schnell und umfassend wie möglich abzuschließen, war Konsens darüber erreicht worden, Personen, die lediglich einfache Mitglieder in NS-Organisationen gewesen waren oder darin nur niedrige Funktionen ausgeübt hatten, ohne strafrechtliche Verfolgung sofort auszuweisen. Von dieser Regelung ausgenommen waren diejenigen, die justitiable Straftaten begangen hatten, etwa überführte Denunzianten, Angehörige der Gestapo, des SD oder der Abwehr, Mitglieder der NS-Volksgerichte, Aufseher in Gefängnissen und

Konzentrationslagern, freiwillige Mitglieder der SS, Initiatoren und Teilnehmer von Strafkommandos, namhafte Agitatoren des nationalsozialistischen Gedankengutes. Sie sollten als wirkliche Täter in diesen Jahren ihrer Bestrafung nicht entgehen. Diese Kriegsverbrecher wurden interniert, angeklagt und zumeist zu langjährigen Zuchthausstrafen, nicht selten zum Tode verurteilt.

Die Ära der Retributionsgerichte in der Tschechoslowakei gliederte sich dabei in drei Etappen. Die letzte Etappe hierbei, bereits völlig reglementiert durch die Kommunisten, ist Ende 1948 abgeschlossen worden. Insgesamt sind von 1945 bis 1948 mehr als 33.000 Personen nach den Retributions-Dekreten verurteilt worden, die Gerichte sprachen dabei 819 Todesurteile aus. Von den Verurteilten waren etwa 50 Prozent Deutsche, knapp 35 Prozent Tschechen und Slowaken. Die restlichen rund 15 Prozent machten andere Nationalitäten aus, eine größere Gruppe stellten die Ungarn dar.

Die Retributionsgerichte waren von einer sorgfältigen Arbeit weit entfernt. Angesichts der großen Zahl von Beschuldigten und der kurzen Ermittlungszeiten in jedem einzelnen Fall kam es zu zahlreichen Fehlentscheidungen, zuweilen auch zu direkten Irrtümern. Nicht wenigen Menschen wurde, ohne dass dies beabsichtigt worden wäre, Unrecht getan. Oft wurden auf diesem Weg aber auch persönliche Rechnungen beglichen oder man versuchte, eigenes Fehlverhalten zur Zeit der NS-Besatzung zu vertuschen.

Ungeachtet dessen ist jedoch unumstritten, dass die Aufarbeitung der nationalsozialistischen Verbrechen aus moralischen und faktischen Gründen unumgänglich war, zumal sie einen Teil eines gesamteuropäischen Prozesses darstellte. Damit ist aber nicht gerechtfertigt, dass man bei den Ermittlungen gegen ehemalige Nationalsozialisten und Kollaborateure häufig gesetzeswidrig vorging. Etwa wurden Verhörprotokolle von den Ermittlern willkürlich geändert oder von diesen selbst diktiert. Körperliche und psychische Misshandlungen wechselten mit Versprechen von Hafterleichterungen, milden Urteilen oder sogar Haftentlassung ab. Die Kommunisten, auch dies gehört zur geschichtlichen Wahrheit, missbrauchten die Aufarbeitung der nationalsozialistischen Verbrechen zuweilen auch dazu, um mit ihren derzeitigen politischen Gegnern abzurechnen.

Unmittelbar nach dem Krieg hatten viele internierte ehemalige Angehörige der NS-Sicherheitskräfte ihre Kontakte zu tschechoslowakischen Zuträgern verschwiegen. Das war verständlich, denn sie fürchteten die Rache ehemaliger Kollaborateure, die inzwischen in wichtige Funktionen und Ämter im neuen Partei- und Machtapparat aufgerückt waren. Bei den Verhören durch die Staatssicherheit verschwiegen sie nicht selten Fälle, bei denen Widerstandskämpfer ums Leben gekommen waren, denn diese Enthüllungen hätten sie selbst sehr stark belastet. Anderseits stellten sie die Fakten oft beschönigt dar, günstiger als in Wahrheit für sie oder so, wie die Ermittler sie hören wollten. So belasteten sie in ihren Aussagen bestimmte Personen, während sie bei anderen, meist jetzt sehr einflussreichen, deren Verhalten während der Besatzungszeit bemäntelten.

Viele prominente Kollaborateure blieben auf diese Weise von einem Gerichtsprozess verschont, während sich andere, zu Unrecht Beschuldigte – vor allem aus den Reihen des nichtkommunistischen Widerstandes – auf komplizierte Weise rehabilitieren mussten.

Die Zusammenarbeit verurteilter Deutscher mit der tschechoslowakischen Staatssicherheit

Viele Nazis und ihre Zuträger blieben von den Retributionsgerichten unbehelligt. Das sich festigende kommunistische Regime kalkulierte dies ein, wusste aber auch um die Gefahr, dass das unaufgedeckte Netz der Gestapo- und SD-Spitzel von westlichen bzw. amerikanischen Geheimdiensten übernommen werden könnte. Die Ereignisse um den kommunistischen Putsch 1948 ließ die Gefahr der NS-Agenten für kurze Zeit in den Hintergrund treten. Die Staatssicherheit gab sich jetzt mit wiederholten Verhören der als Kriegsverbrecher Beschuldigten, die bereits im Gefängnis saßen, zufrieden. Erst Anfang der fünfziger Jahre begannen Mitarbeiter einzelner Aufklärungs-Abteilungen, die Prozessakten unter dem Blickwinkel auszuwerten, „alte NS-Netzwerke" offenzulegen und dabei zu sondieren, welche Gefangenen für eine Spitzeltätigkeit im Gefängnis und – nach der Entlassung – als Auslands-Agenten geeignet seien.

Im September 1953 wurde der zielstrebige Rudolf Barák (1915 – 1995) zum Innenminister ernannt. Unter seiner Führung ist die Arbeit der Staatssicherheit in allen Bereichen des Innenministeriums qualitativ verbessert worden. Das läßt sich bei der Analyse der Aktion „Rekonstruktion" einprägsam beobachten.

Noch vor Baráks Amtsantritt war geplant worden, eine landesweit, längerfristig und breit angelegte Aktion unter dem Decknamen „Rekonstruktion" zu lancieren. Ziel war dabei, die NS-Agentennetze in der Tschechoslowakei zu rekonstruieren, offen zu legen und ihre Protagonisten zu enttarnen. Immer wieder verhörten Mitarbeiter des Innenministeriums dazu Kriegsgefangene und studierten Akten, die teilweise unbearbeitet in den Archiven lagen.

Die Ergebnisse waren erschütternd: Bei einigen Tausend tschechoslowakischen Staatsbürgern wurden Belege für eine Zusammenarbeit mit dem NS-Regime gefunden. Strafrechtlich verfolgt wurden die Kollaborateure auf Grund dieser neuen Erkenntnisse in vielen Fällen jedoch nicht. Das Regime, das sich öffentlich einen konsequenten Antifaschismus auf seine Fahnen geschrieben hatte, verfolgte in der Aktion „Rekonstruktion" ein anderes Ziel: So viele NS-Spitzel wie möglich sollten als geeignete Staatssicherheits-Mitarbeiter angeworben werden. Einige der aufgedeckten Gestapo- oder SD-Mitarbeiter waren zwar zwischenzeitlich inhaftiert worden, Hunderte weitere lie-

Rudolf Barák (1915 – 1995), Innen-
minister von 1953 – 1961, wurde
1962 zu 15 Jahren Freiheitsentzug
verurteilt, 1968 vorzeitig entlassen.

ßen sich jedoch von den Mitarbeitern des Innenministeriums wegen der belastenden Informationen, die über sie in Erfahrung gebracht worden
waren, zur Zusammenarbeit verpflichten. Letztendlich mündete bei einer prozentual nicht geringen Zahl offiziell unentdeckter tschechoslowakischer Gestapo-Spitzel deren Enthüllung in einer
Karriere im kommunistischen Apparat.

Die Nachrichtendienste der kommunistischen
Tschechoslowakei hatten den inhaftierten deutschen Kriegsverbrechern bereits lange vor „Rekonstruktion" manche Aufmerksamkeit gewidmet. In
Zusammenarbeit mit der Strafvollzugsbehörde
konnte die Staatssicherheit sie zum einen ohne Einschränkung verhören, zum anderen auch Aufgaben
erteilen. Im Rahmen von „Rekonstruktion" versuchten Offiziere der Aufklärung nun, geeignete
Personen zu finden, die sowohl im Gefängnis als
auch später im Ausland als Agenten eingesetzt werden könnten. Im Ausland sollten sie vor allem Kon-
takte zu früheren Gestapo- und SD-Angehörigen gewinnen. Gleichzeitig wurde von
den verurteilten Nazis verlangt, in der verbleibenden Haftzeit unter ihren Mitgefangenen Mitarbeiter für die Staatssicherheit anzuwerben.

Die inhaftierten Deutschen wurden dabei meist als eine eigenständige Gemeinschaft angesehen, vor allem, wenn es sich um so genannte Reichsdeutsche oder Angehörige von bewaffneten Einheiten handelte. Da sie bereits längere Zeit in den Gefängnissen verbracht hatten, konnten sie sich unter den gegebenen Bedingungen am besten
orientieren und leichter an das brutale Haftregime anpassen. Ihr Bestreben war es
natürlich, so bald wie möglich entlassen zu werden, um zu ihren Familien zurückkehren zu können. Eine vorzeitige Haftentlassung war allerdings nur bei „guter Arbeits-
moral", „guter Führung" und sichtbaren Erfolgen bei der „Umerziehung" möglich.
Folgerichtig verhielten sich die meisten Deutschen diszipliniert, arbeiteten fleißig und
respektierten die Gefängnisordnung. Einige von ihnen erfüllten die Forderungen der
Gefängnis- und Lagerleitungen sogar über das erforderliche Maß hinaus, zu den verschiedensten Gelegenheiten stellten sie „positive Ergebnisse" ihrer eigenen ideologischen Umerziehung unter Beweis.

Bei wiederholten Verhören dieser Nazis wählten die Staatssicherheits-Offiziere ihre
künftigen Mitarbeiter aus. Nach einer Überprüfung der Personen, an denen der Geheimdienst interessiert war, der Auswertung aller Akten und einem Gespräch mit dem

Betroffenen hatte der Werber in der Regel eine klare Vorstellung darüber, ob die betroffene Person für eine Zusammenarbeit geeignet war.

Die in den Gefängnissen tätigen Staatssicherheits-Abteilungen gewannen viele der ausgewählten Deutschen zur Zusammenarbeit, indem sie ihnen belastendes Material vorlegten und gleichzeitig bei nunmehrigem Entgegenkommen Vorteile wie beispielsweise eine vorzeitige Entlassung in Aussicht stellten. Die auf diese Weise rekrutierten Spitzel aus den Reihen der Deutschen übermittelten der Staatssicherheit später zumeist Informationen über ihre Mitgefangenen, bevorzugt über deren „staatsfeindliche Tätigkeiten", Fluchtvorbereitungen, unerlaubte Kontakte und ähnliche Delikte. Dass sie sich damit selbst kompromittierten, liegt auf der Hand.

Das Verhältnis zwischen den inhaftierten deutschen Kriegsgefangenen und den politischen Gefangenen aus den Reihen der Gegner des nunmehrigen kommunistischen Regimes beschrieb der Leiter der nordböhmischen Abteilung Abwehr Mitte 1953 so: „Die vom Außerordentlichen Volksgericht verurteilten Strafgefangenen und die neuen, vom Staatsgericht verurteilten Strafgefangenen hegen ein starkes Misstrauen gegeneinander. Diese Situation ist in allen Gefängnissen zu beobachten. Die meisten der nach den Retributions-Dekreten verurteilten Strafgefangenen loben die Einrichtung und die Verpflegung, erwarten eine Amnestie, schimpfen auf die Bourgeoisie und die Drtina-Justiz und sind bereit, jede Verpflichtungserklärung zu unterschreiben, wenn sie dafür entlassen werden. Die Gefangenen, die in Deutschland Familien haben, erwarten, dadurch die Möglichkeit zu erhalten, zu ihren Familien auszureisen."

Das Interesse des Auslandsgeheimdienstes an deutschen Kriegsgefangenen

Namentlich seit den frühen fünfziger Jahren war der Auslandsgeheimdienst in Abstimmung mit dem Inlandsgeheimdienst darum bemüht, inhaftierte deutsche Kriegsverbrecher zum späteren Einsatz im Ausland vorzubereiten. Diese Einsicht gestatten eher zufällige Funde beim Studium der nur unvollständig überlieferten Archivalien jener Zeit.

Da Offiziere des Innenministeriums damals keine Möglichkeit hatten, inhaftierte Kriegsverbrecher auf legalem Wege vorzeitig zu entlassen, verfielen sie auf die Idee, ihre künftigen Agenten in inszenierten Ausbrüchen aus der Haftanstalt zu holen und sie anschließend über Österreich in der Bundesrepublik Deutschland zu plazieren.

Beispielsweise nahm der Inlandsgeheimdienst mit dem ehemaligen SD-Chef der südböhmischen Stadt Tábor Kurt Kritz (geb. 1914), der zu 20 Jahren Haft verurteilt worden war, 1951 Kontakt mit dem Ziel auf, ihn zur Mitarbeit zu werben und danach in das Ausland zu entsenden. Kritz war mit einem Einsatz in der Bundesrepublik Deutschland einverstanden. Nach einer vorgetäuschten Flucht aus der Tschechoslo-

Kurt Kritz (1914 – ?), ehe-
maliger SD-Leiter in Tábor,
sein Einsatz in München
durch den kommunistischen
Nachrichtendienst wurde
letztendlich nicht realisiert.
(Foto vom 16.05.1947)

wakei sollte er mit Hilfe eines früheren Vorgesetzten Kontakt zur Münchner Zentrale des britischen Secret Intelligence Service aufnehmen. Allerdings wurde der Plan nicht verwirklicht, 1952 beendete der Nachrichtendienst alle Aktivitäten, um Kritz zum Auslandsspion aufzubauen. Jener reagierte gereizt: Im Gefängnis Leopoldov hätte er als Ingenieur angeblich Kenntnis von geheimen Verschlusssachen erhalten, deren Verrat er jetzt androhte.

Dieser Fall gestattet einen Einblick in die schwachen Ergebnisse des kommunistischen Nachrichtendienstes Anfang der fünfziger Jahre. Ein wirklicher Qualitätssprung der Arbeit setzte erst 1953 ein, als der ambitionierte Rudolf Barák das Amt des Innenministers übernahm.

∗∗∗

Václav Kvasnička, der zu Beginn seiner Laufbahn bei der I. Hauptverwaltung des Innenministeriums mit dem Decknamen „Janovský" tätig war, schildert in seinen Memoiren die Anwerbung eines deutschen Kriegsgefangenen in einem nahezu entschuldigenden Duktus: „Es war irgendwann im Jahr 1954. Im Lager im Bergwerk von Jáchymov gab es damals einen deutschen Kriegsgefangenen, der früher in der Hitler-Armee gedient hatte. Er hatte mehrere Jahre bekommen. Die Aufklärung hatte ihn ins Visier genommen, weil Kriegskameraden von ihm in der sich gerade formierenden westdeutschen Bundeswehr tätig waren. Ich erhielt den Auftrag, nach Jáchymov zu fahren, um ihn anzuwerben. Das war keine angenehme Fahrt. Jáchymov war tief verschneit und das Lager wirkte sehr bedrückend. Ich erwartete, dass der Betroffene – ich glaube er hieß Ulrich oder Ullman (tatsächlich Ullmann Robert, Deckname Ulrich, geb. 1900 – der Autor) ablehnen und sich nicht auf eine Zusammenarbeit einlassen würde. Doch das Gegenteil war der Fall. Er stimmte zu! Sogar sehr bereitwillig. Offensichtlich in der Hoffnung, dass er aus dem Lager herauskommt. Ich kaufte ihm damals eine Menge leckerer Sachen – Süßigkeiten, Dauerwurst, Bier und Zigaretten. Doch statt mich über die erfüllte Aufgabe zu freuen, war ich völlig niedergeschlagen.

Als ich nach Hause zurückkehrte, nahm ich nicht einmal wahr, wie mich meine Frau begrüßte und was für ein gutes Abendessen sie mir zubereitet hatte. Mich quälte lediglich der Gedanke, wie es wohl weitergeht. Welches Schicksal hatte ich diesem armen Kerl eigentlich bereitet? Was wird mit ihm passieren, wenn er nach Deutschland zurückkehrt? Wer wird ihn führen? Wird sein Führungsoffizier so verantwortungsbewusst sein, dass er ihn nicht dem Risiko aussetzt, enttarnt zu werden? Und so spürte ich statt Freude ein gewisses Schuldgefühl, das mich lange nicht mehr losließ. In solchen Augenblicken fragte ich mich dann: Bist du eigentlich für so eine Arbeit geeignet?"

Die Amnestie von 1953 und die Vorbereitung der Aussiedlung

Kriegsgefangene bildeten Anfang der fünfziger Jahre einen großen Anteil aller Gefängnisinsassen. Mitte Mai 1950 registrierte man in den tschechoslowakischen Haftanstalten noch 16.800 von ihnen, das entsprach etwa einem Drittel aller Inhaftierten. Zu ihnen zählten 6.300 Deutsche. Sie machten knapp 60 Prozent aller Strafgefangenen aus, die vom Außerordentlichen Volksgericht verurteilt worden waren.

Diese Zahl war so hoch, dass die kommunistische Führung nicht umhin kam, sich auch auf höchster Ebene mit der Frage zu befassen, wie mit den Deutschen, die meist langjährige Freiheitsstrafen verbüßten, weiter verfahren werden sollte. Angesichts der politisch eindeutigen Beziehungen der totalitären Tschechoslowakei zu jedem der beiden deutschen Staaten kam es darauf an, die jeweils angemessene Lösung zu finden.

Mit dem Blick auf die Bundesrepublik waren die deutschen Kriegsgefangenen ein kaum zu überschätzender Trumpf, glänzend geeignet als Faustpfand in den Verhandlungen über die Normalisierung der gegenseitigen Beziehungen. Ihre vorzeitige Entlassung würde zudem weitere Vorteile mit sich bringen, auch pragmatische Gesichtspunkte wie die Einsparung von Gefängniskosten standen bei den Beratungen hierüber im Blickpunkt.

Am 4. Mai 1953 veröffentlichte die Presse einen Amnestie-Beschluss von Präsident Antonín Zápotocký über die Begnadigung von Personen, die nach dem Retributions-Dekret verurteilt worden waren. Einen Teil der aus der Haft zu Entlassenen, die in der Tschechoslowakei bleiben würden, plante man für die Zusammenarbeit mit Einheiten der Gegenaufklärung des Innenministeriums zu gewinnen. Der Befehlshaber der Aufklärung im Inland, Oberstleutnant Jaroslav Miller, befahl im Juni 1953 seinen Unterstellten, Listen aller Kriegsgefangenen vorzubereiten, an denen die Staatssicherheit Interesse haben könnte. Es sollte auch hierdurch sichergestellt werden, dass alle die Personen, die die Staatssicherheit für eine mögliche Zusammenarbeit gewinnen wollte, ohne Probleme entlassen würden.

Neben der bereits üblichen Praxis, der Abschiebung zunehmend den Vorrang vor dem Strafvollzug einzuräumen, erhielten die deutschen Kriegsgefangenen durch die Amnestie vom Mai 1953 eine weitere Chance, viele Jahre vor Ablauf ihrer regulären Haftzeit entlassen zu werden. Die Möglichkeit, bald schon zu ihren Familien in die Bundesrepublik zurückkehren zu können, schien zum Greifen nah zu sein. Doch die Begnadigung von Kriegsgefangenen hing von der individuellen Entscheidung des Präsidenten ab, die dieser einem positiven Vorschlag des Justizministers hinzufügen musste.

Bevor der Minister eine Begnadigungsempfehlung aussprach, ließ er die individuelle Sachlage gründlich überprüfen, was bei der großen Anzahl der Haftinsassen Monate, ja, Jahre dauern würde. Ab 1953 wurde allerdings eine generelle Amnestie vor allem für die Kriegsgefangenen erlassen, die keine Verbrechen gegen die Menschlichkeit begangen hatten und beabsichtigten, in der Tschechoslowakei zu bleiben.

Die Abschiebung von deutschen Kriegsgefangenen erörterten Vertreter der Generalstaatsanwaltschaft, des Außen- und Justizministeriums sowie des Ministeriums für Nationale Sicherheit auf einer Sitzung Ende Mai 1953. Seit Anfang des Jahres hatte sich die Haltung der Hauptverwaltung der StB hierzu grundsätzlich geändert. Die Vertreter der Staatssicherheit stimmten jetzt zu, deutsche Kriegsgefangene jeweils in den Teil Deutschlands abzuschieben, in dem ihre Familien lebten, das heißt nicht nur in die DDR, sondern auch in die Bundesrepublik. Auch die Aussiedlung von österreichischen Staatsangehörigen und anderen Personen, die zu ihren Verwandten nach Österreich ausreisen wollten, sollte fortgesetzt werden.

Die Generalstaatsanwaltschaft war bereit, in Einzelfällen die Bestrafung von Personen, die im Rahmen der Amnestie überhaupt nicht oder nur teilweise begnadigt worden waren, nach § 276 der Strafprozessordnung aufzuheben. Eine Ausnahme bildeten hier die Gefangenen, die wegen schwerer Verbrechen gegen die Menschlichkeit verurteilt worden waren, sowie prominente NS-Funktionäre. Die Staatssicherheit forderte zudem, dass alle Inhaftierten, die an besonders wichtigen Orten, namentlich im Uranbergbau in Jáchymov, gearbeitet hatten, besonders gründlich überprüft würden, bevor man den Antrag auf eine Amnestie dem Präsidenten zur Unterschrift vorlegte. Mit allen grundsätzlichen Fragen bei der Abschiebung der deutschen Kriegsgefangenen sollte sich eine Sonderkommission befassen, die sich aus Vertretern der beteiligten Ministerien sowie des Tschechoslowakischen Roten Kreuzes zusammensetzte. Da zwischen der Bundesrepublik Deutschland und der Tschechoslowakei keine diplomatischen Beziehungen bestanden, war das Rote Kreuz als Nichtregierungsorganisation der am besten geeignete Partner für die Verhandlungen mit der deutschen Seite, insbesondere mit dem Deutschen Roten Kreuz. Innenminister Rudolf Barák unterstützte diese Konzeption, die letztendlich dazu führte, dass Deutsche in größerem Umfang aus der Haft entlassen und abgeschoben worden sind.

Die Amnestie von 1955 und der Verlauf der Abschiebung

Nachdem die Sowjetunion 1955 die letzten deutschen Kriegsgefangenen aus ihren Lagern freigelassen hatte, entschied sich auch die kommunistische Führung in der Tschechoslowakei zu diesem Schritt. Das Politbüro des ZK der KPTsch fasste im Januar 1955 den schon längere Zeit erwarteten Beschluss zur Abschiebung dieser Gefangenen. Davon betroffen waren zum einen diejenigen, die sich bereits auf freiem Fuß befanden und noch in der Tschechoslowakei aufhielten, wie zum anderen diejenigen, die noch in Haft waren, aber bereits mit einer Entlassung auf Grund der Amnestie oder der Aufhebung ihrer Strafe nach § 276 rechnen konnten.

Dabei galt das Prinzip, dass die Betroffenen in das Land ihrer Wahl gehen dürften. Künftig sollte die Aussiedlung in kleineren Gruppen direkt aus dem Gefängnis heraus erfolgen. Lediglich die Häftlinge, die im Uranbergbau beschäftigt waren, sollten aus den dortigen Lagern zunächst in andere Gefängnisse überführt und erst ein halbes Jahr später abgeschoben werden, da nach Auffassung der Sicherheitsdienste nicht auszuschließen war, dass sie Zugang zu geheimen Informationen gehabt hatten. Bei allen anderen, denen die Strafe erlassen worden war, rechnete man mit der Abschiebung innerhalb eines Monats nach ihrer Entlassung. Dies wurde jedoch nicht konsequent eingehalten.

Anlässlich des zehnten Jahrestages der Befreiung der Tschechoslowakei wurde die Amnestie des Staatspräsidenten für den 9. Mai 1955 vorbereitet. Kriegsgefangene, die von sich aus eine Begnadigung beantragt hatten, mussten zuvor erneut individuelle Verfahren über sich ergehen lassen.

Alle Personen, die für die Aussiedlung nach Deutschland bestimmt waren, wurden zunächst im Gefängnis von Cheb interniert. Auch ist im März 1955 damit begonnen worden, die im Uranbergbau Beschäftigten in andere Gefängnisse zu verlegen. Bis Ende Juni wurden knapp 1.000 Männer in die Abschiebegefängnisse gebracht, seit Ende April hatten Amnestierte des Gefängnis in Richtung Deutschland verlassen.

Alle zur Entlassung und Abschiebung vorgesehenen Personen sind aus dem Blickwinkel des Inlandsgeheimdienstes des Innenministeriums überprüft worden. Hier wurde entschieden, ob eine Ansprache zur Mitarbeit an den Betroffenen gerichtet wird. Im Gefängnis von Cheb trugen die Häftlinge bereits zivile Kleidung, ihnen wurden ihre Ausreisepapiere und die Gerichtsurteile über ihre Fälle ausgehändigt. Hinzu trat eine ärztliche Untersuchung, zudem ist das persönliche Gepäck kontrolliert worden.

Das Tschechoslowakische Rote Kreuz verwaltete die Wertgutscheine, die die ehemaligen Gefangenen anstelle von Lohn für ihre Arbeit in den Gefängnissen erhalten hatten und ermöglichte damit einen Einkauf notwendiger Dinge. Mittellose ehemalige Häftlinge wurden unentgeltlich vom Roten Kreuz mit dem Nötigsten versorgt.

Seit Anfang Oktober wurden auch jene Männer in die Abschiebe-Transporte einbezogen, die in den Uranbergwerken gearbeitet hatten. Trotz umfassender Organisation verliefen die Entlassungen und Ausweisungen nur zähflüssig, was man auch daran erkennen kann, dass das Deutsche Rote Kreuz den Wunsch übermittelte, man möge die Zahl der für einen Transport bestimmten Personen erhöhen und die Intervalle zwischen den einzelnen Abschiebewellen verkürzen, damit der gesamte Rückführungsprozess schneller abgeschlossen werden könne.

***

Die tschechoslowakischen Behörden verfolgten die Informationen in den westdeutschen Medien über diese Aussiedlungsaktion sehr aufmerksam. Deren Berichte fielen überwiegend sachlich aus, ohne jede Hysterie. Die Presse stellte unter anderem in den Vordergrund, dass es zur Entlassung „ziviler Häftlinge" in der Tschechoslowakei und weiterer kommunistischen Ländern vor allem dank einer ersten Entspannung in der internationalen Politik, namentlich im Ost-West-Verhältnis, gekommen sei. Zugleich deute die Entlassung der Gefangenen auf eine gewisse Liberalisierung der innenpolitischen Verhältnisse hin, hieß es.

Zum Abschluß der Aktion einer schrittweisen Abschiebung aus den tschechoslowakischen Strafvollzugseinrichtungen in die Bundesrepublik Deutschland, in die DDR und nach Österreich in den Jahren 1955 und 1956 zählte man nur noch 62 solcher Inhaftierten im Land, im Herbst 1956 schließlich noch 22 prominente Kriegsgefangene, darunter auch den bereits erwähnten General Toussaint.

Nach einer Statistik vom April 1959 waren zu dieser Zeit 1.795 vormalige Gefangene in die Bundesrepublik Deutschland, 194 in die DDR, 65 nach Österreich und vier in andere Länder abgeschoben worden. Darüber hinaus waren rund 200 Deutsche, die bereits vor der organisierten Aussiedlung aus der Haft entlassen worden waren, vor allem nach Westdeutschland ausgereist.

Positionen und Ziele der Auslandsspionage-Abteilung in Deutschland

Die Position des tschechoslowakischen Auslandsgeheimdienstes, häufig auch verkürzt Aufklärung genannt, hatte sich während der geschilderten Aussiedlungsaktion spürbar gefestigt. Diesen wachsenden Einfluss bewirkte vor allem Innenminister Rudolf Barák mit seiner zielstrebigen Politik. Dennoch operierte der Spionage-Apparat der Tschechoslowakei stets unter der direkten Kontrolle des KGB, er diente so und namentlich im Falle der Interessenkollision vorrangig den Bedürfnissen der Sowjetunion.

In der Auslandsspionage-Abteilung in Deutschland, zu der zahlreiche vormalige Mitarbeiter des Inlandsgeheimdienstes gehörten, herrschte in den fünfziger Jahren eine große Rivalität zwischen „Altkadern" und noch jungen Absolventen der akademischen Schulen im Lande. Davon waren nicht nur die persönlichen Beziehungen untereinander geprägt, sie schlug sich auch auf die Arbeit bei der Bewertung einzelner Fälle nieder. So charakterisiert Václav Kvasnička, der damals zu den jungen Mitarbeitern zählte, die Situation in seinen Memoiren. Durch die Mischung dieser beiden verschiedenen Agenten-Typen entstand im Laufe der Jahre aus dem tschechoslowakischen Auslandsgeheimdienst eine effiziente Einheit, die nicht nur bei den befreundeten Nachrichtendiensten, sondern auch im breiteren internationalen Vergleich Respekt erwarb. Für die Aufklärung zu arbeiten war daher für jeden Mitarbeiter des

Innenministeriums eine Ehre, und viele hier Beschäftigte konnten sich im Vergleich zu den Mitarbeitern anderer Abteilungen zutreffend zur „Elite" der Staatssicherheit zählen.

Die deutsche Abteilung (IV. Abteilung der I. Hauptverwaltung des Innenministeriums) entwickelte sich in der zweiten Hälfte der fünfziger Jahre zur erfolgreichsten Einheit des Auslandsgeheimdienstes. Das ist umso bemerkenswerter, als die Ausgangsbedingungen nicht optimal waren. Die Bundesrepublik Deutschland und die Tschechoslowakei unterhielten keine diplomatischen Beziehungen. Deshalb musste sich der Auslandsgeheimdienst mit einer Zentrale unter dem Dach der tschechoslowakischen Handelsmission in Frankfurt am Main begnügen, die allerdings ohne diplomatische Immunität nur Hilfsaufgaben erfüllen konnte. Zur Führung ihrer Agenten nutzte die Deutschland-Abteilung vor allem die tschechoslowakische Militärmission in Westberlin und die Botschaft in Ostberlin, wo die Führungsoffiziere der Geheimdienstzentrale tätig waren. Bis zum Mauerbau war Ostberlin ein idealer Ort für konspirative Zusammenkünfte der Agenten. Treffen mit ehemaligen deutschen Kriegsgefangenen haben die Nachrichtendienst-Offiziere allerdings auch in den Nachbarstaaten geplant und durchgeführt, beliebte Orte dabei waren beispielsweise Wien, Salzburg, Linz und Innsbruck in Österreich, Brüssel in Belgien oder Zürich in der Schweiz.

Starke Gegenspieler der IV. Abteilung des tschechoslowakischen Auslandsgeheimdienstes waren auf deutscher Seite das Amt für Verfassungsschutz sowie der Vorgänger des BND, die offensiv operierende Organisation Gehlen. Jene konzentrierte sich zum einen auf die deutsche Minderheit in der Tschechoslowakei, zum anderen auf frühere Agenten der NS-Abwehr und der Gestapo, die auf dem Gebiet des Protektorats Böhmen und Mähren während des Zweiten Weltkriegs angeworben worden waren. Ebenso wurden die Sudetendeutschen in der Tschechoslowakei als eine problematische Bevölkerungsgruppe angesehen. Ihre massiv antikommunistisch ausgerichtete Bewegung in Westdeutschland stellte eine einflussreiche politische Kraft dar. In den fünfziger Jahren hegte die KPTsch die Befürchtung, dass der wachsende Einfluss der Sudetendeutschen in der westdeutschen Politik und Gesellschaft zu einem Rechtsruck bis hin zu einem allmählich aufkeimenden neuen Faschismus führen könnte. Deshalb hatte der Auslandsgeheimdienst an allen sudetendeutschen Organisationen ein erhöhtes Interesse, und dies sowohl in defensiver, als auch in offensiver Hinsicht.

Auf die Frage, ob die Mitarbeiter des Auslandsgeheimdienstes mit der Anwerbung von Agenten unter deutschen Kriegsgefangenen noch weitere Ziele verfolgten, etwa ob sie die westdeutschen Geheimdienste bewusst verwirren und ablenken wollten, gibt es eine eindeutige Antwort. Bei der Auswahl folgten die Nachrichtendienst-Offiziere strengen Kriterien: Sie wählten nur solche Personen aus, die für eine künftige Zusammenarbeit geeignet und zuverlässig schienen. Es handelte sich also nicht um eine flächendeckende Massenanwerbung von „Pseudoagenten", bei denen man bereits im Moment der Werbung davon ausgehen musste, dass sie ihre Geheimdienst-Zusammenarbeit sofort nach ihrer Rückkehr nach Deutschland preisgeben würden.

Aber auch die deutschen Nachrichtendienste unterstellten, dass unter den entlassenen Gefangenen zahlreiche Agenten der tschechoslowakischen Staatssicherheit sein würden. Der Verfassungsschutz soll sogar der Ansicht gewesen sein, dass bei rund 50 Prozent aller Betroffenen der Versuch unternommen worden sei, sie für eine Zusammenarbeit mit dem Innenministerium zu gewinnen. Doch es scheint, als entbehre diese Schätzung einer plausiblen Grundlage. Denn der Verfassungsschutz hat wahrscheinlich – und dabei gewiss irrtümlich – jedes Verhör, das mit einem deutschen Kriegsgefangenen im Rahmen der Aktion „Rekonstruktion" geführt worden war, sofort als Anwerbegespräch gewertet.

Als Abwehrmaßnahme verhörte der westdeutsche Geheimdienst zunächst alle Rückkehrer. Gründlich analysiert wurden vor allem die Aussagen von Personen, die von ihren Mitgefangenen verdächtigt wurden, als Agenten für das tschechoslowakische Innenministerium tätig zu sein. Mit den Überprüfungen der Heimkehrer waren viele deutsche Geheimdienstmitarbeiter beschäftigt. Diese nicht geplante Belastung des deutschen Geheimdienstes war aber eher ein „Nebenprodukt" der Aussiedlung der Kriegsgefangenen als eine gezielte Maßnahme. Die Führung des tschechoslowakischen Auslandsgeheimdienstes in Deutschland verfolgte diese Taktik während der Abschiebung der Gefangenen jedenfalls hier nicht, erst in den 60er Jahren begann sie, solch einen Effekt der unverhältnismäßigen Kräftebindung in Erwägung zu ziehen und bewusst daran zu arbeiten.

Zehn Jahre später bekam der tschechoslowakische Auslandsgeheimdienst eine ähnliche Gelegenheit wie 1955, deutsche Sicherheitsdienste zu binden. Die kommunistische Führung beschloss damals, fast allen tschechoslowakischen Staatsbürgern deutscher Nationalität die Ausreise in die Bundesrepublik zu gestatten – sofern sie diese beantragt hatten. Anders als Mitte der 50er Jahre bereitete die deutsch-österreichische Abteilung des tschechoslowakischen Auslandsgeheimdienstes diese Maßnahme unter dem Decknamen „LUX" vor. Sie hat in der Tat die Aktionsfähigkeit des deutschen Verfassungsschutzes für längere Zeit paralysiert. In Zusammenarbeit mit dem Inlandsgeheimdienst warb der Auslandsgeheimdienst flächendeckend Deutsche an, die einen Ausreiseantrag gestellt hatten. Dabei ging man auch hier davon aus, dass diese sofort nach ihrer Übersiedlung in die Bundesrepublik den Anwerbeversuch bei den Behörden melden würden. Es handelte sich also um Hunderte von „Pseudoagenten". Und tatsächlich musste der Verfassungsschutz seine Sicherheitsmaßnahmen verschärfen und eine langwierige, gründliche Überprüfung aller neuen Umsiedler vornehmen.

Praktiken der Anwerbung deutscher Kriegsgefangener

Eine Anwerbung deutscher Kriegsgefangener ist bereits in den frühen fünfziger Jahren zu verzeichnen, zunächst aber eher im Einzelfall. Mit der ersten Amnestie für Kriegsgefangene im Mai 1953 eröffneten sich dem Auslandsgeheimdienst völlig neue Möglichkeiten, unter den Deutschen, die jetzt aus den Gefängnissen entlassen und abgeschoben würden, Personen auszuwählen und in seine Dienste zu stellen. Offiziere des Innenministeriums bezeichneten die Anwerbung ehemaliger deutscher Kriegsgefangener Ende 1953 auch als Aktion „KUNČICE" – das war der Name eines Ortes in Nordmähren, in dem sich ein Abschiebe-Sammellager für entlassene deutsche Kriegsgefangene befand.

Anwerbeversuche sind auch für Deutsche überliefert, die ihre Haftzeit gänzlich verbüßt hatten. So versuchte der Geheimdienst im Zuge von „KUNČICE" beispielsweise auch den früheren Kreis-Hauptmann von Kolín und Mitarbeiter des SD Vilém Hübner (Jahrgang 1910) anzuwerben. Die Zusammenarbeit sollte in regelmäßige schriftliche Berichte münden. Hübner lehnte jedoch ab. Er sei allenfalls bereit, Informationen mündlich weiterzugeben, jedoch wolle er niemals aktenkundig gegen die Bundesrepublik Deutschland agieren. Damit wurde er für den Auslandsgeheimdienst uninteressant.

Bei den ausgewählten Kriegsgefangenen handelte es sich um Personen, die – sofern sie der Aufenthalt in den Gefängnissen und Arbeitslagern nicht psychisch zerbrochen hatte – intelligent, durchsetzungsfähig und geistig sehr beweglich waren. Zu ihnen zählten vor allem ehemalige NS-Offiziere mit Geheimdienst-Erfahrung, beispielsweise ehemalige Angehörige oder Mitarbeiter des SD, der Gestapo und der Abwehr sowie höhere Beamte der NS-Administration. Bei ihnen konnte man vermuten, dass sie nach ihrer Rückkehr in die Bundesrepublik dank ihrer Fähigkeiten und begünstigt durch ihre Kontakte und Verbindungen in die staatliche Verwaltung, die Armee oder die Polizei integriert werden würden.

Einige der angeworbenen vormaligen Gestapo-Angehörigen hatten sogar Menschenleben auf dem Gewissen. Wiewohl es vom Außerordentlichen Volksgericht keine Aufzeichnungen hierzu gibt, hatte mindestens eines der angeworbenen Gestapo-Mitglieder aus Brünn während der Zeit der deutschen Besatzung einen Widerstandskämpfer heimtückisch ermordet. Offen bleiben muss, ob seine Geheimdienst-Führungsoffiziere dies beim Studium der archivierten Akten in Erfahrung brachten. Andererseits haben die Offiziere der I. Hauptverwaltung des Innenministeriums in mindestens zwei Fällen deutsche Kriegsgefangene zur Zusammenarbeit verpflichtet, die in ihrem Leben stets vom Pech verfolgt waren. Einer der beiden war ein Tscheche, der während des Krieges gezwungen worden war, die Staatsbürgerschaft des Deutschen Reiches anzunehmen. Nach dem Krieg wurde er folgerichtig von beiden Seiten schikaniert. Im zweiten Fall handelt es sich um einen Deutschen, der als so genannter „Halbjude" noch kurz vor Kriegsende im Konzentrationslager inhaftiert war.

Ein Teil der deutschen Kriegsgefangenen, vor allem zuverlässige Zuträger der Staatssicherheitsabteilungen in den Gefängnissen selbst, war mit ihren Führungsoffizieren schon mehr als zwei Jahre vor der Abschiebung in Kontakt. Sie hatten bereits zwischenzeitlich mit einer vorzeitigen Entlassung und Heimkehr zu ihren Familien gerechnet. Andere deutsche Inhaftierte wurden von den Mitarbeitern der IV. und V. Hauptabteilung des Auslandsgeheimdienstes erst im letzten Moment angeworben – bei einem einzigen Besuch nur wenige Wochen vor ihrer Entlassung und Abschiebung. Wegen der kurzen Zeit und einer unzureichenden personellen Besetzung kam es vor, dass zunächst hierfür ausgewählte Personen nicht mehr angeworben werden konnten, denn der Geheimdienst erfuhr erst im Nachhinein, dass die Häftlinge bereits abgeschoben worden waren.

Die größte Welle der Anwerbungen deutscher Kriegsgefangener im Frühjahr 1955 fand unter den Decknamen Aktion „ODSUN" (Abschiebung) und Aktion „RETRIBUCE" (Retribution) statt. Vor allem mit Versprechen, sie vorzeitig freizulassen und nach Deutschland zu überstellen, begannen die Offiziere der I. Hauptverwaltung des Innenministeriums, ausgewählte Kriegsgefangene zu einer Zusammenarbeit zu überreden. Fälle einer freiwilligen und uneigennützigen Zusammenarbeit, etwa auf der Basis der kommunistischen Ideologie, sind nicht bekannt.

Wie sich später herausstellte, traten auch bei der Verabredung so genannter Legenden, das heisst bei der Vorbereitung einer glaubwürdigen Geschichte, die die Agenten gemäß den Instruktionen des Auslandsgeheimdienstes dem westdeutschen Inlandsgeheimdienst erzählen sollten, beträchtliche Mängel zu Tage. Wernfried Pfaff (Jahrgang 1915), ehemaliger Leiter des SD in Ostböhmen und einer der wenigen deutschen Gefangenen, die ihre Zusammenarbeit mit dem tschechoslowakischen Innenministerium in der Bundesrepublik verschwieg, schildert in seinem Bericht aus dem Jahre 1957, wie er der Zusammenarbeit verdächtigt worden war: „Nach den Worten von Regierungsrat Dr. Lotz haben angeblich alle prominenten Heimkehrer übereinstimmend ausgesagt, dass sie kurz vor ihrer Entlassung aus dem Gefängnis teils diplomatisch, teils unter Drohungen zur Zusammenarbeit mit der Staatssicherheit gezwungen worden seien. So glaube er ausgerechnet mir nicht, weil ich bereits seit 1950 viele Verhöre absolviert hätte und dabei behauptete, kein Angebot erhalten zu haben." Geheimdienstmitarbeiter Pfaff beklagte offen die Mängel der Legenden der angeworbenen und dann abgeschobenen deutschen Kriegsgefangenen und die Art und Weise, wie der Auslandsgeheimdienst agierte: „Was

Wernfried Pfaff (1915 – 1979?), ehemaliger SD-Leiter in Hradec Králové, langjähriger Mitarbeiter des tschechoslowakischen Nachrichtendienstes in der Bundesrepublik Deutschland.

mir bis heute anhängt, ist vor allem die stupide Legende, die ich laut Befehl erzählt habe. Wenn ich gewusst hätte, dass sich fast alle Gefangenen mit dem gleichen politischen Profil offensichtlich unüberlegt kurz vor ihrer Entlassung zur Zusammenarbeit bewegen lassen würden, hätte ich mich niemals auf die Legende eingelassen, die mir in Prag empfohlen worden war.

Stuchlík, Stancl, Jonák, Köllner und die anderen gaben zu Protokoll, das sie seit 1950, vor allem aber in den Jahren 1954 und 1955, unter Druck als Agenten hätten angeworben werden sollen oder angeworben worden seien. Da soll nur bei mir, der ich ohne Einwände vorzeitig entlassen worden war, seit 1950 kein Versuch unternommen worden sein? Sowohl die Legende selbst als auch die Anwerbeversuche bei so vielen Personen halte ich für eine Pfuscherei, die sowohl mich als auch die ganze Sache in Gefahr bringt. Sicher gibt es gegen mich keine Beweise, doch unter Verdacht stehe ich ständig."

Der Verlauf der Aktion „RETRIBUCE"

Bis Anfang August 1955 hatten die Mitarbeiter des in Deutschland tätigen tschechoslowakischen Geheimdienstes 26 Agenten zur Zusammenarbeit gewonnen. Weitere fünf übergaben sie der in Österreich operierende Abteilung. Einige von ihnen hatten schon früher in den Umerziehungslagern mit der Staatssicherheit kooperiert. Damit konnte man sie als kompromittiert und überprüft ansehen. Lediglich vier der ausgewählten Deutschen nahmen die Zusammenarbeit unter Vorbehalt an – der erste hatte nur gegenüber tschechoslowakischen Emigranten Vorbehalte, der zweite gegenüber tschechoslowakischen Emigranten und Amerikanern, der dritte im Rahmen von Handelsinformationen und der vierte von ihnen bat sich aus, nur gemäß seiner eingeengten individuellen Möglichkeiten zusammenarbeiten zu müssen.

Die hier versammelten Agenten wurden in den deutschen Geheimdienst, die Polizei, die Armee, unter tschechoslowakische Emigranten, in den Staatsapparat, in politische Parteien, die sudetendeutsche Bewegung und die Industrie eingeschleust.

∗∗∗

Im Zuge der Aktion „RETRIBUCE" war der Geheimdienst bestrebt, die hauptsächlichen Mängel der Vergangenheit zu überwinden, vor allem die Probleme bei der Kompromittierung und der Überprüfung der künftigen Mitarbeiter. Zur Kompromittierung konnte namentlich die Ausbildungszeit der Kriegsgefangenen zu Geheimdienstmitarbeitern genutzt werden. Alles aus der Zeit des Krieges und ihrer anschließenden Haft sollte nun über sie in Erfahrung gebracht werden. Für jeden ausgewählten Kandidaten arbeiteten die Führungsoffiziere einen individuellen Plan aus, um ihn, auch mit Hilfe seiner Mitgefangenen, in den Umerziehungslagern zu kompromittieren. Bei den

Mithäftlingen handelte es sich um inoffizielle Staatssicherheitsmitarbeiter, die auf die Kriegsgefangenen angesetzt worden waren, denn die Überprüfung durch Lauschangriffe hatte nicht die erwarteten Ergebnisse gebracht.

Die Betroffenen wurden hierzu in die Gefängnisse Valdice und Rtyně (Hertin) verlegt. In beiden Haftanstalten wurden Spitzel auf die Gefangenen angesetzt. Auf weniger aussichtsreiche Kandidaten in anderen Haftanstalten sollten nur dann Agenten für eine spätere Zusammenarbeit mit dem Auslandsgeheimdienst hinwirken, wenn es noch freie Kapazitäten gab.

Wie bereits erwähnt, hatte die Anwerbung von Geheimdienstmitarbeitern aus den Reihen sowohl sudetendeutscher als auch reichsdeutscher Kriegsgefangener zum Ziel, sie in verschiedenen Bereichen einzusetzen. An ihrer Entsendung ins Ausland beteiligten sich vor allem die I. und II. Abteilung der IV. Hauptabteilung des Auslandsgeheimdienstes. Unter den angeworbenen Agenten waren beispielsweise ein ehemaliger Regierungsrat aus Ostrava, ein Prager Journalist, ein Textil-Fabrikant, der Vorsitzende des Industriellen-Verbandes, ein hoher Beamter aus dem Arbeits- und Wirtschaftsministerium, ein Beamter vom Oberlandratsamt, der Präsident der böhmisch-mährischen Post, ein Fernmelde-Offizier, ein römisch-katholischer Pfarrer, ein evangelischer Pfarrer, ein Bergbau-Techniker, Mitarbeiter des SD oder der Abwehr, Angehörige der Gestapo, Regierungskommissare, SS-Offiziere sowie Funktionäre der Sudetendeutschen Partei und der NSDAP.

Erwartungsgemäß stimmten die meisten der kontaktierten Personen einer Zusammenarbeit mit dem Geheimdienst zu, wenn auch einige nur unter Vorbehalten. Nach den Plänen des kommunistischen Geheimdienstes sollten die angeworbenen Agenten in günstige Positionen im Sicherheitsapparat der Bundesrepublik Deutschland oder in der staatlichen Verwaltung gebracht werden. Wie ein frommer Wunsch erschien allerdings das Bestreben, Agenten direkt in die Zentrale eines bundesdeutschen Geheimdienstes einzuschleusen. Alle Entsende-Vorschläge wurden an den damaligen Innenminister Rudolf Barák weitergeleitet, der auch schriftlich über die Ausreise jedes einzelnen Agenten ins Ausland informiert wurde.

Versuch einer Typologie der angeworbenen deutschen Kriegsgefangenen

Obwohl die Anwerbung jedes einzelnen deutschen Kriegsgefangenen und die spätere Zusammenarbeit stets individuelle Züge trugen, sollen die von der Staatssicherheit gewonnenen Personen an dieser Stelle auf der Basis bestimmter Gemeinsamkeiten in vier grundlegende und dabei hinreichend flexible Kategorien untergliedert werden.

Die erste Gruppe läßt sich noch mehrfach aufgliedern. Gemeinsam ist ihnen allen, dass es aus verschiedenen Gründen nicht zu einer Entsendung ins Ausland kam. Zumeist wurde auch keine Verpflichtungserklärung zur Zusammenarbeit unterzeichnet. Diese Personen konnten von den Mitarbeitern des Innenministeriums auch während der Überprüfungsphase noch von der Liste potenzieller Agenten gestrichen werden, etwa dann, wenn ein Kriegsgefangener jegliche Zusammenarbeit entschieden ablehnte.

Einen Pool bildeten jene Personen, die aus gesundheitlichen oder nachrichtendienstlichen Gründen ungeeignet für den Geheimdienst waren; wenn die Führungsoffiziere beispielsweise zu der Überzeugung gelangten, dass die betroffene Person sofort nach ihrer Ankunft in der Bundesrepublik die Zusammenarbeit melden würde. Bei manchen Kriegsgefangenen stellte sich auch erst mit der Zeit heraus, dass sie über keine nachrichtendienstlich wünschenswerten Fähigkeiten verfügten. Einige besonders unbeugsame deutsche Häftlinge erklärten in den Verhören gegenüber den Mitarbeitern des Innenministeriums, dass sie lieber den Rest ihrer Strafe verbüßen wollten, statt mit dem Geheimdienst zusammenzuarbeiten. Sie Personen waren allerdings seltene Ausnahmen.

Die meisten der Kriegsgefangenen, deren ursprünglich geplanter Aufbau zum Informanten letztendlich doch nicht realisiert wurde, haben nie erfahren, dass der Geheimdienst an ihnen jemals Interesse hatte.

Zur Kategorie der schließlich nicht eingesetzten Agenten kann auch General Rudolf Toussaint gezählt werden. Er hatte im Mai 1955 voller Euphorie eine Verpflichtungserklärung zur Zusammenarbeit mit dem Geheimdienst unterschrieben und hoffte, so schon bald nach Deutschland ausreisen zu können. Aus politischen Gründen wurde er allerdings erst sechs Jahre später aus der Haft entlassen. Natürlich konnte der Auslandsgeheimdienst von dem inzwischen verbitterten Toussaint nach so langer Zeit nicht mehr erwarten, dass er sich gemäß der Verabredung von 1955 für ihn engagieren würde.

Die zweite Kategorie umfasst Personen, die aus den verschiedensten Motivationen heraus – erwartete Vorteile, vorzeitige Haftentlassung usw. – eine Verpflichtungserklärung zur Zusammenarbeit unterschrieben und vom Geheimdienst als Agenten ins Ausland gesandt wurden. Sie hatten ihre Verpflichtung aber an die Bedingung geknüpft, dass sie nicht gegen die Interessen der Bundesrepublik Deutschland tätig werden müssten. Diese Agenten brachen, sofort nachdem sie die Grenze überschritten hatten, jede Kommunikation mit den Offizieren des tschechoslowakischen Nachrichtendienstes ab und erschienen zu keinem der vereinbarten Treffen. Die Gründe, die diese deutschen Kriegsgefangenen in Deutschland zu einem Abbruch der Zusammenarbeit bewegten, sind durchaus verständlich. Die meisten der entlassenen Kriegsgefangenen waren nicht mehr die Jüngsten und wollten vor allem in ihrer Heimat in Ruhe alt werden.

Befürchtungen, enttarnt zu werden, gesundheitliche Probleme, existenzielle Sorgen und der Hass auf den Staat, in dessen Gefängnissen sie zehn Jahre ihres Lebens verbracht hatten, trugen zu dem Entschluss bei, zu den Mitarbeitern der I. Hauptverwaltung des tschechoslowakischen Innenministeriums in Deutschland keinen Kontakt aufzunehmen. Auch die Angst vor möglichen Vergeltungsmaßnahmen der Geheimdienstzentrale konnte sie davon nicht abbringen. Geheimdienst-Mitarbeiter hatten – in der Regel erfolglos – versucht, die Deutschen noch vor ihrer Entlassung auf die verschiedenste Art erpressbar zu machen. Zu den üblichen Methoden gehörten Fotos bei der Unterzeichnung der Verpflichtungserklärung zur Zusammenarbeit im Beisein eines uniformierten Angehörigen des Sicherheitsapparates.

Die dritte Kategorie der angeworbenen deutschen Gefangenen deckt sich in zentralen Gesichtspunkten mit der zweiten Kategorie. Allerdings trafen sich diese ehemaligen Kriegsgefangenen im Ausland wenigstens einmal mit ihrem Führungsoffizier. Einige Agenten dieser Kategorie arbeiteten auch eine längere Zeit – bis hin zu mehreren Jahren – mit der I. Hauptverwaltung des Innenministeriums zusammen. Die dabei weitergegebenen Informationen waren allerdings zumeist von sehr allgemeiner Art, ohne jeglichen wirklichen nachrichtendienstlichen Wert. Sie konnten ebensogut aus legalen Quellen gewonnen werden oder waren einfach nur banal. Die wichtigste Motivation für diese Art der Informationsübermittlung war die finanzielle Vergütung für die gelieferten Berichte. Offen bleiben muss, wie viele dieser nachrichtendienstlich wenig bedeutenden Agenten zeitgleich für den deutschen oder amerikanischen Geheimdienst tätig waren, in solchem Fall konnte es sich auch um eine gezielt eingesetzte Taktik handeln.

Die vierte und interessanteste Kategorie umfasst die zur Zusammenarbeit gewonnenen Agenten, die im Unterschied zu den anderen Kategorien ihren Führungsoffizieren in der Tat nachrichtendienstlich wertvolle Informationen geliefert haben. Auch ihre Motivation war in der Regel die finanzielle Vergütung. Ein Teil dieser Agenten hat ihren Führungsoffizieren im persönlichen Gespräch gestanden, dass die Spionagetätigkeit für sie wie eine „Droge", eine willkommene Abwechslung in ihrem monotonen Alltag sei. Es gab, auch das gehört zu den bemerkenswerten Tatsachen, keinen einzigen deutschen Kriegsgefangenen, der ausschließlich aus ideologischen Gründen mit dem kommunistischen Geheimdienst der ČSR zusammengearbeitet hätte.

Über die zahlenmäßige Stärke der einzelnen Gruppen angeworbener deutscher Kriegsgefangener sowie das prozentuale Verhältnis untereinander gibt es bislang noch keine genauen Angaben. Unstrittig ist lediglich, dass die wenigsten von ihnen der vierten Kategorie zuzurechnen sind. Die meisten zählten zur zweiten Kategorie, gefolgt von der dritten. Eine strenge Untergliederung kann jedoch ohnehin nicht vorgenommen werden, da es auch gewisse Fluktuationen zwischen den einzelnen Kategorien gab, vor allem zwischen der dritten und vierten. So hat beispielsweise ein Agent aus der dritten Kategorie erst allmählich Zugang zu nachrichtendienstlich wertvollen Informationen bekommen und sich daraufhin entschieden, diese an seinen Führungsoffizier weiter zu geben. In der vorgenommenen Typologie würde er in diesem Fall automatisch aus der dritten in die vierte Kategorie übergehen.

Ein anderes Beispiel sind Häftlinge aus der ersten Gruppe, die ursprünglich als nicht tauglich für den Geheimdienst ausgemustert worden waren. Angesichts der Aussicht, noch viele weitere Jahre im Gefängnis verbringen zu müssen, machten sie sich bewusst, welchen Vorteil die Zusammenarbeit mit dem Innenministerium bringen würde und boten von sich aus an, kooperieren zu wollen. Sofern die Hauptabteilung Aufklärung darauf einging, ist der betroffene Agent einer weiteren Kategorie zuzuordnen.

Der Fall Anton Polzer

Die Mitte der fünfziger Jahre angelegten Akten der Hauptabteilung Aufklärung unterliegen normalerweise noch heute einer Geheimhaltungsstufe. Eine Ausnahme hiervon – neben anderen – bilden die (jedoch unvollständigen) Unterlagen im Fall des angeworbenen deutschen Kriegsgefangenen Anton Polzer.

Bei der periodischen Sichtung der im Archiv gelagerten Akten des Auslandsgeheimdienstes sind immer wieder „unbedeutende, wertlose, erledigte und nicht überprüfte" Materialien aussortiert und für eine Vernichtung vorgesehen worden. So ist kaum noch eine Akte wirklich vollständig, zahlreiche historische Dokumente sind für immer verloren. Denn die Mitarbeiter der I. Hauptverwaltung bewahrten in den Akten nur solche Materialien auf, die auch künftig noch nachrichtendienstlich verwendet werden könnten. Die noch erhaltenen Dokumente können somit längst nicht alle wichtigen Nuancen bei der Entwicklung der Zusammenarbeit mit dem betroffenen Agenten widerspiegeln. Das gilt es zu bedenken, wenn die Überlieferung im Fall Polzer betrachtete wird.

Geboren wurde Anton (Antonín) Polzer am 25. Mai 1914 als Sohn eines Gastwirts und Kleinbauern im kleinen Dorf Deutsch Schützendorf (Čestín) im damaligen Oberlandratsbezirk Deutsch-Brod (heute Havlíčkův Brod). Er gehörte der römisch-katholischen Kirche an. Nach Abschluss der deutschen Grund- und Bürgerschule erlernte er bei seinem Vater den Kellnerberuf und absolvierte zeitgleich eine zweijährige weiterführende Schule. Nach dem Tode seines Vaters im Jahre 1931 führte er zusammen mit seiner Mutter die Gaststätte und den Bauernhof bis 1941 weiter.

Anton Polzer (1914 – ?), Kriminalangestellter der Gestapo in Klatovy, arbeitete vor Abbruch der Verbindung mit der StB mehr als zweieinhalb Jahre zusammen. Er war im Jahr 1955 als Agent für die Aufklärung des MdI in der Bundesrepublik Deutschland tätig.

Im Jahre 1936 hatte er beim 21. Infanterie-Regiment in Čáslav seinen Wehrdienst angetreten, wurde allerdings schon bald als wehruntauglich ausgemustert. 1938 wurde er Mitglied der Sudetendeutschen Partei. 1939 beantragte Polzer den Eintritt in die NSDAP, deren Mitglied er 1943 wurde. In Iglau nahm er zugleich an einer militärischen Übung der SA teil. Auf eigenen Antrag nahm er im Mai 1940 seinen Dienst als Kriminalist bei der Gestapo in Kladno auf und trat in die SS ein. 1944 wurde er zum SS-Oberscharführer befördert. In Kladno war er bis September 1941 beschäftigt. Polzer übersetzte illegale Schriften und Flugblätter und war als Dolmetscher tätig, ohne dabei jedoch einzelne Fälle selbständig bearbeiten zu dürfen.

Anton Polzer – Personalakte – Titelseite der Personalgefangenenakte von A. Polzer, im National-archiv der ČR aufbewahrt.

Anfang 1941 trat er den Wehrdienst bei der Deutschen Wehrmacht an, in der er es allerdings nur bis zum Gefreiten brachte. Über ein Jahr diente er bei einem Infanterie-Regiment in Dresden. Nach Abschluss der Grundausbildung wurde er mit diesem Regiment an die Ostfront nach Stalingrad verlegt und dort schon bald verwundet. Im Januar 1943 brachte man Polzer über Lemberg nach Prag ins Krankenhaus. Von seiner Verletzung genesen, wurde er im März 1944 aus dem Militärdienst entlassen und mit dem Silbernen Abzeichen und dem Kriegskreuz II. Klasse ausgezeichnet. Im April 1944 kehrte er als Kriminalist zur Gestapo in Kladno zurück. Zunächst arbeitete er hier wieder als Dolmetscher, später wurde er in das Referat zum Abhören ausländischer Rundfunksender versetzt. Zudem nahm er an allen Verhören, auch allen Folterungen, durch die Gestapo in Kladno teil, hier vor allem als Dolmetscher.

Während der deutschen Besatzung hatte sich Anton Polzer mit der Tschechin Marie Linhartová verlobt. Zum Kriegsende tauchte er bei ihr unter, bis er am 6. Mai 1945 verhaftet wurde. Polzers Mutter ist nach dem Krieg nach Bayern ausgesiedelt worden. Seine Schwester war mit einem Tschechen verheiratet und blieb in Olmütz (Olomouc). Für seine Kriegsverbrechen – die SS-Mitgliedschaft, Unterstützung des Nationalsozialismus, Erpressung, schwere Körperverletzung und Freiheitsentzug – ist Anton Polzer vom Außerordentlichen Volksgericht in Kladno am 10. Dezember 1946 zu einer lebenslangen Freiheitsstrafe verurteilt worden. Seine Haft verbüßte er in mehreren Gefängnissen und Arbeitslagern, u. a. Pilsen-Bory und Jáchymov. Dort war er zu verschiedenen Arbeiten abgestellt, beispielsweise in der Wäscherei, auf dem Bau, als Metallarbeiter und bei der Lederverarbeitung.

Ab 1948 beantragte Polzers Mutter mehrmals die Ausreise ihres Sohnes nach Westdeutschland. Anfang 1951 erhielt er auch eine Einreiseerlaubnis von dort. Diese konnte er jedoch nicht nutzen, weil alle Ausreise-Anträge von tschechoslowakischer Seite abgelehnt worden waren. Als häufigster Grund wurden in den Gutachten Polzers dienstbeflissene NS-Tätigkeit während der Okkupation und sein schlechter Charakter angeführt, was „den Erfolg einer Umerziehung nicht gewährleistet" habe. Auch fünf Disziplinarstrafen in den Jahren 1950 und 1951 wirkten sich auf seine Ausreiseanträge negativ aus. Dafür wurde Polzer Ende 1951 für die Erfüllung der kollektiven Arbeitsverpflichtung belohnt. Ihm wurden ein Brief außer der Reihe, Besuch und ein Päckchen genehmigt.

Später datierte Gefängnisgutachten über Polzer fielen nicht günstiger aus. Sie charakterisierten ihn als ein Gestapo-Mitglied, das für den Tod mehrerer Menschen während der Okkupation verantwortlich war, als einen eingefleischten Nazi und unaufrichtigen Menschen, der die volksdemokratische Gesellschaftsordnung ablehne. In einem Gutachten von 1954 heißt es: „Er verhält sich diszipliniert, ist unaufrichtig und heuchlerisch, arbeitet gut, solange es um seinen Vorteil geht, hat kein Interesse an kollektiver Arbeit, befürwortet die Politik der westlichen Imperialisten – ist ein Nazi."

In einem persönlichen Fragebogen erklärte Polzer, dass er zu seinen Straftaten durch den Ausnahmezustand des Krieges gezwungen worden sei und deshalb keine Schuldgefühle verspüre. Dennoch wolle er den gegebenenfalls verursachten Schaden durch seine Arbeit wiedergutmachen. Der letzte Satz ist freilich eine damals übliche Floskel, mit der die deutschen Kriegsgefangenen ihr Persönlichkeitsprofil zu verbessern trachteten, denn schließlich blieb ihnen gar nichts anderes übrig, als zu arbeiten. Wie die meisten anderen deutschen Kriegsgefangenen klagte auch Polzer in dem Fragebogen über seinen schlechten Gesundheitszustand.

Selbst im August 1954 kam Polzer nicht in den Genuss der individuellen Amnestie des Präsidenten vom 4. Mai 1953. Erst im Frühjahr des folgenden Jahres wurde im Zuge der vom Präsidenten am 9. Mai 1955 erlassenen Amnestie sein Strafmaß von lebenslänglicher Haft auf 25 Jahre Freiheitsstrafe herabgesetzt. Ebenso wie bei den meisten anderen deutschen Kriegsgefangenen entschied die Generalstaatsanwaltschaft am 10. Oktober 1955 schließlich gemäß § 276, Polzer den Rest der Strafe zu erlassen und ihn abzuschieben. Kurz vor Weihnachten, am 19. Dezember 1955, reiste Anton Polzer mit einem Heimkehrer-Transport in die Bundesrepublik aus.

Die Zusammenarbeit des Agenten JANDERA im Ausland

Knapp zehn Monate vor seiner Haftentlassung, am 27. Februar 1955, war Polzer vom Offizier der deutschen Abteilung des tschechoslowakischen Auslandsgeheimdienstes, Leutnant Rudolf Příhoda, zur Zusammenarbeit gewonnen worden. Er bekam dabei den Decknamen „JANDERA". Während eines Gespräches über die politische Situation brachte der Gefangene Polzer eine negative Einstellung zur Politik Konrad Adenauers und zur Wiederaufrüstung der Bundesrepublik Deutschland zum Ausdruck. Leutnant Příhoda gab Polzer zu verstehen, dass er aktiv gegen die Vorbereitung eines neuen Krieges tätig werden könne. Polzer verstand die Anspielung und fragte direkt, ob es sich um das Angebot einer Zusammenarbeit handele. Der Geheimdienst-Offizier bestätigte dies.

Polzer willigte in die Zusammenarbeit ein und schrieb umgehend eine eigenhändige Bewerbung an das Innenministerium. An dieser Stelle sei ein Auszug aus diesem Schreiben zitiert: „Da ich mit der Politik des Friedenslagers einverstanden bin und für den Frieden tätig sein will, bewerbe ich mich beim Innenministerium um eine Zusammenarbeit. Im Falle einer Herabsetzung meines Strafmaßes und einer Ausreise zu meiner Mutter nach Westdeutschland verpflichte ich mich, auch dort nach allen meinen Möglichkeiten mit dem Innenministerium weiterhin zusammen zu arbeiten. (…) Alle aus politischen Kreisen abgeschöpften Informationen werde ich wahrheitsgetreu an das Innenministerium weiterleiten. (…) Ich versichere dem Innenministerium, dass

An

Okresní Národní výbor v Havl.Brod (Deutsch Brod)

Betr.: Theresia Polzer, dzt. Gunzenbach/Ufr. Bayern, Kreis
       Alzenau b/Aschaffenburg bittet um Aussiedlung
       ihres Sohnes Anton Polzer als Ernährer.

Auf Grund des Erlasses des Ministerium des Innern
in Prag vom 31.XII. 1946 G.Z. 3oo/24o33-46 ref.B. bitte
ich um die ehebaldigtse Aussiedlung meines Mssghmann
Sohnes Anton Polzer als Ernährer.

Mein Sohn Anton Polzer , geb. 25.5.1914, letzter
Wohnort Deutsch Schützendorf,Kreis Iglau ,Gastwirt, befin-
det sich dzt.in Pilsen (Trestnice pro muže v Plzni sam.
B.I. 158)

Ich wurde am 23.Februar 1946 nach Gunzenbach/Ufr.
ausgesiedelt und fordere meinen Sohn als Ernährer dringend
an, da ich infolge meines hohen Alter 73 Jahre arbeitsunfähig bin und in Not und Elend lebe.

Laut beiliegender Bestätigung des Bürgermeisters
in Gunzenbach wohne ich seit März 1946 ständig in Gunzenbach und bestehen gegen seinen Zuzug keine Bedenken und
wird für ihn kein besonderer Wohnraum benötigt.

Gunzenbach/Ufr., den 1o.Januar 1948

Nachrichtlich an:
Anton Polzer,Trestnice pro muže v Plzni sam.B.I.158

Ministerstvo vnitra v Praze ČSR
Vojenske strediatvo odsunove Domazlicích u PlzniČSR.
U.S. Überwachungs-Offizier in Furth i/Walde Bayern

*Ersuchen der Mutter Theresie Polzer um Aussiedlung des Sohnes Anton als Ernährer vom
10.01.1948. Dokument aus der Personalgefangenenakte von A. Polzer.*

ich mich mit allen Kräften bemühen werde, das Vertrauen, das mir entgegengebracht wird, nicht zu enttäuschen. Ich bin sicher, dass ich Informationen liefern kann, die zur Festigung des Friedenslagers von Nutzen sein werden."

Leutnant Příhoda beauftragte im Anschluss daran seinen neu gewonnenen Agenten JANDERA, die Tätigkeiten und Meinungen seiner Mitgefangenen im Auge zu haben. Zugleich erhielt er Instruktionen, wie er sich unter ihnen zu verhalten habe und worauf er achten solle. Darüber hinaus müsste JANDERA zu Personen, die ihm später in der Bundesrepublik zu einem Arbeitsplatz verhelfen könnten, freundschaftliche Beziehungen knüpfen und ihr Vertrauen gewinnen.

Příhoda beschrieb seinen Eindruck von Polzer Mitte 1955 folgendermaßen: „Ein aufrichtiger Mensch mit seriösem Auftreten. Er sagt von sich selbst, dass er ein Einzelgänger sei. Dies scheint jedoch damit widerlegt zu sein, dass er verhältnismäßig viele Kontakte zu anderen Kriegsgefangenen unterhält und mehrere persönliche Freunde hat. In Gesprächen wirkt er langsam und unentschlossen. Er wägt jedes Wort, das er sagt, sorgfältig ab. Dadurch erweckt er den Eindruck von Besonnenheit. Auf gestellte Fragen reagiert er langsamer. Politisch drückt er sich indifferent aus. Das bedeutet aber nicht, dass er sich nicht für die politische Situation interessiert. Einzelne politische Ereignisse bewertet er insgesamt recht gut. Entschieden lehnt er die Politik Adenauers in Westdeutschland ab."

JANDERA unterhielt eine Reihe von Kontakten zu seinen Mitgefangenen und Bekannten, beispielsweise zum 1946 abgeschobenen ehemaligen Abgeordneten der Sudetendeutschen Partei Blahuta. Jener hatte Polzer versprochen, sich nach seiner Rückkehr in die Bundesrepublik um ihn zu kümmern. Ferner war er mit dem ehemaligen Chef des Sicherheitsdienstes in Pilsen, Josef Goschler, befreundet, der angeblich 1953 aus einem Arbeitslager nach Deutschland geflüchtet sein soll und später eine Polizei-Abteilung in München leitete. Polzer kannte natürlich alle Gestapo-Angehörigen in Klatovy (Klattau), darunter Kilian Ruprecht, der wegen seiner Grausamkeit besonders gefürchtet war.

Wie Leutnant Příhoda erkannt hatte, verfügte Polzer über recht gute Voraussetzungen dafür, in den Polizeiapparat eingeschleust zu werden. Als ehemaliger Kriminalist hatte er auch Erfahrung in der nachrichtendienstlichen Arbeit. Mit Hilfe seiner zahlreichen Bekannten unter den ausgesiedelten deutschen Kriegsgefangenen – darunter auch mindestens zwei weiterer Agenten des Auslandsgeheimdienstes – sowie einflussreicher Beziehungen konnte Polzer in der Bundesrepublik schnell Fuß fassen. Nach Ansicht seines Führungsoffiziers mussten zuvor aber noch mehrere Treffen mit ihm stattfinden, vor allem müsste er politisch geschult werden. Der zehnjährige Gefängnisaufenthalt habe angeblich seine erzieherische Wirkung erfüllt, denn Polzer sei sich seiner Verbrechen bewusst geworden und wolle sie durch die Zusammenarbeit mit dem Innenministerium wiedergutmachen.

Nach Einschätzung von Oberleutnant Zdeněk Motl von der IV. Abteilung des Innenministeriums im Oktober 1955 leiste Polzer auf Grund seiner fortschrittlichen Ansichten die Zusammenarbeit freiwillig. Während seiner Agententätigkeit lieferte er mehrere Berichte über seine Mitgefangenen. Zugleich entwickelte er ein Konzept, wie er sich die Zusammenarbeit im Ausland vorstellen könnte. Mit diesen Materialien konnte er allerdings nicht ausreichend kompromittiert werden. Gemäß den erhaltenen Anweisungen festigte er das Vertrauen seiner Mitgefangenen zu ihm und knüpfte zu Personen Kontakte, die ihm in der Bundesrepublik Deutschland Dienste leisten könnten.

Während seiner Geheimdienst-Zusammenarbeit in der Tschechoslowakei wurde er nicht enttarnt. Er geriet nicht einmal in den Verdacht, mit Mitarbeitern des Innenministeriums in Kontakt zu stehen. Angeblich hat Polzer stets eine positive und verantwortungsbewusste Haltung zur Zusammenarbeit eingenommen. Gegenüber seinen Führungsoffizieren sei er, so Motl, offen und aufrichtig aufgetreten.

Von Ende August 1956 liegen fortlaufende Berichte über die nachrichtendienstliche Tätigkeit des Agenten JANDERA im Ausland vor. Im Rahmen seiner bisherigen Zusammenarbeit war er insgesamt dreimal mit Offizieren der I. Hauptverwaltung des Innenministeriums in Wiener Cafés zusammengetroffen, zuletzt am 17. Juli 1956. Leutnant Antonín Rameš charakterisierte Polzer folgendermaßen: „JANDERA meint seine Zusammenarbeit ehrlich. Redlich und gutwillig bemüht er sich, die gestellten Aufgaben zu erfüllen. Allerdings zeichnet er sich nicht durch überdurchschnittliche Intelligenz aus. Doch hatte er bislang auch nur wenige Möglichkeiten, sich hervorzutun. Sehr positiv sind sein Bemühen und seine einwandfreie Einhaltung aller Befehle und Anweisungen, die er bei den Treffen mit uns erhalten hat, zu bewerten. JANDERA ist bislang arbeitslos, er erhält eine monatliche Sozialhilfe in Höhe von 200 DM (West). Davon ernährt er auch seine Mutter. Er will ein kleineres Gasthaus pachten oder eine Armee-Kantine in irgendeiner Garnison, wozu er beauftragt worden war. Die zweite Möglichkeit lässt sich wahrscheinlich nicht realisieren, weil die Armee die Hinterlegung einer Kaution in Höhe von 30.000 DM verlangt. Die meisten Berichte, die JANDERA im Rahmen der Zusammenarbeit im Ausland lieferte, hatten für den Nachrichtendienst vor allem kontrollierenden oder informativen Charakter. JANDERA sollte zum einen in erster Linie seine Kontakte zu den ehemaligen Gestapo-Angehörigen in der BRD wieder aufnehmen. Zum anderen hatten seine Aufgaben militärischen Charakter."

Ein Offizier der tschechoslowakischen Auslandsaufklärung erteilte Polzer, der nunmehr mit seiner Ehefrau in Aschaffenburg lebte, eine Reihe von Aufgaben: Er solle sich ein feste Arbeitsstelle suchen, die Kontakte mit seinen früheren Bekannten von der Gestapo intensivieren, sich für die amerikanischen Militärstützpunkte interessieren, sich dem Verband der heimgekehrten deutschen Kriegsgefangenen aus der Tschechoslowakei anschließen, Kontakt zu den Sudetendeutschen halten und Informationen über die Bundeswehr einholen. Das nächste Treffen mit JANDERA, das die Geheimdienstzentrale in Wien organisieren würde, war für den 6. Oktober 1956 geplant.

Ein weiterer Bericht von Mitte Dezember 1958 stammt bereits vom Inlandsnachrichtendienst und bezieht sich auf die misslungene Übernahme des Agenten JANDERA in die Leitung der II. Hauptverwaltung des Innenministeriums. Aus den Akten ist zu erfahren, dass mehrere, nicht näher spezifizierte Agententreffen von Antonín Polzer und Offizieren der I. Hauptverwaltung in Österreich stattgefunden haben. Im Rahmen seiner Zusammenarbeit leitete er nur allgemeine Informationen weiter und wurde niemals dafür bezahlt. Wegen angeblich mangelnder Intelligenz für eine nachrichtendienstliche Tätigkeit wurde Polzer auch nie auf einen konkreten Fall angesetzt. Obwohl JANDERA zu den Agenten zählte, die sich bemühten und zuverlässig waren, brachte seine Zusammenarbeit letztendlich keine greifbaren Ergebnisse.

Mitte Oktober 1957 brach die Verbindung zu JANDERA definitiv ab. Auf Bitten, sich zu melden, reagierte er nicht mehr. Durch eine Überprüfung wurde festgestellt, dass er aus Aschaffenburg an einen unbekannten Ort verzogen war. Unter diesen Umständen wurde die Akte Polzer ins Archiv gebracht und später teilweise vernichtet.

Man kann nur spekulieren, welche Gründe Anton Polzer dazu bewogen haben, die Zusammenarbeit mit den Mitarbeitern des Innenministeriums abzubrechen. Wahrscheinlich waren es mehrere Faktoren gleichzeitig, die ihn zu diesem Schritt veranlasst hatten. Möglich ist, dass JANDERA seine niedrigere Intelligenz gegenüber den Geheimdienstoffizieren nur vorgetäuscht hat, damit diese das Interesse an einer weiteren Zusammenarbeit mit ihm verlieren. So würde er auch im Falle eines Kontaktabbruchs vor einem möglichen erhöhten Interesse des Geheimdienstes an ihm verschont bleiben. Dies ist ihm offensichtlich gelungen. Doch er rechnete nicht mehr damit, dass er als weniger bedeutender Agent an den tschechoslowakischen Inlandsgeheimdienst übergeben werden würde. Oder Polzer hatte sich nach einiger Zeit bewusst gemacht, auf welch dünnes Eis er sich begeben hatte. Seine Heirat und die Sehnsucht nach einem ruhigen Leben haben ihn womöglich von seiner „Agenten-Leidenschaft" geheilt. Im Falle einer Enttarnung durch den westdeutschen Geheimdienst hätte ihn nichts Angenehmes erwartet. So ist er möglicherweise tatsächlich unbemerkt weggezogen und hat alle Spuren hinter sich verwischt.

Ein weiterer Grund für den Abbruch der Zusammenarbeit mit den Mitarbeitern des Innenministeriums könnte für JANDERA die in Aussicht gestellte, uninteressante Zusammenarbeit mit dem tschechoslowakischen Inlandsgeheimdienst gewesen sein. Jener genoss längst nicht ein so großes Prestige wie die I. Hauptverwaltung des Innenministeriums. Ebenso ist nicht ausgeschlossen, das JANDERA seine Zusammenarbeit mit dem Innenministerium gleich nach seiner Einreise nach Deutschland dem Verfassungsschutz verraten hat und dieser versuchte, Polzer als „Doppelagenten" zu benutzen und mit dem tschechoslowakischen Auslandsgeheimdienst ein Spiel zu spielen. In diesem Falle wäre es möglich, dass der Führungsoffizier vom Verfassungsschutz Polzer aus der Aktion zurückgezogen hat, nachdem bekannt wurde, dass er an den weniger bedeutenden Inlandsgeheimdienst des tschechoslowakischen Innenministeriums übergeben werden sollte. Dies ist aber am wenigsten wahrscheinlich. Es gibt dafür keinerlei Indizien.

Auch das Verhalten des Führungsoffiziers von der tschechoslowakischen Auslandsaufklärung hat JANDERA sicher nicht zur Intensivierung der Zusammenarbeit ermuntert. Denn Polzer ist niemals für seine weitergegebenen Informationen finanziell vergütet worden. Dabei war es in der Anfangsphase üblich, die Zusammenarbeit mit einzelnen Agenten mit Geld zu motivieren; vor allem, wenn sie sich in einer finanziellen Notsituation befanden.

Über die wahren Beweggründe für den Abbruch der Zusammenarbeit von Seiten des Agenten JANDERA kann man nur spekulieren. Die Dokumente in den tschechoslowakischen Archiven, die Auskunft über die Gründe geben könnten, existieren schon lange nicht mehr. Zu den deutschen Geheimdienstarchiven haben wir keinen Zutritt. Zeitzeugen unter den angeworbenen deutschen Kriegsgefangenen leben mit großer Wahrscheinlichkeit nicht mehr. Und selbst wenn wenigstens einer von ihnen noch etwas berichten könnte, würde er sich bestimmt nicht der Zusammenarbeit mit einem kommunistischen Geheimdienst rühmen.

Das Leben der angeworbenen Agenten in der Bundesrepublik Deutschland

Bei vielen ehemaligen Kriegsgefangenen hielt die Begeisterung über ihre Rückkehr nicht lange an. Die vom tschechoslowakischen Geheimdienst angeworbenen Deutschen befanden sich nach ihrer Ankunft in Deutschland in einer sehr schwierigen Situation. Trotz einer anfänglichen sozialen Unterstützung in Höhe von mehreren Tausend Mark, die allerdings nicht alle bekamen, mussten sie ihre Existenz praktisch wieder ganz von vorn aufbauen. Viele von ihnen litten an schweren Krankheiten, die sie sich durch ihren langen Aufenthalt in Gefängnissen und Arbeitslagern zugezogen hatten. Darüber hinaus lag das Durchschnittsalter der Agenten bei 47 Jahren. Der Älteste war bei seiner Abschiebung bereits 64 Jahre alt, der jüngste 33. Wenn die einstigen Kriegsgefangenen verheiratet waren und Kinder hatten, traten neben den existenziellen und sozialen Schwierigkeiten auch noch familiäre Probleme auf. Diese waren sehr häufig dadurch bedingt, dass die Männer so lange von der Familie getrennt waren. So brachen deren Ehen dreimal häufiger auseinander als vor dem Krieg.

Je besser es den Heimkehrern gelang, die Vergangenheit zu vergessen, oder wenigstens nicht darüber zu sprechen, umso leichter fiel es ihnen, eine neue Existenz aufzubauen. Zugleich mussten sie damit fertig werden, dass nun die deutschen Geheimdienste ein erhöhtes Interesse an ihrer Person zeigten. Noch dazu sollten sie jetzt gemäß ihrer unterschriebenen Verpflichtungserklärung Informationen für die tschechoslowakische Aufklärung beschaffen. Zwangsläufig wurden sie durch den Geheimdienst immer wieder an die vergangenen grausamen Jahre in tschechoslowakischer Haft erinnert. Darum ist es kein Wunder, dass die meisten von ihnen dem Verfassungsschutz sofort gemeldet haben, von der I. Hauptverwaltung des tschechoslowakischen Innenministeriums angeworben worden zu sein. Ein Trost für sie war, dass ihnen die deutschen Behörden Straffreiheit versprachen, wenn sie ein vollständiges Geständnis ihrer Zusammenarbeit mit dem Auslands-Spionagedienst ablegten.

Wenn die angeworbenen deutschen Kriegsgefangenen nach ihrer Freilassung die Zusammenarbeit in der Bundesrepublik gar nicht erst aufnahmen, wurden ihre Akten im Archiv der Prager Geheimdienstzentrale abgelegt. Wenn sie nach ihrer Abschiebung zum ersten, zuweilen auch noch zum zweiten Treffen erschienen, später jedoch nicht auf die vereinbarte Korrespondenz reagierten und somit die Verpflichtung zur Zusammenarbeit ignorierten, planten die Führungsoffiziere in einigen Fällen, kompromittierende Maßnahmen zu ergreifen. Damit sollte der Verfassungsschutz darauf aufmerksam gemacht werden, dass der betroffene Heimkehrer als Agent für die Tschechoslowakei arbeitet.

Diese Vorschläge sind allerdings in den meisten Fällen von der Führung der I. Hauptverwaltung des Innenministeriums nicht akzeptiert worden. Sie befürchtete, dass diese Art aktiver Maßnahmen letztendlich dem tschechoslowakischen Auslandsgeheimdienst schaden könnte. Der Inlandsgeheimdienst in der Bundesrepublik hätte auf diese Weise Material in die Hände bekommen, das die kommunistische Spionage, wenngleich sie in diesen Fällen erfolglos war, bestätigt hätte.

Die Anwerbung deutscher Kriegsverbrecher zur Zusammenarbeit mit dem tschechoslowakischen Innenministerium stellt die Janusköpfigkeit des kommunistischen Regimes eindringlich unter Beweis. Zugleich wurde damit jener Teil des Vertrauenskredits, den sich das Regime durch die offizielle Propagierung seiner antifaschistischen Gesinnung bei einem Teil der Öffentlichkeit erworben hatte, letztlich mit Füßen getreten.

Übersetzt von Heiko Krebs

Prokop Tomek

Störsender gegen ausländische Rundfunksendungen

Rundfunksendungen in tschechischer oder slowakischer Sprache aus westlichen und teilweise auch aus so genannten volksdemokratischen Staaten hat das tschechoslowakische kommunistische Regime stets als feindlich und gefährlich eingestuft und alles daran gesetzt, deren Empfang möglichst zu unterbinden. Dabei argumentierten die Repräsentanten mit der UN-Resolution Nr. 110 von 1947, wonach jegliche Propaganda gegen ein anderes Land mit der Charta der Vereinten Nationen unvereinbar sei.

In den fünfziger und sechziger Jahren fürchteten Staat und Partei ausländische Hörfunksendungen allerdings nicht nur, weil sie Propaganda betrieben oder Informationen verbreiteten, die tendenziell gefärbt waren und zur Destabilisierung der politischen Situation in der Tschechoslowakei beitragen sollten. Vielmehr waren ihnen die ausländischen Sender auch deshalb ein Dorn im Auge, weil vermutet wurde, dass sie mit Nachrichtendiensten zusammenarbeiten, für die sie Kontakte zu deren Agenten in der Tschechoslowakei herstellen sollten. Dieser Vorwurf galt namentlich dem Sender „Radio Freies Europa". Dessen Sendungen für die Tschechoslowakei, die ab 1950 im Probebetrieb und ab 1. Mai 1951 regulär ausgestrahlt wurden, veranlassten die kommunistische Führung, schnell Störsender zu installieren.

Diese Störsender, die sich neben „Radio Freies Europa" auch gegen die „Stimme Amerikas" richteten, sind 1951 gebaut worden und waren damit eine der ersten Maßnahmen, die von Partnern aus verschiedenen Ostblockländern gemeinsam unternommen wurden, um Hörfunkwellen effizient zu stören. Technisch sind dabei Störsender mehrerer Länder miteinander verknüpft zum Einsatz gekommen. Hierzu hatte bereits im November 1950 eine vertrauliche Beratung von Sicherheitsexperten aus der Tschechoslowakei, Polen und Ungarn stattgefunden. Diese internationale Zusammenarbeit kam jedoch nach der Konferenz kurzzeitig zum Erliegen und wurde erst nach über einem Jahr wieder aufgenommen: Im Januar 1952 fanden weitere Verhandlungen zwischen Ungarn und der Tschechoslowakei statt.

„Aktion R-405" war der Deckname des Störsender-Projektes, in dessen Verwirklichung im Januar 1952 mit Beteiligung sowjetischer Berater und in enger Zusammenarbeit mit dem Ministerium für Nationale Sicherheit beim Tschechoslowakischen Rundfunk die Sonderabteilung „Störung der feindlichen Propaganda und der Sendungen gegen unsere volksdemokratische Gesellschaftsordnung" geschaffen wurde.

***

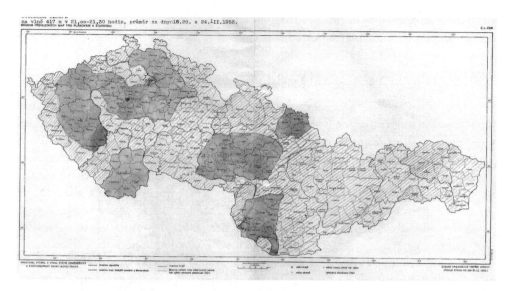

Störungswirkung gegen Sendungen des „Radios Freies Europa" auf Mittelwelle 417 m von 21.00 bis 21.30 Uhr. Durchschnitt für die Tage 16., 20. und 24.03.1953. Die unterschiedlichen Farbunterlegungen markierten den jeweiligen Wirkungsgrad der Störungen..

Die Störsender bildeten die technische Grundlage für das Abwehrsystem der Funkwellen. Mehrere solcher Sender wurden von einer Dienststelle aus eingerichtet, betrieben und kontrolliert. Ende 1952 bestanden in der Tschechoslowakei sieben von ihnen, die nahe der großen Städte angesiedelt waren. Darüber hinaus waren ein Steuerzentrum zur Fernstörung und eine Kontrollstation geschaffen worden. Diese sollte unentwegt überwachen, ob die Störungen der für die UdSSR und andere Ostblock-Staaten bestimmten Sendungen eine ausreichende Wirkung hatten. Zum Stören von Programmen, die auf Kurzwelle ausgestrahlt wurden, war in Poděbrady ein eigens dafür zuständiges Kontrollzentrum errichtet worden. Das System bestand aus sechs Störsendern und einem Kurzwellensender in Kostolany. Es diente zugleich der Fernstörung von ausländischen Sendungen für die UdSSR. Für die lokale Störung von Kurzwellen-Programmen im Großraum Prag wurde auf dem Prager Berg Petřín ein Koordinationszentrum mit 19 Sendern geschaffen. Um täglich 54 ausländische Hörfunksendungen für Ungarn, Polen, Rumänien und Bulgarien zu unterbinden, sind 14 tschechoslowakische Sender auf acht Mittelwellenfrequenzen eingesetzt worden. Weitere sieben Sender unterstützten die Störung von 40 Kurzwellen-Sendungen, die in die Sowjetunion sowie nach Ungarn und Polen ausgestrahlt wurden. Die regionalen Steuerzentren arbeiteten auf technischem Gebiet eng mit dem Ministerium für Fernmeldewesen zusammen. Das Ministerium für Nationale Sicherheit, genauer die Staatssicherheit, stellte die Abwicklung ihrer Aufgaben materiell und organisatorisch sicher. Die Effizienz der Störung unterlag einer permanenten Kontrolle. Dabei wurden alle Informationen ausgewertet, die die Bezirksbehörden der Staatssicherheit gewonnen hatten. Auf Grundlage dieser Kontrollergebnisse wurden tägliche, wöchentliche und viermonatliche Berichte über die „Abwehr feindlicher Sendungen" verfasst.

Wichtigstes Kriterium zur Beurteilung des Störsender-Systems war dessen Wirksamkeit. Mängel der technischen Ausstattung und eine nicht immer vorhandene fachliche Qualifikation der Mitarbeiter waren Kritikpunkte, die hierbei zu Klagen führten. Der Erfolg wurde auch geschmälert, weil eine Vielzahl von Sendern mit hoher Leistung einstrahlte, die zu unterbinden nicht immer gelang. Unbefriedigend war insbesondere das Ergebnis bei der Kurzwellen-Störung, auf denen in den frühen Morgenstunden bis zu 40 ausländische Sender Programme für Hörer in der Tschechoslowakei ausstrahlten. Es gelang dem System hier, nur etwa 50 Prozent dieser Sendungen, vorwiegend in Orten mit einer hohen Bevölkerungskonzentration, zu stören. Die Schwierigkeiten bei der Störung von Kurzwellensender stellten ein andauerndes Problem dar. Die Ursache für diese Probleme liegen in der spezifisch-technischen Art der Verbreitung von Kurzwellen. Denn diese werden an der Ionosphäre reflektiert und fallen im gleichen Winkel zur Erde zurück. Daher muss eine Störung, soll sie wirksam sein, stets aus einer weiteren Entfernung als vom Sendeort erfolgen.

***

Von 1953 bis 1956 gewann die Zusammenarbeit mit den anderen Ostblock-Staaten wieder an Intensität. Besonders eng gestaltete sie sich mit der Volksrepublik Polen. Die DDR wird hingegen in den Akten der Staatssicherheit nur sehr selten als Partner bei der Störung von Hörfunksendern erwähnt.

Der Erste Sekretär des ZK der KPTsch, Antonín Novotný, hatte zwar auf Beschluss des Politbüros Anfang 1955 einen Brief an den Sekretär des ZK der SED, Walter Ulbricht, gesandt, in dem eine Intensivierung der Zusammenarbeit mit der DDR auf diesem Gebiet vorgeschlagen wurde. Jedoch gibt es im erhaltenen Archivmaterial keinen Hinweis auf eine Reaktion von DDR-Seite. So ist davon auszugehen, dass es auf diesem Gebiet zunächst zu keiner größeren Zusammenarbeit kam. Erneut verhandelte eine tschechoslowakische Delegation in dieser Angelegenheit vom 1. bis 8. März 1955 in Warschau. Auf Initiative der polnischen Seite nahmen auch zwei Vertreter der DDR an den Verhandlungen teil. Im Zentrum standen Gesichtspunkte des Austauschs von Technik und Informationen. Es wurde ein Abkommen über die tschechoslowakisch-polnische Zusammenarbeit bei der gegenseitigen Störung von westlichen Hörfunkprogrammen unterzeichnet. Beide Seiten verpflichteten sich, gegenseitig Störsender zur Verfügung zu stellen.

Eine weitere Verhandlungsrunde zwischen Vertretern aus Polen und der Tschechoslowakei fand am 13. Mai 1955 im polnischen Kudov statt. W. Billig, Unterstaatssekretär im Ministerium für Post und Fernmeldewesen, informierte dabei über Gespräche mit dem sowjetischen Berater Sergejew bei dessen Besuch in Polen. Sergejew gab seine Zustimmung zu den bisherigen bilateralen Verhandlungen zwischen Polen und der Tschechoslowakei und empfahl, auch andere volksdemokratische Staaten, etwa Ungarn, Rumänien und Bulgarien, nunmehr einzubeziehen. Die nächste Verhandlungsrunde, an der auch Vertreter aus der DDR und möglicherweise aus Ungarn teilnehmen sollten, war für den 13. Juni 1955 in Prag geplant.

Nach all diesen Absprachen zur Zusammenarbeit mussten die führenden Funktionäre des tschechoslowakischen Innenministeriums und der KPTsch wohl unangenehm überrascht gewesen sein, als sie am 16. November 1956 aus Polen telefonisch aufgefordert wurden, die Störung von ausländischen Radiosendungen in polnischer Sprache – bis auf Sendungen des „Radio Freies Europa" – mit tschechoslowakischen Störsendern sofort einzustellen. Dieser Schritt steht im Zusammenhang mit der damaligen politischen Krise in der Volksrepublik Polen, als Władysłav Gomułka nach Arbeiter-Tumulten Erster Sekretär der Polnischen Vereinigten Arbeiterpartei geworden war. Berichten des Innenministeriums zufolge hatte das ZK der PVAP den Befehl gegeben, die „objektive Berichterstattung von Seiten einiger westlicher Staaten zu unterstützen". Gemäß den bilateralen Abkommen störte Polen allerdings weiterhin Sendungen, die für die Tschechoslowakei bestimmt waren. Die Störungszentren in Polen wurden nicht aufgelöst, lediglich jenes in Poznań soll beim Arbeiteraufstand im Juni beträchtlich beschädigt worden sein.

Doch damit nicht genug: Bereits am 22. November 1956 forderte die polnische Seite von der Tschechoslowakei, auch die Sendungen von „Radio Freies Europa" in polnischer Sprache nicht mehr zu stören. Dagegen versicherte der Vertreter Polens, den vertraglichen Verpflichtungen zur Störung von Sendungen für die Tschechoslowakei auch künftig nachzukommen. Am 26. November 1956 verabschiedete das Politbüro des ZK der KPTsch den Beschluss, die Störung sämtlicher für Polen bestimmter Sendungen aus dem Ausland einzustellen. Das definitive Ende der Zusammenarbeit mit Polen bei der Störung westlicher Hörfunksender stellte die Erklärung des Chefs des polnischen Sonder-Hörfunkdienstes, Oberst A. Jeglinsky, vom 29. November 1956 dar. Danach sind auf polnischen Regierungsbeschluss hin alle polnischen Funkabwehranlagen, einschließlich jener, die bislang die Funkstörung für die Tschechoslowakei sichergestellt hatten, mit sofortiger Wirkung abgeschaltet worden.

Am 17. Dezember 1956 befasste sich das Politbüro des ZK der KPTsch mit der neuen Situation. Es beauftragte Innenminister Barák, mit Vertretern der UdSSR Möglichkeiten zu erörtern, auf welche Weise die nun fehlende Störsender-Kapazität mit sowjetischer Technik ersetzt werden könne. Geplant war, bis zu 40 Prozent der fehlenden Kapazität durch diese Zusammenarbeit wieder auszugleichen. Zugleich konnte ein Teil der jetzt frei gewordenen tschechoslowakischen Störsender dafür genutzt werden, die fehlenden polnischen Anteile zu ersetzen. Mit den restlichen Sendern deckte die Tschechoslowakei weitere Anforderungen von Seiten Ungarns und der UdSSR ab. Die Kündigung des Vertrages mit Polen hatte auf die Störung der Mittelwelle keinen Einfluss, da alle polnischen Störsender durch tschechoslowakische ersetzt werden konnten. Dagegen war die Effizienz der Störung von Kurzwellen-Sendungen um ein Drittel zurückgegangen. Nachdem Polen von dem Störsender-Abkommen zurückgetreten war, strebte das tschechoslowakische Innenministerium eine verstärkte Zusammenarbeit mit anderen Ostblock-Staaten an.

∗∗∗

Dem kommunistischen Regime in der Tschechoslowakei waren aber nicht nur Sendungen ausländischer Rundfunksender in Tschechisch und Slowakisch ein Dorn im Auge. Ebenso galten ihm Sendungen ausländischer Fernsehanstalten, die zum Beispiel in deutscher Sprache für Bürger der Bundesrepublik Deutschland und Österreichs ausgestrahlt wurden und im tschechoslowakischen Grenzgebiet empfangen werden konnten, als zu unterbindende Quellen. So erstattete Innenminister Rudolf Barák am 26. März 1958 dem Politbüro des ZK der KPTsch einen Bericht über die „Grenzüberschreitung" von Fernseh- und Hörfunksendungen auf UKW aus der Bundesrepublik Deutschland und Österreich auf das Territorium der Tschechoslowakei. Deren Signale, so führte er aus, könnten noch zwischen 20 bis 100 Kilometer von der Grenze entfernt im tschechoslowakischen Landesinneren empfangen werden. Das Innenministerium bezeichnete den Inhalt der Sendungen als ungeeignet und zuweilen direkt schädlich für die Interessen der Tschechoslowakei und die Länder des sozialistischen Lagers. Zugleich registrierte es angeblich auch eine wachsende Zahl von Hörern dieser Westsender. Die unerwünschten Sender konnten vor allem in der Region um Brno, darüber hinaus teilweise auch in den Regionen um Bratislava, Gottwaldov, Olomouc und Jihlava gut empfangen werden. Man schätzte den Empfängerkreis auf etwa 4.000 Haushalte, was der Wahrheit nahekommen sollte, denn die ausgerichteten Fernsehantennen sprachen eine eindeutige Sprache.

Auf dem Gebiet der Bundesrepublik wurden 1958 zwei neue Sender errichtet, die eine Reichweite bis tief in das Landesinnere der Tschechoslowakei haben sollten. Das blieb nicht unbemerkt und führte zu Bemühungen, diesen Medienkonsum statistisch zu erfassen. Das Innenministerium legte hierzu detaillierte Analysen der Einschaltquoten bundesdeutscher und österreichischer Fernseh- und UKW-Hörfunksender vor. Dabei ist auch der Frage nachgegangen worden, inwieweit diese Sendungen einzelne Gebiete der Tschechoslowakei politisch beeinflusst hätten. Nach seinen Sitzungen am

8. April 1958 und 13. Januar 1959, auf denen diese Angelegenheit erörtert wurde, beauftragte das Politbüro des ZK der KPTsch das Innenministerium sowie das Ministerium für Fernmeldewesen mit der Errichtung von Störsendern gegen diese Fernseh- und Hörfunkprogramme. Die erste Phase sollte bis zum 31. März, die zweite Phase bis zum 31. Dezember 1959 abgeschlossen sein. Ende 1959 war ein Abwehrnetz mit 38 vollautomatischen Störsendern fertig gestellt. Mitte 1960 ist zudem ein Netz von weiteren 26 vollautomatischen Sendern mit einer Leistung von drei bis zehn Kilowatt in zwölf Zentren im Grenzgebiet vollendet worden.

∗∗∗

Es kam jedoch nicht zu seiner sofortigen Inbetriebnahme, denn beim Aufbau regionaler Fernsehsender für das Programm des Tschechoslowakischen Fernsehens waren zeitliche Verzögerungen aufgetreten. Im April 1961 bereitete das Innenministerium für das Politbüro des ZK der KPTsch einen Entwurf für das weitere Vorgehen gegen Fernsehsendungen aus der Bundesrepublik Deutschland und Österreich mit zwei alternativen Beschlüssen vor: Man sollte entweder die Störungen nicht beginnen und das Störsender-Netz lediglich auf UKW-Frequenzen anwenden, oder den Störbetrieb aufnehmen und vor Ort die zuständigen Bezirks- und Kreisleitungen der KPTsch informieren. Ermittlungen des Innenministeriums zufolge sahen im April 1961 rund 120.000 Menschen in den Grenzgebieten regelmäßig West-Fernsehen, das entspricht etwa 40 Prozent aller Fernsehzuschauer dieser Region. Als Fazit aus diesen Einsichten hieß es in der Beschlussvorlage des Innenministeriums, dass es möglich sei, mit der Störung sofort zu beginnen. Nach einer Sitzung des ZK der KPTsch wurde allerdings beschlossen, diese Frage dem Politbüro des ZK der KPTsch zur Beurteilung vorzulegen, da mit negativen Reaktionen aus dem Ausland zu rechnen war.

So blieben die Störanlagen gegen das offizielle österreichische und das deutsche Fernsehen zwar weiter in Bereitschaft, wurden aber letztendlich niemals in Betrieb genommen. Das Präsidium des ZK der KPTsch beschloss schließlich, sie zum 30. Juni 1966 wieder abzubauen. Zur Begründung wurde angeführt, dass es nicht möglich sei, offizielle Fernsehsendungen, die nicht für die ČSSR produziert und nur in einem Teil des Territoriums der ČSSR ausgestrahlt werden, zu stören. Denn ebenso konnte das tschechoslowakische Fernsehen auch auf dem Territorium Österreichs und der Bundesrepublik empfangen werden, ohne dass es hier attackiert worden wäre.

Tatsächlich hatten sich aber die politischen Verhältnisse in Europa gewandelt. Sie fanden auch in einer Entspannung zwischen den Blöcken ihren Ausdruck. Auf der Grundlage vertraglicher Vereinbarungen zwischen der Zentralverwaltung für Fernmeldewesen in der ČSSR und den Postdirektionen in der Bundesrepublik Deutschland und in Österreich wurden jetzt technische Maßnahmen zur Einschränkung der gegenseitigen Störungen und zur Reduzierung der Senderreichweiten ergriffen. Zudem herrschten in der Tschechoslowakei berechtigte Zweifel an der Effizienz der Störanlagen. Die Technik veraltete rasch, ihre Wartung war sehr teuer. Wären die Anlagen tatsächlich einmal eingeschaltet worden, hätten die Störungen angesichts der rasanten Entwicklung der ausländischen Fernsehtechnik vermutlich keinen nennenswerten Effekt mehr gehabt. Aus diesen Gründen fiel schließlich die Entscheidung, die Störanlagen abzubauen; die Objekte sollten künftig für UKW-Funkverbindungen des Innenministeriums, des Ministeriums für Nationale Verteidigung und der Zentralverwaltung des Fernmeldewesens genutzt werden.

∗∗∗

Am 18. Juli 1961 erörterte das Politbüro des ZK der KPTsch die Beschlussvorlage „Veränderung des Abwehrsystems gegen feindliche Radiosendungen" des neuen Innenministers Lubomír Štrougal und verabschiedete diese ohne Veränderungen. Auf der Grundlage einer Analyse der Einschaltquoten und der Frage, inwiefern die Sendungen einen negativen Einfluss auf das gesellschaftliche Klima hatten, schlug Štrougal vor, von der massiven Störung aller westlicher Sender abzugehen und sich an Stelle dessen nur noch auf wenige ausgewählte Sender zu konzentrieren. So sollten besonders Programme der Sender „Radio Freies Europa", „Stimme Amerikas", „Vatikan" und „Madrid" gestört werden. Dagegen könnten die Störungen der Sender „Kanada" und „Luxemburg" (außer den politischen Kommentaren) und „BBC" (außer den Sendungen in Slowakisch) im Prinzip aufgehoben werden. Die Sender „Paris" und „Rom" sollten überhaupt nicht mehr gestört werden.

Dennoch blieb es bei der Überwachung der Inhalte ihrer Sendungen. Gegebenenfalls müsse es jederzeit möglich sein, die Störung wieder aufzunehmen. Die frei gewordenen technischen Kapazitäten zur Störung von Hörfunkfrequenzen sollten nach Absprache mit der sowjetischen Abwehr fortan aber dennoch bereitgehalten und nach Bedarf eingesetzt werden. Überraschenderweise gehörte der Sender „Madrid" zu denen, die das kommunistische Regime in der ČSSR am meisten verabscheute: „Der Inhalt der Sendungen kann als schärfste Hetze bezeichnet werden. Die Berichterstattung ist stark tendenziell. Der Sender verbreitet Verleumdungen und verzerrte Informationen. Er wendet sich vor allem an die Bürger slowakischer Nationalität und verleitet sie zu einer feindlichen Haltung gegen die Republik. Zudem ruft er sie zur Durchsetzung ihrer Rechte – ähnlich wie der Rechte der Sudetendeutschen im Grenzgebiet – auf. Mit seinen Programminhalten übertrifft der Sender Madrid noch den Sender Radio Freies Europa. Die Sendungen von Radio Freies Europa, Stimme Amerikas und Vatikan haben einen ähnlichen Charakter. Die politischen Kommentare heben die Vorzüge der amerikanischen oder westdeutschen Lebensweise hervor und bezeichnen das sozialistische Lager als Kolonie der UdSSR. Mit Verleumdungen und Angriffen auf unsere führenden Repräsentanten versuchen die Sender, Hass gegen unser Regime zu säen."

Begründet wurde der Vorschlag, von der Störung einer Reihe ausländischer Sender abzugehen, auch damit, dass die Hörerzahl der feindlichen Hörfunksender angeblich zurückgegangen sei. Zudem würden die Sender inzwischen angeblich stärker auf dem Lande als in der Stadt gehört. Der Grund dafür sei deren unseriöse Berichterstattung. Im Grenzgebiet, in dem die deutsche Minderheit lebte, hörte man indes immer mehr westdeutsche Hörfunksender, vor allem den „RIAS". Zudem wurde in der Analyse festgestellt, dass ein Teil der Hörer vom offiziellen tschechoslowakischen Rundfunk zu aktuelleren und unterhaltsameren Sendern aus neutralen Staaten wie Österreich und der Schweiz gewechselt wären.

✳✳✳

Eine Sitzung des Präsidiums des ZK der KPTsch am 5. November 1963 befasste sich auch mit einem Brief des ZK der Ungarischen Vereinigten Arbeiterpartei (UVAP), in dem der tschechoslowakischen Seite der Beschluss mitgeteilt wurde, dass ab 1. Januar 1964 die Störung von ausländischen Hörfunksendungen, die für Ungarn bestimmt wären, probeweise eingestellt werden solle. Das Präsidium des ZK der KPTsch nahm dies zur Kenntnis. Auf der Grundlage eines Berichtes, der vom Präsidium des ZK der KPTsch am 3. März 1964 erörtert worden ist, wurde beschlossen, die Störung westlicher Sender zum 1. April 1964 weiter einzuschränken. Eine Ausnahme bildete der Sender „Radio Freies Europa", der weiter im bisherigen Ausmaß gestört werden sollte. Damit einhergehend wurde auch die Zahl der Beschäftigten in den Störsendern reduziert. Die Anlagen, die bislang die Sender „Stimme Amerikas", „BBC" und „Deutsche Welle" gestört hatten, sollten der Zentralverwaltung für Fernmeldewesen zur Verfügung gestellt werden.

Zu einer weiteren Lockerung kam es Ende 1966. Bis dahin sollte der Betrieb der lokalen Störsender in Ústí nad Labem, České Budějovice, Hradec Králové, Gottwaldov, Ostrava und Olomouc nach und nach abgeschaltet werden. Lediglich in Orten mit einer hohen Hörerkonzentration wie in Prag, Brno und Bratislava würde alles bleiben wie bisher. Zudem sollten in Plzeň und Košice Störsender mit einer großen Reichweite in Betrieb genommen werden, die mit leistungsstarken Sendern und Antennensystemen ausgestattet waren und den größten Teil des tschechoslowakischen Territoriums in den niedrigen Frequenzen abdeckten. Das Störzentrum in Košice sollte bis Ende 1965 fertig gestellt sein, das in Plzeň im Laufe des Jahres 1966. Die lokalen Störsender waren danach im Prinzip nicht mehr erforderlich, da zusätzlich zwei Störzentren mit neuer Technik aus der UdSSR geplant waren, die über eine große Reichweite und hohe

Leistung verfügten und somit das Landesterritorium ausreichend abdeckten. Mit der Realisierung dieses Projektes sollte auch eine große Strom- und Geldersparnis einhergehen. Die Maßnahmen wurden im Laufe des Jahres 1966 tatsächlich umgesetzt und der Betrieb der lokalen Störsender am 1. April 1966 stark eingeschränkt.

***

Während des Prager Frühlings 1968 nahmen auch die kritischen Stimmen aus der Öffentlichkeit gegen die fortwährende Störung ausländischer Sender zu. Bereits am 12. April 1968 fand ein Treffen von Vertretern des Innenministeriums und der Zentralverwaltung für Fernmeldewesen statt, in dessen Verlauf beschlossen wurde, der Regierung der ČSSR einen Bericht über die aktuelle Situation auf diesem Gebiet vorzulegen. Hier verständigte man sich darauf, der Regierung den Vorschlag zu unterbreiten, alle Störsender im Lande ausnahmslos abzuschalten und die Störung ausländischer Sendungen für die Tschechoslowakei mit sowjetischer Technik zu beenden. Als Gründe wurden die geringe Effizienz der Störsender, veraltete Technik, die aktuellen politischen Bedingungen, die inzwischen völlig anders waren als zur Zeit der Installation der Störsender Anfang der fünfziger Jahre und nicht zuletzt die Verletzung internationaler Abkommen, die die ČSSR ratifiziert hatte, angeführt. Bei den erwähnten Abkommen handelte es sich vor allem um die „Vollzugsordnung über den Funkdienst" (Genf, 1959) sowie die Internationale Konvention über Telekommunikation (International Telecommunication Convention, Montreaux, 1965). Zudem hieß es in dem Bericht, der Betrieb der Störsender in den großen Städten bringe Gesundheitsrisiken mit sich und beeinflusse die Empfangsqualität der offiziellen tschechoslowakischen Hörfunk- und Fernsehsendungen negativ. Darüber hinaus wurde angeregt, sich der Stärke der sozialistischen Idee zu besinnen und aktiv eine Gegenpropaganda zu starten, anstatt sich passiv von der Ideologie des Westens abzuschotten. Im Juli und August 1968 wurden in der VII. Abteilung des Innenministeriums, in der Führung des Innenministeriums sowie in der tschechoslowakischen Regierung diesbezügliche Gespräche geführt und ein Arbeitszeitplan erstellt. Da die Störsender keine Zukunft mehr zu haben schienen, suchten sich viele Mitarbeiter eine andere Tätigkeit.

***

Zur Realisierung des Vorschlags kam es aber nicht mehr. Zwar wurde nach dem Einmarsch der Warschauer-Pakt-Truppen am 21. August 1968 in die Tschechoslowakei die Störung des Senders „Radio Freies Europa" tatsächlich eingestellt. Den Befehl hierzu hatte am 22. August 1968 der Leiter der VII. Abteilung des Innenministeriums, Oberst Oldřich Šebor, gegeben. Er begründete seinen Befehl damit, dass die Kapazitäten der

Störsender zur Verstärkung des Programms des Tschechoslowakischen Rundfunks sowie zur Störung des von den Sowjets okkupierten Senders Vltava genutzt werden müssten. Der stellvertretende Innenminister Viliam Šalgovič protestierte gegen die Entscheidung von Oberst Šebor. In den Nachmittagsstunden des 23. August 1968 wurden die lokalen Störsender in Poděbrady, Rimavská Sobota, Litomyšl und an anderen Orten nach und nach von den Truppen des Warschauer Pakts eingenommen.

Die Abschaltung der tschechoslowakischen Störsender bedeutete allerdings nicht, dass die Bevölkerung in der ČSSR in der Zeit der Okkupation ungehindert ausländische Hörfunksender hören konnte. Die Fernstörung, zu der sich die Sowjetunion vertraglich verpflichtet hatte, wurde fortgesetzt und eigenmächtig auf alle Sendungen des Senders „Radio Freies Europa" in tschechischer und slowakischer Sprache ausgeweitet. Vom Territorium der Volksrepublik Ungarn aus wurden – ohne dass die tschechoslowakische Regierung dies gefordert hätte – alle tschechischen und slowakischen Sendungen der Sender „BBC", „Tirana", „Deutsche Welle", „Vatikan", „Paris" und „Stimme Amerikas" gestört. Diese Form der „Bruderhilfe" wurde noch bis Ende 1969 geleistet.

Ab 10. September 1968 nahmen die tschechoslowakischen Störsender nach und nach ihren Betrieb erneut auf, nachdem sie von den sowjetischen Truppen wieder freigegeben worden waren. Die Mitarbeiter der Institutionen, die mit der Angelegenheit zu tun hatten, versuchten jedoch eigenmächtig, die Störungen so weit wie möglich einzuschränken. Dabei beriefen sie sich zum einen auf die entsprechenden Gesetze über die Funkabwehr. Zudem führten sie die begrenzten technischen Möglichkeiten sowie internationale Verpflichtungen als Begründung dafür an, nur noch einzelne Sender stören zu wollen. Gestört werden sollten nur noch die Sender, deren Inhalte eine Straftat nach dem tschechoslowakischen Strafgesetzbuch darstellten. Deren Auswahl sollte vom Presse- und Informationsamt getroffen werden. Die Störung selbst sollten dann das Innenministerium und die Zentralverwaltung für Fernmeldewesen vornehmen.

Ungeachtet aller dieser Pläne wurde jedoch im Herbst 1968 der Störungsbetrieb wieder intensiviert. So kam es beispielsweise dazu, dass der Sender Brünn-Komárov auf Befehl des Kontrollpunktes des Innenministeriums Anfang 1969 die Sendungen von „Radio Freies Europa" täglich 16 bis 18 Stunden lang störte, obwohl andere Kontrollpunkte und Sender dies nicht taten. „Diese institutionellen und gesetzlichen Unklarheiten haben zur Folge, dass beispielsweise die Mitarbeiter der Sendestation Komárov unangenehmen verbalen Angriffen von Seiten der Öffentlichkeit ausgesetzt sind …", überliefern hierzu die Akten. Weitere negative Reaktionen auf die Wiederaufnahme der Störungen kamen aus Prag. Die Akademie der Wissenschaften, das Außenministerium und die Prager Polizeidirektion hatten Beschwerdeschreiben an die VII. Abteilung des Innenministeriums gesandt, weil durch die Störung auch ihre Forschungsarbeit sowie der dienstliche Funkverkehr erheblich beeinträchtigt wurden.

Vom 14. März bis 4. April 1969 nahm die Studienabteilung des Tschechoslowakischen Rundfunks eine Erhebung der Einschaltquoten von Sendungen ausländischer Sender in tschechischer und slowakischer Sprache vor. Wie daraus hervorging, verzeichnete „Radio Freies Europa" die höchste Hörerquote (40 Prozent), gefolgt von „Wien" (22 Prozent) und der „BBC" (18,25 Prozent). Die wenigsten Hörer hatte der Hörfunksender „NDR".

Die ausländischen Sender hörten vor allem Männer (87 Prozent), Hochschulabsolventen (92 Prozent) und Mitglieder der KPTsch (81 Prozent). In tschechischer und slowakischer Sprache sendeten bis zum 7. September 1969 die Hörfunksender „Radio Freies Europa", „BBC", „Deutsche Welle", „Rom", „Madrid", „Wien", „Paris", „Kanada", „Vatikan", „Luxemburg", „Deutschlandfunk", „Monte Carlo", „Tirana" und „Peking". Insgesamt strahlten 14 Radiosender auf 88 Frequenzen täglich insgesamt 162 Stunden Sendungen auf Tschechisch oder Slowakisch aus. Die größte Bedeutung hatte „Radio Freies Europa", das täglich allein auf 16 Frequenzen insgesamt 141 Stunden und 20 Minuten sein Programm ausstrahlte. Zum Vergleich sendete der tschechoslowakische Rundfunk täglich insgesamt 137 Stunden und 20 Minuten auf 38 Frequenzen. 28 davon waren allerdings UKW-Frequenzen, die nur in begrenztem Maße gehört wurden, da es noch an UKW-Radioempfängern fehlte. 1969 beliefen sich die Gesamtkosten für die Funkabwehr im Innenministerium auf 3,6 Millionen tschechoslowakische Kronen. Das Ministerium für Fernmeldewesen stellte im selben Zeitraum 22,7 Millionen Kronen bereit. Nach Angaben des Abteilungsleiters Funksteuerung des Innenministeriums der ČSSR, Oberstleutnant Jozef Mitošinka, vom 18. März 1970 waren die Kosten für die Rekonstruktion und Fertigstellung der Störzentren mit insgesamt 110,3 Millionen Kronen veranschlagt worden. Diese Investition ist allerdings nie gänzlich realisiert worden.

***

In den siebziger Jahren wurde die Übertragung des gesamten Störsendersystems in die Kompetenz des Ministeriums für Fernmeldewesen vorbereitet. Das Präsidium des ZK der KPTsch billigte am 8. Juli 1977 „die Überführung der Funkabwehr der ČSSR aus dem Innenressort in das föderale Ministerium für Fernmeldewesen sowie die weitere technische Entwicklung dieses Dienstleistungsbereichs", wirksam wurde dieser Schritt zum 31. Dezember 1977. Mit der politischen Leitung der Funkabwehr wurde – ähnlich wie in der UdSSR – der Führungsapparat der kommunistischen Partei direkt betraut: die Abteilung für Propaganda und Agitation des ZK der KPTsch unter Abteilungsleiter Jan Fojtík.

Mit der Entscheidung, die mehrere Jahre lang vorbereitete Eingliederung der Funkabwehr in das Ministerium für Fernmeldewesen auch wirklich umzusetzen, wurde ein Schlussstrich unter ein bislang bestehendes Provisorium gezogen. Das hatte allerdings zur Folge, dass der direkte Einfluss des Innenministeriums auf die Störsender geschmälert wurde. Aufgabe des Föderalen Ministeriums für Fernmeldewesen blieb auch weiterhin lediglich der Betrieb der technischen Anlagen. Die Leitung und Kontrolle der Störsender sollte demnach offenkundig die KPTsch direkt übernehmen. Die Gründe dafür, warum diese Veränderungen ausgerechnet 1977 vorgenommen wurden, sind nie eindeutig ermittelt worden. Möglicherweise hat es sich im Zusammenhang mit dem Helsinki-Prozess als notwendig erwiesen, mit einer so delikaten Angelegenheit wie der Radio-Zensur vorsichtiger umzugehen. Schließlich hatte auch die kommunistische Tschechoslowakei erklärt, die unterzeichneten Verpflichtungen zur Gewährung der Rechte und Freiheiten der Bürger erfüllen zu wollen.

1978 wurden in der Tschechoslowakei noch immer die Sendungen der Hörfunksender „Radio Freies Europa" und „Deutschlandfunk" gestört. Da der „Deutschlandfunk" ein öffentlich-rechtlicher Sender ist, war dessen Störung sehr problematisch. Auf Anweisungen des ZK der KPTsch sollte deshalb eine präzise Auswahl von Sendungen getroffen werden, die gezielt attackiert werden würden. In der Praxis sind bis dahin alle Sendungen, bis auf reine Musiksendungen und Gottesdienste, gestört worden. Der Parteiapparat der KPTsch ließ aber keine aktiven Bemühungen erkennen, tatsächlich eine Auswahl von zu störenden Sendungen zu treffen, so dass hier keine Änderungen eintraten.

∗∗∗

Im Laufe des Jahres 1979 wurde eine weitere detaillierte Analyse der Effizienz lokaler Störsender in Prag und Brno vorgenommen. Daraus ergab sich, dass an 22 Stellen in Prag und an 59 Stellen in Brno auf einigen Frequenzen und zu bestimmten Zeiten die Störeffizienz nur bei 50 Prozent lag. An drei Orten und in neun Städten in Mähren betrug diese sogar nur zehn Prozent. Doch um wenigstens diese unzureichende Leistung zu erreichen, waren allein in Prag 15 bis 20 Störsender 17 Stunden am Tag in Betrieb. Zudem wurde eine flächendeckende Analyse der Effizienz von innerstaatlichen Störungen und Fernstörungen vorbereitet, die nach Angaben des Ministeriums für Fernmeldewesen über 20 Jahre lang nicht mehr vorgenommen worden war.

Von den Schwierigkeiten beim Betrieb der Störsender auf tschechoslowakischer Seite zeugte auch die Tatsache, dass die Zusammenarbeit der UdSSR und der ČSSR völlig unausgewogen war. Während die sowjetische Seite für die Tschechoslowakei bestimmte Sendungen mit doppelter Leistung störte, war die tschechoslowakische Seite aus technischen Gründen nicht in der Lage, die Leistung ihrer Störsender zu erhöhen. Trotz der initiativreichen Arbeit der Techniker und Mechaniker werde die Effizienz der Funkabwehr stark zurückgehen, wenn nicht in die Erneuerung der veralteten Anlagen investiert werde, warnte der Minister für Fernmeldewesen. Das Ministerium

schlug vor, in elf Störsendern und elf Steuerungszentren die veralteten Anlagen komplett zu erneuern. Die Kosten wurden für den Zeitraum von 1981 bis 1990 mit insgesamt 556 Millionen Tschechoslowakischen Kronen veranschlagt.

***

1988 führten zwei Ereignisse schließlich dazu, dass die Störung ausländischer Rund-
funksendungen in der Tschechoslowakei ganz eingestellt wurden. Nach der Sitzung
des Präsidiums der KPTsch am 15. Januar 1988, in deren Verlauf die Gespräche mit
Bundeskanzler Helmut Kohl in der ČSSR ausgewertet worden waren, informierte der
Abteilungsleiter im ZK der KPTsch Jaroslav Molk den tschechoslowakischen Minister
für Fernmeldewesen Jiří Jíra über die wesentlichen Entscheidungen. Dieser wies den
Direktor der Fernmelde-Direktion in Prag am 4. Februar 1988 an, die Störung des
Hörfunksenders „Deutschlandfunk" auf Kurzwelle endgültig einzustellen.

Am 9. Dezember 1988 erörterte das Präsidium der KPTsch den Bericht von Außen-
minister Jaromír Johanes über die aktuelle Situation in Sachen Störung ausländischer
Hörfunksender. Sein Bericht enthielt den Vorschlag, die Störung des Hörfunksenders
„Radio Freies Europa" nunmehr einzustellen.

Hintergrund dieses Vorschlags war der Beschluss des ZK der KPdSU, am 30. November 1988 die Störung der Hörfunksender „Radio Liberty", „Radio Freies Europa"
und „Deutschlandfunk" aufzuheben. Danach waren die Sendungen von „Radio Freies
Europa" überhaupt nur noch von der Tschechoslowakei und Bulgarien gestört worden.
Ein 1988 vorgelegter Entwurf für das Abschlussdokument des Wiener KSZE-Folgetref-
fens enthielt die Forderung, einen ungestörten Empfang ausländischer Rundfunksendungen zu ermöglichen. Ohnehin waren die veralteten tschechoslowakischen Anlagen
gegen die immer leistungsstärkeren Sender „Radio Freies Europa" völlig wirkungslos
geworden. Angesichts der neuen politischen Situation, der technischen Probleme und
der Aussicht, dass das gesamte Territorium Europas schon bald mit einem direkten
Satellitensender erreicht werden würde, erkannte selbst das konservative kommunistische Regime in der Tschechoslowakei, dass dieser Betrieb von Störsendern unsinnig
geworden war. Dennoch wollte das Regime aus der Abschaltung der Sender wenigstens
noch Kapital schlagen, indem es diesen Schritt auf internationalen Foren als prak-
tisches Beispiel für die Umgestaltung und Demokratisierung der Gesellschaft in der
ČSSR propagierte.

***

Die Kosten für den Betrieb der Anlagen in der Tschechoslowakei sind nie genau be-
rechnet worden. Schätzungen halten Ausgaben in Höhe von ein bis zwei Milliarden

Tschechoslowakischer Kronen für realistisch. Ein hoher Preis für die Ausstrahlung eines inhaltslosen Signals in den Äther. Am 16. Dezember 1988 um 16.00 Uhr sind die tschechoslowakischen Störsender nach 36 Jahren für immer verstummt.

Übersetzt von Heiko Krebs

Klára Horalíková

Die Anfänge der Zusammenarbeit zwischen den Sicherheitsapparaten der DDR und der ČSSR

Einleitung

Zu den Ergebnissen des Zweiten Weltkriegs zählt, dass die wieder vereinte Tschechoslowakei zusammen mit dem östlichen Teil Deutschlands in den Machtbereich der UdSSR geriet. Die zunächst schleichende und später offene Machtübernahme durch die tschechoslowakischen Kommunisten im Februar 1948 und die Gründung der DDR als „Arbeiter- und Bauernstaat" am 7. Oktober 1949 verbanden gleichsam die Schicksale beider Länder für die folgenden vier Jahrzehnte ausserordentlich eng.

Der hier kurz skizzierte Abriss der Zusammenarbeit der Sicherheitskräfte von DDR und ČSR (ab 1960 ČSSR) verfolgt das Ziel, wichtige Tendenzen der Zusammenarbeit vom Entstehen der totalitären Regime bis etwa Ende der sechziger Jahre darzustellen. In diesem Zeitraum fanden die Sicherheitsapparate immer mehr Wege und Formen einer Zusammenarbeit, dabei kam es auch zu einer Verfeinerung der Methoden der Kooperation. Der zweite Grund für diese zeitliche Eingrenzung ist die Tatsache, dass sich die tragenden Themen und Motive der Zusammenarbeit ab Anfang der 70er Jahre aufgrund der Entspannung der internationalen Lage in wesentlichen Punkten änderten.

Auf wirtschaftlichem und militärischem Gebiet entwickelte sich eine Kooperation der „volksdemokratischen" Länder bereits ab Ende der 40er Jahre. So war die Zusammenarbeit der Sicherheitsapparate keine Ausnahme. Ihre Anfänge können ebenfalls seit jener Zeit verzeichnet werden. Zu Beginn beschränkte sich die Kooperation auf die Sicherung der gemeinsamen Grenze, um Fluchtversuche der Bürger beider Staaten in den Westen zu verhindern. Ein weiterer wichtiger Faktor der Geheimdienst-Zusammenarbeit der ČSR und der DDR war das Bemühen, ein Eindringen von westlichen Agenten zu unterbinden. Das waren die zunächst wichtigsten Ziele.

***

Im Vergleich zu anderen Volksdemokratien zeichnete sich relativ früh ab, dass die Zusammenarbeit beider Länder auch in Zukunft sehr intensiv sein würde, da beide Länder neben vielen ähnlich gelagerten Konstellationen auch einen Teil ihrer Grenze mit der Bundesrepublik Deutschland teilten. In der BRD selbst engagierten sich die tschechoslowakischen Geheimdienste nur selektiv, sie überliess diesen Raum gern dem MfS und dem KGB. Dennoch gab es auch hier Aktivitäten, sie galten vor allem den Exilanten aus der Tschechoslowakei, deren Organisationen, den Sudetendeutschen und all jenen Institutionen, die einen Bezug zur Tschechoslowakei aufwiesen.

Im Laufe der Zeit bildete sich bei der Zusammenarbeit der Sicherheitsdienste beider Länder ein formeller Rahmen heraus, der vor allem in Verträgen zwischen den Ministerien seinen Niederschlag fand. 1955 schlossen das tschechoslowakische Innenministerium und das Staatssekretariat für Staatssicherheit der DDR ein erstes Abkommen. In den folgenden Jahren wurde dieser Vertrag durch verschiedene Protokolle über die Zusammenarbeit zwischen den einzelnen Sicherheitsbereichen und durch operative Papiere ergänzt. Diese Pläne entstanden während Treffen der Abteilungsleiter und der stellvertretenden Minister und sind sehr konkret ausgestaltet worden. Vereinbart wurden beispielsweise Termine und Treffen der verantwortlichen Mitarbeiter sowie die Durchführung gemeinsamer Maßnahmen.

Zur Rekonstruktion der Entwicklung der bilateralen Beziehungen in diesem Bereich können relativ viele Archivalien befragt werden. Allerdings ergab die Recherche, dass viele wichtige Dokumente noch immer der Geheimhaltung unterliegen, weshalb das hier gezeichnete Bild der Zusammenarbeit nicht vollständig sein kann.

Im Unterschied zur Tschechoslowakei waren Sicherheitsfragen in der DDR praktisch stets unter zwei Ministerien aufgeteilt. Das Innenministerium war verantwortlich für die öffentliche Sicherheit und Verwaltungsfragen, dagegen verantwortete das am 8. Februar 1950 gegründete Ministerium für Staatssicherheit Auslandsaufklärung, Spionageabwehr sowie die Überwachung der eigenen Bevölkerung. Diese Strukturen existierten bis zur Auflösung der DDR. Eine solche Zweigleisigkeit bestand in der Tschechoslowakei nur für die kurze Zeit von 1950 bis 1953, als es ein eigenständiges Ministerium für Nationale Sicherheit gab.

Zum Verlauf der Zusammenarbeit

1. Erste Kontakte zwischen den Sicherheitsapparaten der DDR und der ČSR und die Entwicklung an der gemeinsamen Grenze

Anfangs galt die Aufmerksamkeit beider Seiten vor allem der gemeinsamen Staatsgrenze. Die ersten Kontakte zwischen den Angehörigen der Grenzsicherheitsdienste wurden spontan vereinbart und betrafen die Aufklärung kleiner Diebstähle, die Rückführung von verirrtem Vieh und illegale Grenzübertritte von Kleinschmugglern oder von Bürgern beider Staaten, die ihre Verwandten auf der anderen Seite besuchen wollten. Die ostdeutschen Funktionäre schlugen alsbald häufigere Treffen vor, um Informationen über kriminelle Vergehen systematisch auszutauschen zu können. Der Schriftweg erschien ihnen dazu zu langwierig. Sie verwiesen auch auf die Lage an der deutsch-polnischen Grenze, an der es häufig diesbezügliche Treffen gab, die effektivere Arbeit ermöglichen würden. Der Standpunkt des tschechoslowakischen Innenministeriums war nicht grundsätzlich ablehnend, es wollte nur sicherstellen, dass bei jedem solchen Treffen ein Mitglied der Staatssicherheit und der Sicherheitsreferent des betroffenen Landkreises anwesend waren. Von jedem Treffen sollte ein Protokoll angefertigt und dem Innenministerium zugestellt werden.

Seit Anfang 1950 liefen Verhandlungen darüber, wie der grenzüberschreitende Verkehr zwischen beiden Staaten einerseits so effizient wie möglich gestaltet und wie andererseits „Feinden" und anderen Personen, die die Grenze illegal übertreten wollten, der Grenzübertritt so schwierig wie möglich gemacht werden könne. Das erste von den Präsidenten der ČSR und der DDR ausgehandelte Grenzabkommen betraf folgerichtig den kleinen Grenzverkehr. Der vorläufige Entwurf für das Abkommen wurde vom Sekretariat des Ministers für Nationale Sicherheit ausgearbeitet. Nachdem auch die Überlegungen der Außenministerien beider Staaten eingearbeitet worden waren, trat das Abkommen in Kraft. Danach war der kleine Grenzverkehr auf einem Gebiet möglich, das bis zu fünfzehn Kilometer in das Landesinnere reichte. Nach den örtlichen Gegebenheiten konnte diese Entfernung auch variieren. Es gab zwei Arten von Passierscheinen, die von der SNB-Kreisleitung (nach vorheriger Zustimmung der ostdeutschen Organe) ausgegeben wurden: einmalige und ständige. Die Dauerpassierscheine hatten eine Gültigkeit von sechs Monaten, wurden nur Angestellten von Staats- und volkseigenen Betrieben für eine Arbeit auf der anderen Seite der Grenze ausgestellt und ermöglichten einen ununterbrochenen Aufenthalt im anderen Staat von höchstens sechs Tagen.

Blaue, einmalige Passierscheine wurden nur in dringenden und außerordentlichen Fällen ausgegeben, die jedoch im Abkommen nicht näher definiert waren. Sie ermöglichten einen Aufenthalt auf der anderen Seite der Grenze von bis zu drei Tagen. Die tschechoslowakische Seite versuchte mit der Ausgabe von Dauerdurchlassscheinen den chronischen Mangel von Arbeitskräften im Grenzgebiet zu lindern, der praktisch in allen Bereichen herrschte. So pendelten z. B. Arbeiter in die Textilfabriken nach Varnsdorf, in die Bergbaureviere um Teplice oder in die Musikinstrumentenfabriken in Kraslice. In vielen Fällen kehrten ausgesiedelte Deutsche auf diesem Weg auch an ihre ehemaligen Arbeitsstätten zurück.

Ein weiteres gemeinsames Problem, mit dem sich die Sicherheitsapparate beider Staaten von Beginn an befassten, war der Schutz der gemeinsamen Grenze. Die tschechoslowakische Seite schottete bald nach dem Umsturz im Februar 1948 ihre Grenzen zu Westdeutschland und Österreich ab. Daraufhin konzentrierten sich illegale Übertrittsversuche auf die Grenze zur DDR. Wer diese Grenze erfolgreich überwunden hatte, konnte nach Ostberlin fahren und dort über die Sektorengrenze nach Westberlin gelangen. Der bekannteste Fall dieser Grenzpassage von tschechoslowakischer Seite war die Flucht der Gebrüder Mašín und ihrer drei Freunde durch die DDR nach Westberlin im Herbst 1953. Von der ursprünglich fünfköpfigen Gruppe gelang drei Mitgliedern, der vielfachen Übermacht ihrer Verfolger aus den Reihen der ostdeutschen Volkspolizei, des MfS und sowjetischen Soldaten zu entkommen.

Mit der Zusammenarbeit an den Grenzen hing auch der Wunsch der tschechoslowakischen Seite nach Etablierung einer direkten telegrafischen und Funkverbindung zusammen. Bis dahin verlief die Kommunikation zwischen beiden Seiten nämlich äußerst kompliziert: Das Ministerium für Nationale Sicherheit musste die funktelegrafische Verbindung des Außenministeriums zur tschechoslowakischen Botschaft in Berlin nutzen, von der Nachrichten dann an die ostdeutsche Seite weitergeleitet wurden. Wichtige Dokumente wurden deshalb per Kurier in die Grenzgemeinde Hřensko geschickt, wo sie von einem MfS-Kurier entgegengenommen wurden.

Was die Integration der Sicherheitskräfte anbelangt, war die westliche Welt dem Ostblock voraus. Schon am 4. April 1949 entstand die NATO als militärisches Bündnis. Im Mai 1955 wurde die Bundesrepublik als Mitglied aufgenommen, die jetzt eine Armee aufbauen konnte. Die sowjetische Führung organisierte daraufhin im März 1955 das mutmaßlich erste multilaterale Treffen polnischer, ostdeutscher und tschechoslowakischer Sicherheitskräfte. Gemeinsam mit sowjetischen Tschekisten sollten die Zusammenarbeit vertieft sowie insbesondere die Erlangung und Weitergabe von Informationen aus den westlichen Ländern sowie Maßnahmen zu deren Destabilisierung beraten werden. Obwohl dieses Treffen zentrale Punkte der Zusammenarbeit zwischen den wichtigsten Ostblockländern definierte, wurde nichts zu den direkten Mechanismen zur Kooperation zwischen den einzelnen Ländern vereinbart. So wurde ein Treffen von Vertretern des MfS der DDR und des tschechoslowakischen Innenministeriums einberufen, in dem die konkrete Gestalt der bilateralen operativen Zusammenarbeit geklärt werden sollte. Dabei dürfte auch die tschechoslowakische Amnestie für Flüchtlinge vom 9. Mai 1955 eine Rolle gespielt haben, da befürchtet wurde, dass nicht wenige Nutznießer dieser Amnestie als Agenten westlicher Geheimdienste zurückkehren könnten.

Das maßgebliche Treffen hierzu fand am 6. und 7. Juli 1955 in Berlin statt, die Initiative dazu war von der DDR-Seite ausgegangen. Im Zentrum stand die Beratung der Zusammenarbeit auf den Gebieten Aufklärung und Spionageabwehr. Verabschiedet worden ist hier das erste Abkommen über eine Zusammenarbeit zwischen der ČSR und der DDR, das immerhin 22 Jahre lang Bestand haben sollte. Für die tschechoslowakische Seite verhandelten Innenminister Rudolf Barák und die Chefs der Aufklärung Jaroslav Miller sowie der Spionageabwehr Vladimír Matoušek. Die ostdeutsche Seite war ebenfalls auf höchster Ebene vertreten – Minister Ernst Wollweber, sein Vertreter und späterer Nachfolger Erich Mielke und der Chef der Auslandsspionage Markus Wolf sassen am Tisch. Zu den wichtigsten Ergebnissen des Treffens gehörte zweifellos die Verabredung zum gemeinsamen Vorgehen gegen „feindliche Spionagedienste", womit vornehmlich jene der USA, BRD, Frankreichs und Großbritanniens gemeint waren, sowie gegen tschechoslowakische Emigrantenorganisationen in Westeuropa und besonders der Bundesrepublik.

Die tschechoslowakische Seite wollte auch die geheimdienstlichen Möglichkeiten der MfS-Mitarbeiter für ihre Arbeit in den Flüchtlingslagern und in sudetendeutschen Organisationen einsetzen. Ein weiterer wichtiger Punkt war die vertraglich vereinbarte Übergabe von Informationen über Personen und Organisationen, für die sich die Partnerdienste interessierten. Hinzu kam die Regelung, alle verfügbaren Archivmaterialien mit Informationen von beiderseitigem Interesse auszutauschen. Eine für die tschechoslowakische Seite besonders wichtige vertragliche Vereinbarung war die Möglichkeit, DDR-Bürger und im ostdeutschen Staat lebende Personen zu kontaktieren und gegebenenfalls anzuwerben, freilich stets mit Wissen des MfS. Was „Maßnahmen gegen das Eindringen feindlicher Spione über die Staatsgrenze und für das Aussenden eigener Agenturen" betraf, wurde ein Informationsaustausch über die Lage an der gemeinsamen Grenze, die Unterrichtung der anderen Seite im Fall der Aussendung eines Agenten in den Westen oder seiner bevorstehenden Rückkehr vereinbart. Die ostdeutschen Organe versprachen zudem Hilfe bei der Beschaffung von Dokumenten und gefälschten Papieren für in den Westen gesandte tschechoslowakische Spione. Nach dem Abkommen gewährte die tschechoslowakische Seite eine ähnliche Hilfe für ostdeutsche Agenten. Mit dem Abkommen von Juli 1955 wurden zudem erstmals multilaterale Themen der Zusammenarbeit zwischen ostmitteleuropäischen Sicherheitsapparaten behandelt – zum einen die Koordinierung gegen die Ausstrahlung westlicher Rundfunksender und zum anderen die Zusammenarbeit bei der Entwicklung operativer Technik. Verbindungsstellen für die vereinbarte Zusammenarbeit waren die Abteilungen für internationale Beziehungen in den Zentralen beider Ministerien. In Berlin wurde eine operative Gruppe des Innenministeriums installiert, der ein konspiratives Gebäude zur Verfügung stand. Sollte wegen eines unaufschiebbaren operativen Falls die Notwendigkeit eines persönlichen Treffens an der Grenze entstehen, waren die Zustimmung des Leiters der StB-Bezirksverwaltung und die Unterrichtung der entsprechenden Ministerien notwendig.

2. Operative Gruppe „Redaktion"

Im Oktober 1955 fand ein Treffen zwischen Staatssekretär Erich Mielke und dem Leiter der II. Verwaltung, der Spionageabwehr, des tschechoslowakischen Innenministeriums Vladimír Matoušek statt, in dessen Verlauf die endgültige Gestalt der operativen Gruppe des tschechoslowakischen Innenministeriums in Berlin ausgehandelt wurde. Nach Zustimmung des Innenministers Rudolf Barák nahmen die Mitarbeiter der Spionageabwehr am 11. November 1956 ihre Arbeit in der Hauptstadt der DDR auf. Die Gruppe entstand, so halten die Unterlagen fest, „im Interesse der Errichtung eines Agentennetzes und zur Gewinnung von Erkenntnissen über die Tätigkeit ausländischer Geheimdienste". Neben diesen Aufgaben unterhielten die Mitglieder der „Redaktion", wie der Deckname der operativen Gruppe lautete, Kontakte zur Leitung des MfS, waren als Kuriere tätig, nahmen Personenüberprüfungen vor, ersuchten die ostdeutschen Organe um Überprüfung von Angaben in den dortigen Personenregistern und ähnlichen Materialien, fachten Geheimdienstspiele an, knüpften Kontakte und Beziehungen zur Gewinnung weiterer Agenten und – was sehr erstaunlich war, befanden sie sich doch auf dem Hoheitsgebiet eines anderen souveränen Staates – konnten selbst Verdächtige verhaften.

Die hauptamtlichen Mitarbeiter der „Redaktion" leiteten durchschnittlich zwanzig Informanten an. Ihre Tätigkeit ergab sich aus kurz- und langfristigen Arbeitsplänen, die in Zusammenarbeit mit den einzelnen Referaten der II. Verwaltung des Innenministeriums entstanden. In einigen Fällen arbeiteten die „Redakteure" auch mit der I. Verwaltung des Innenministeriums, der Aufklärung, zusammen. Bis 1963 war die II. Verwaltung für die Arbeit gegen den bundesdeutschen Geheimdienst BND verantwortlich, danach wurde neben ihm auch die dortige Spionageabwehr und das Bundesamt für Verfassungsschutz in die, wie es hieß, „ausschließliche Pflege" der tschechoslowakischen Aufklärung übernommen.

Anfangs arbeiteten die Berliner Mitarbeiter der II. Verwaltung unter dem Deckmantel der tschechoslowakischen Presseagentur ČTK, was wohl auch den Decknamen „Redaktion" bedingte. Ab 1963 wurden sie als Mitarbeiter eines nicht näher spezifizierten staatlichen Archivs legendiert. Zu Anfang ihrer Tätigkeit lebten sie getrennt von anderen Tschechoslowaken, die dienstlich in Ostberlin wohnten. Später zogen sie in die Diplomatensiedlung, wo sie mit ihren Familien in demselben Haus wohnten, in dem auch ihr Büro lag. Die personelle Zusammensetzung der Berliner „Redaktion" blieb lange konstant: zwei operative Mitarbeiter und eine Sekretärin, die auch die Gattin eines der zwei Mitarbeiter sein konnte. Ein Berliner Einsatz dauerte normalerweise zwei Jahre.

Ein Beispiel für die Tätigkeit der „Redaktion" war 1961 die Enttarnung einer Gruppe von DDR-Bürgern, die mit einem Flugzeug über die Staatsgrenze flüchten wollten. „Redakteure" beteiligten sich 1962 ebenso an der Aufdeckung von Wegen zur Beschaffung falscher Reisedokumente zur Flucht von DDR-Bürgern. Dank der Hilfe der „Redaktion" konnte das MfS 1967 im Zuge der Aktion „Gärtner" eine Schleuserorganisation liquidieren, die US-Agenten über die Grenze schmuggelte.

Die „Redaktion" war an diversen weiteren Aktionen des MfS beteiligt. Ein weiteres Beispiel ist das Vorgehen in Sachen des westdeutschen Bürgers Herbert Burkert, der Verwandte in Ostrava besuchen wollte. Hier bestand der Verdacht, dass er sich für militärische und Industrieanlagen interessieren würde, denn er unterhielt in der Bundesrepublik Kontakt mit Dr. Willi Jäger, einem Mitarbeiter der „Organisation Gehlen". Als vorbeugende Maßnahme wurde Burkerts Cousin in Ostrava angeworben, der die erbetenen Informationen auch an die tschechoslowakischen Behörden weitergab. Sie wiederum unterrichteten ihre ostdeutschen Kollegen, da ein Teil der weit verzweigten Familie in der DDR lebte.

Ähnlich abgestimmt ging „Redaktion" in der Aktion „Hamburg" vor, die im Oktober 1958 begann und bis Oktober 1960 andauerte. Sie konzentrierte sich auf die Besatzung tschechoslowakischer Binnenschiffe, die auf der Elbe nach Hamburg fuhren. Es sollte geprüft werden, ob unter dem Personal Emigrationsabsichten bestanden oder Agenten tätig waren.

Eine bemerkenswerte Aktion unter Beteiligung der „Redaktion" war auch die Maßnahme „Fahrdienstleiter". Sie begann 1959 und war gegen den BND gerichtet. Im Mittelpunkt stand Rudolf Mervart, ein Mitarbeiter des Bahnhofs Schirnding an der Grenze zu Cheb. Er arbeitete für den BND und erlangte von Mitarbeitern der tschechoslowakischen Staatsbahnen Informationen über die Verkehrssituation und zu militärischen Details in der ČSR. Mervart stammte aus Železná Ruda (früher Eisenstein) und war nach Ende des Zweiten Weltkriegs in die Bundesrepublik ausgesiedelt worden. Von Zeit zu Zeit besuchte er Verwandte, die in der DDR lebten. Die StB setzte jetzt mehrere Mitarbeiter auf ihn an, die ihm falsche Materialien übergaben, um so den BND in die Irre zu führen. Nach Verlegung eines Geheimdienstmitarbeiters nach Čierna nad Tisou, einem damaligen Bahngrenzübergang zur UdSSR – heute ist das ein Grenzbahnhof zum Übertritt aus der Slowakei in die Ukraine – beteiligten sich auch sowjetische Organe an dem konspirativen „Spiel" um Mervart, das immerhin bis 1970 andauerte.

Da die Tätigkeit der „Redaktion" zunächst in keinem Rechtsdokument verankert war, richtete sie sich nach Instruktionen aus Prag, gegebenenfalls auch nach Weisungen des MfS. Erst am 16. Januar 1963 entstand ein „Statut der Gruppe REDAKTION im demokratischen Berlin" in Form des Befehls Nr. 2/1963 des tschechoslowakischen Innenministers. Dieses Statut enthielt eine genaue Beschreibung der Kompetenzen und Pflichten der Mitarbeiter.

Nach dem Bau der Berliner Mauer im August 1961 verschlechterten sich die Möglichkeiten der „Redakteure" rapide. Eine weitere ungünstige Veränderung bedeutete für die Berliner Mitarbeiter die Tatsache, dass ab Juli 1964 die Leitung der bei der tschechoslowakischen Botschaft angesiedelten „Gruppe Verteidigung" vom Innenministerium der ČSSR übernommen wurde. So entstand de facto eine Dopplung, da die Aufgaben der „Redaktion" nach Ansicht der Leitung der II. Verwaltung des Innenministeriums übernommen werden konnten und die „Redaktion" somit überflüssig würde. Ein entsprechender Befehl des Innenministers wurde 1966 unter der Nummer 40 erlassen. Er hob den Befehl Nr. 2/1963 auf, die „Redaktion" wurde nun aufgelöst und die Mitarbeiter der tschechoslowakischen Spionageabwehr arbeiteten fortan unter einer anderen Deckung.

3. Die weitere Zusammenarbeit bis Anfang der sechziger Jahre

Ab Mitte der fünfziger Jahre war, wie soeben geschildert, die bilaterale Zusammenarbeit zwischen den Sicherheitsapparaten der ČSR und der DDR vertraglich verankert, nun ist die schrittweise Ausweitung in weitere Bereiche zu beobachten. Hinzu traten zudem Aufgaben, die nur multilateral gelöst werden konnten. Dazu zählte zum Beispiel das Problem eines abgestimmten gemeinsamen Funkabwehrdienstes. Bei der Verbreitung von Funksignalen kommt es aufgrund von topografischen oder atmosphärischen Umständen immer wieder zu Schwankungen, so dass beispielsweise die Sender von Agenten eines Staates auf seinem Gebiet zeitweise nicht zu empfangen sind, wohl aber im Nachbarstaat. Deshalb war hier eine enge Zusammenarbeit notwendig.

Am 22. März 1955 kamen in Prag aus diesem Grund Vertreter der Innenministerien der Tschechoslowakei, Polens, Ungarns, Rumäniens und Bulgariens zusammen, um eine Kooperation auf diesem Gebiet zu beraten. Themen waren die Vereinheitlichung und Entwicklung der technischen Anlagen, die Standorte für Richtfunkzentralen und die Vernetzung der interessierten Funkabwehrdienste. Im Herbst desselben Jahres fand ein weiteres multilaterales Treffen der befreundeten Sicherheitsapparate hierzu statt. Dieses Mal ging es um die organisatorische und technische Sicherstellung der Funkabwehr. Vom 20. bis 24. September 1955 berieten in Prag Vertreter der UdSSR, Albaniens, Bulgariens, Ungarns, Polens, Rumäniens, der Tschechoslowakei und auch der DDR erneut zu diesem Thema. Jetzt waren, auch das verdient Aufmerksamkeit, bei einem solchen Treffen Vertreter aller „volksdemokratischen Länder" anwesend. Wichtigstes Ergebnis waren die Bildung einer „Gruppe zur Koordinierung der Funkabwehrdienste für den gemeinsamen Kampf gegen feindliche Funkagenten" und die Abstimmung zu einheitlichen Plänen für die Funkabwehrarbeit der beteiligten Staaten.

Das vereinbarte Koordinierungszentrum hatte fortan seinen Sitz in Warschau, es plante hier die Tätigkeit von 43 Mitgliedern. Sein Hauptziel war die Vereinheitlichung der technischen Mittel für den Richtfunk, die Weiterentwicklung der Abhörtechnik sowie die schnelle Umsetzung wissenschaftlich-technischer Neuerungen auf diesem Gebiet.

Neben dem Funkabwehrdienst konzentrierte sich ab Mitte der fünfziger Jahre die multilaterale Zusammenarbeit auf eine effiziente Störung des Empfangs westlicher Rundfunksender östlich des Eisernen Vorhangs. Erste internationale Verhandlungen hierzu hatten bereits vom 2. bis 12. November 1950 stattgefunden, beteiligt waren damals jedoch nur Vertreter der Tschechoslowakei, Ungarns und Polens. Am Folgetreffen vom 1. bis 8. März 1955 in Warschau nahmen erstmals auch Vertreter der DDR teil. Mit den tschechoslowakischen und polnischen Delegierten kamen sie überein, dass eine möglichst breit angelegte Kooperation notwendig sei. Neben der eigentlichen Störung von Rundfunksendern wurden hier die Zusammenarbeit im Bereich der wissenschaftlich-technischen Entwicklung sowie ein Austausch der Dokumentationen zu den verwendeten Anlagen und Geräten vereinbart. Einigung wurde auch über die Standorte bzw. über Pläne zum Bau neuer Störsender erzielt.

Ein weiterer Vertrag, der zwar nicht aus der Feder des Innenministeriums stammte, jedoch die behandelte Problematik betraf, war der Vertrag zwischen der DDR und der ČSR über die rechtlichen Beziehungen in zivilrechtlichen, familienrechtlichen und strafrechtlichen Angelegenheiten vom 11. September 1956. Der Novellierung am 30. Juni 1957 wurde eine methodische Weisung des Leiters der Ermittlungsverwaltung beigelegt, in der der bestehende Mechanismus zur etwaigen Strafverfolgung eines Bürgers auch auf dem Gebiet eines Partnerstaates spezifiziert wurde. Nach diesen beiden Ministerialverträgen folgte erst 1965 eine Vereinbarung des Innenministers der ČSSR, Josef Kudrna, und des Ministers für Staatssicherheit der DDR, Erich Mielke, „… im Interesse der Vereinfachung und Beschleunigung der Rechtshilfe in Bezug auf die innere und äußere Sicherheit beider Staaten". Sie beschrieb die Einleitung eines Strafverfahrens gegen den Bürger eines Staates auf dem Gebiet des Partnerlandes bei Straftaten in der Zuständigkeit der staatlichen Sicherheit, ferner das Verfahren bei Ausweisungen sowie die Zusammenarbeit der Ermittlungsorgane beider Länder.

Zurück aber in die fünfziger Jahre. Im Oktober 1957 fanden in Moskau wichtige Verhandlungen zwischen Vertretern der sowjetischen Satellitenstaaten statt, die so genannten Moskauer Beratungen. Wichtigstes Ziel dieses Treffens war eine bessere Koordinierung der Zusammenarbeit, der Austausch von Erkenntnissen der einzelnen Dienste über den westdeutschen, amerikanischen und britischen Geheimdienst und der Schutz staatlicher und militärischer Geheimnisse. Für die tschechoslowakische und ostdeutsche Staatssicherheit ergab sich aus den Beratungen „… die Hauptaufgabe, (…) die Sicherheit beider Staaten nach innen und außen zu gewährleisten sowie den Frieden durch entschlossenen Kampf gegen die verschiedensten Spionagedienste und feindlichen Organisationen auf dem Gebiet der Bundesrepublik Deutschland und Westberlins, vor allem jedoch gegen den westdeutschen, amerikanischen und englischen Geheimdienst zu erhalten".

Die tschechoslowakischen Geheimdienste konzentrierten sich auf Personen und Objekte, die gegen die ČSR arbeiteten. Auf dem Gebiet der Bundesrepublik Deutschland und Westberlins waren die wichtigsten operativen Partner dabei das MfS und der KGB. Die Zusammenarbeit des MfS und des tschechoslowakischen Geheimdienstes war für das MfS auch deshalb besonders wichtig, weil die DDR bis Anfang der siebziger Jahre von westlichen Ländern nicht diplomatisch anerkannt war. Aus dem Grund konnten in diesen Ländern keine MfS-Stützpunkte unter dem Schutzmantel diplomatischer Vertretungen entstehen und die Tschechoslowaken führten, selbstverständlich nach Anfrage des MfS, einige Operationen für ihre Partnerorganisation aus.

Als Reaktion auf die Moskauer Beratungen fand vom 19. bis 22. März 1958 in Prag ein weiteres Treffen der Delegationen des ČSR-Innenministeriums und des MfS statt. Dabei sollte es um eine Verbesserung der operativen Zusammenarbeit beider Sicherheitsapparate im Sinne der Moskauer Beschlüsse von 1957 gehen. Daneben standen die Analyse „… der aus der Durchführung des Protokolls vom 7. Juli 1955 gewonnenen Erfahrungen, die Koordinierung des gemeinsamen Kampfes des Innenministeriums der ČSR und des MfS der DDR auf dem Gebiet der Kontrapropaganda gegen feindliche Spionagedienststellen auf dem Gebiet der Bundesrepublik Deutschland, der Erfahrungsaustausch in Fragen von Führung und Kontrolle der Arbeit beider Ministerialapparate und die Wirksamkeit der Parteiarbeit bei der Sicherstellung von Dienstaufgaben, eine weitere Vertiefung der Zusammenarbeit beider Ministerien und die Koordinierung der operativen Tätigkeit (z. B. operative Verbindungsaufträge, Bahn-, Wasser- und Flugverkehr, operative Technik)" im Zentrum. Am Treffen nahmen die zuständigen Minister und Leiter der Verwaltungen teil. An der Spitze der tschechoslowakischen Delegation stand Minister Rudolf Barák, gefolgt von seinem 1. Stellvertreter Josef Kudrna, dem Leiter der I. Verwaltung Jaroslav Miller, dem Leiter der II. Verwaltung Vladimír Matoušek und dem Funktionär des ZK der KPTsch František Krejča. Aus bisher ungeklärten Gründen nahm auch der Leiter der Bezirksverwaltung des Innenministeriums in Nitra (Slowakei), Eduard Pafčo, teil. Die ostdeutsche Delegation wurde geleitet von Minister Erich Mielke, der sich in Begleitung seines Stellvertreters Oberst Bruno Beater, ferner der Obersten Herbert Hentschke, Josef Kiefel und Willi Damm befand. Hier wurde festgestellt, dass der „… gemeinsame Kampf und die Gegenpropaganda beider Sicherheitsorgane gegen feindliche Spionagedienste und Organisationen, deren Tätigkeit gegen beide Staaten gerichtet ist, noch besser koordiniert werden" müsse. Beide Delegationen stimmten überein, dass die Zusammenarbeit gut sei und befriedigende Ergebnisse bei der Bekämpfung westlicher Agenten aufweise. Dank dieser Kooperation sei es auch gelungen, in einige Emigrantenorganisationen und Flüchtlingslager einzudringen – ein besonderes Anliegen der tschechoslowakischen Seite.

In der während dieses Treffens ausgehandelten Vereinbarung wurde neben den traditionellen Themen der Zusammenarbeit zum ersten Mal auch über den Kampf gegen die katholische Kirche, hier insbesondere im Blick auf den Vatikan, und andere konfessionelle Organisationen gesprochen. Diese Tätigkeit nahm in späteren Jahren an Intensität zu. Besondere Aufmerksamkeit richtete die Vereinbarung auf die Koor-

dinierung des Funkabwehrdienstes und die gemeinsame Bearbeitung von Funkagenten. Die Abwehrdienste beider Staaten erhielten eine neue Aufgabe: die Verfolgung verdächtiger Personen, die als Geschäftsreisende oder Touristen die Grenze
überquerten, sowie die Übergabe der ermittelten Erkenntnisse. Mit dieser Maßnahme
hing auch die „Stärkung der Tätigkeit der Abwehragenturen an den gemeinsamen
Staatsgrenzen" eng zusammen. In der Vereinbarung wurde erstmals auch die Praxis
fixiert, tschechoslowakische Bürger deutscher Nationalität nach Absprache mit dem
Innenministerium der ČSR bei Aktionen des MfS einzusetzen. Auf der Beratung wurde
auch über die ständige Aussendung von einem bis zwei operativen Mitarbeitern des
MfS in eine „offizielle Dienstfunktion nach Prag" gesprochen. Wahrscheinlich sind das
erste Belege des Gedankens zur Einrichtung einer Operativgruppe des MfS in der
Tschechoslowakei. Im Interesse einer besseren Zusammenarbeit wurde vereinbart,
dass künftig halbjährlich in Berlin und in Prag „operative Beratungen zu einzelnen
Fragen" stattfinden sollten. Der Verlauf der Verhandlungen selbst war offensichtlich
ziemlich kontrovers, denn im Bericht für den Innenminister ist davon die Rede, dass
die ostdeutschen Genossen das nur mäßige Niveau der tschechoslowakischen Geheimdienste bemängelt hätten und bei den Delegierten des tschechoslowakischen Innenministeriums „den Eindruck hervorriefen, dass die Vertreter des MfS der DDR zu uns
gekommen waren, um uns eine Linie vorzugeben und unsere Arbeit zu kritisieren".
Nach der tschechoslowakischen Version waren die fehlende Bereitschaft der Vertreter
des Innenministeriums der ČSR, ihr gesamtes Aufklärungsnetz aufzudecken und ihre
ausweichenden Angaben über die Zahl von Agenten in feindlichen Zentralen, in denen
auch MfS-Mitarbeiter tätig waren, auf das Missfallen der ostdeutschen Unterhändler
gestoßen. Die DDR-Vertreter legten dies als ein Zeichen der Unfähigkeit der tschechoslowakischen Sicherheitsdienste aus. Abschließend stellten beide Seiten jedoch „übereinstimmend fest", dass die Kooperation insgesamt zufriedenstellend verlaufe.

Im Herbst des gleichen Jahres fand in Prag ein weiteres Treffen von Vertretern der
Abwehrdienste beider Staaten statt. Sie tagten vom 14. bis 16. Oktober 1958 unter der
Leitung der Chefs der entsprechenden Verwaltungen – für das tschechoslowakische
Innenministerium war das Oberst Vladimír Matoušek, für das MfS Oberst Josef Kiefel.
Wichtigste Aufgaben dieser Gespräche waren die Konkretisierung einer Zusammenarbeit der Abwehrdienste, Konsultationen über die Methoden und Arbeitsverfahren
sowie ein Informationsaustausch über Standorte und Strukturen westlicher Geheimdienste. Im Verlauf dieser Zusammenkunft wurden gemeinsame Aktionen besprochen
sowie ihr bisheriger Verlauf ausgewertet und Folgemaßnahmen erörtert. Große Aufmerksamkeit widmeten beide Sicherheitsbehörden der Regensburger Dienststelle des
CIC, einer militärischen Geheimdiensteinheit der USA und Vorläufer des CIA. Neben
einem gemeinsamen Vorgehen gegen den CIC wurden auch Schritte für die geheim-
dienstliche Nutzung verschiedener Hotels und den Aufbau von Informationskanälen

an der tschechoslowakisch-ostdeutschen Grenze besprochen sowie Namen von Ziel-
personen an die andere Seite übergeben. Zudem wurden Informationen über laufende
Aktionen des tschechoslowakischen Innenministeriums bzw. des MfS gegen den westdeutschen Geheimdienst ausgetauscht. Zusammenfassend ist festzustellen, dass das
Oktobertreffen die Ergebnisse der Beratung vom März konkretisierte und die fortlaufende Kooperation festigte.

Wenig später kamen Vertreter des MfS nach Prag. Ihr Besuch erfolgte im Januar
1959, also nur drei Monate nach den Verhandlungen der Leiter der Verwaltungen für
die Spionageabwehr. „Die deutschen Genossen begannen die Verhandlungen damit,
dass sie keine angenehmen Sachen besprechen würden. Sie erklärten kurz, dass in ihrem
Apparat Mängel in der Zusammenarbeit mit den Organen des ČSR-Innenministeriums
besprochen wurden und dass Minister Mielke entschieden hätte, dass sie nach Prag
fahren und diese Mängel vortragen sollten." An der Spitze der tschechoslowakischen
Delegation standen der stellvertretende Innenminister Oberst Štefan Demjan und der
Leiter der II. Verwaltung des Innenministeriums, Oberst Vladimír Matoušek. Ihre deutschen Gegenüber waren der stellvertretende Minister für Staatssicherheit der DDR Bruno Beater sowie der Leiter der Hauptabteilung II, Oberst Kiefel. Den Tschechoslowaken
wurde vor allem die geringe Ernsthaftigkeit und mangelnde Erfahrung ihrer Agenten
vorgehalten sowie die Tatsache, dass „unsere [tschechoslowakischen] Ermittlungen
nicht in die Tiefe gehen und primitiv geführt werden". Als Beispiele führten die ostdeutschen Funktionäre fehlerhafte Verhaftungen, die unqualifizierte Leitung bearbeiteter
Personen oder voreilige öffentliche Darstellungen der erreichten Ergebnisse des Geheimdienstes an – zum Beispiel den Auftritt von Mitarbeitern auf Pressekonferenzen
ohne vorherige Absprache mit dem MfS, obwohl es sich im konkreten Fall um eine
gemeinsame Aktion gehandelt hatte.

Die Ostdeutschen kritisierten auch Bemühungen von Mitarbeitern der tschecho-
slowakischen Spionageabwehr, MfS-Agenten mit der Zusicherung höherer finanzieller
Vergütungen, besserer Arbeitsplätze und anderer Vorzüge abzuwerben. Daneben wurde den tschechoslowakischen Geheimdienstlern Dilettantismus bei der personellen
Besetzung von Aktionen vorgeworfen. So wurde beispielsweise zum Fahren eines
Spionagecontainerfahrzeuges eine Person eingesetzt, die diesen zu führen tatsächlich
nicht in der Lage war. Außerdem wurden auf dem Treffen auch konkrete gemeinsame
Aktionen besprochen, die misslungen waren. Ein willkommener Beitrag für die tschechoslowakischen Organe war sicherlich die Übergabe von namentlichen Verzeichnis-
sen von BND-Agenten, die von Westberlin aus gegen die ČSR arbeiteten. Das MfS
sicherte zu, über diese Personen auch weiterhin systematisch Informationen zu beschaffen. Im Gegenzug verlangte die ostdeutsche Spionageabwehr die Übergabe aller
Erkenntnisse zu DDR-Bürgern, die in der Zeit der deutschen Okkupation auf dem
Gebiet der ČSR gelebt hatten und entweder im Protektoratsregime aktiv oder Mitar-

beiter faschistischer Geheimdienste gewesen waren und deshalb BND-Agenten auf DDR-Gebiet sein könnten.

Ein interessantes und wenig bekanntes Kapitel in der Zusammenarbeit der tschechoslowakischen Staatssicherheit mit dem MfS betrifft Entführungen von Menschen, die praktisch über den gesamten Untersuchungszeitraum stattfanden. Wegen des hiermit stets verbundenen Risikos und der politischen Gefahren war es zwar keine Massenerscheinung, die Zahl der Opfer dieser Art der „Zusammenarbeit" beider Sicherheitsapparate dürfte jedoch in die Dutzende gehen. Eine Entführung unter Beteiligung des MfS verlief meist so, dass Mitarbeiter oder Agenten der tschechoslowakischen Staatssicherheit ein Opfer auf das Gebiet von Ostberlin zu locken versuchten, das bei der Rückreise in den Westsektor unter einem Vorwand von Volkspolizisten oder sowjetischen Soldaten festgehalten wurde. Nach dem Bau der Berliner Mauer war diese Art von Entführung jedoch unmöglich, weshalb alternative Strategien erarbeitet werden mussten. Offensichtlich gab es keine besondere schriftliche Vereinbarung über die Praxis der Entführungen, zumindest liefern die Akten keinen Hinweis darauf.

Ein Beispiel für eine Entführung, bei der das Opfer auf Ostberliner Gebiet gelockt und später in die Tschechoslowakei gebracht wurde, ist der Fall des jungen Westberliner Studenten Dieter Koniecki. Während eines Aufenthaltes in der Slowakei im Herbst 1959 hatte er zwei tschechoslowakische Bürger, einen Mann und eine Frau, zur Zusammenarbeit mit dem BRD-Geheimdienst geworben und ihnen gegen eine Vergütung zur Emigration verholfen. Die junge Frau war beim Grenzübertritt festgehalten worden. Bei den folgenden Verhören verriet sie ihre Verbindung zu Koniecki, woraufhin ein Plan der StB entstand, ihn vor einem tschechoslowakischen Gericht anzuklagen. Der springende Punkt war, ihn über die Sektorengrenze nach Ostberlin zu locken. Dies gelang im Januar 1961. Schon wegen des Datums war es die vielleicht letzte derartige Aktion. Dieter Koniecki wurde schließlich zu zehn Jahren Gefängnis verurteilt und nach Absitzen der Freiheitsstrafe aus der ČSSR ausgewiesen.

4. Die Kooperation beider Sicherheitsapparate in der ersten Hälfte der sechziger Jahre

Die Verhandlungen im Januar 1959 waren für längere Zeit das letzte Treffen hoher Sicherheitsfunktionäre beider Länder. Tschechoslowakische Bemühungen, 1960 eine dritte Beratung auf Ministerebene zu organisieren, blieben erfolglos. Ende März 1960 sollte zwar auf Initiative des KGB ein Treffen leitender Funktionäre der Sicherheitsapparate der befreundeten Länder stattfinden, bei dem der tschechoslowakische Minister Rudolf Barák auch seinem DDR-Kollegen Erich Mielke begegnen würde. Das Treffen fand jedoch erst vom 20. bis 25. Mai 1960 statt und Mielke war nicht anwesend, da genau in diesem Moment Nikita Chruschtschow in der DDR zu Besuch weilte.

Da Mielke fehlte, besprach die tschechoslowakische Delegation nicht alle geplanten Themen mit der DDR-Delegation, die offen gebliebenen Probleme sollten noch 1960 während eines nochmaligen Ministertreffens beraten werden. Die tschechoslowakische Seite übersandte im September 1960 einen Vorschlag für das Treffen, bei dem auch Vertreter Polens, Ungarns und der UdSSR anwesend sein sollten. Davon waren die ostdeutschen Kollegen offensichtlich überrascht, vor allem, weil es abweichend von der ursprünglichen Planung nun kein bi-, sondern ein multilaterales Treffen sein sollte. Die Antwort von Minister Mielke kam erst im Dezember 1960. Er reagierte nicht auf den Vorschlag eines multilateralen Treffens und schlug statt dessen eine nur zweiseitige Beratung „mit einem umfangreichen Programm" für den 15. Januar 1961 vor. Rudolf Barák wies daraufhin an, den Brief nicht zu beantworten, da er keine Reaktion auf den ursprünglichen tschechoslowakischen Vorschlag war.

Die folgende mehrjährige Unterbrechung der Treffen der höchsten Vertreter der Staatssicherheitsministerien beider Länder störte die normale, schon eingespielte Zusammenarbeit allerdings nicht. Deren steigende Bedeutung belegen auch folgende Zahlen: Im Jahr 1961 wurden 954 gegenseitige Ersuchen, Antworten und Informationen verzeichnet, ein Jahr später waren es bereits 1.098 Aktenzeichen. 1963 gab es zwar einen leichten Rückgang auf 969, schon im Folgejahr wurden jedoch 1.115 Einträge verzeichnet. Im Zeitraum vom 1. Januar bis zum 17. November 1965 wurden 1.068 Aktenzeichen zu Angelegenheiten der Staatssicherheit zwischen der ČSSR und der DDR angelegt, darunter 496 Ersuchen und Informationen des MfS an die StB. Aus der Tschechoslowakei gingen 572 Mitteilungen nach Ost-Berlin. Im selben Zeitraum fanden auf dem Gebiet der Tschechoslowakei 33 nicht näher spezifizierte operative Aktionen des MfS statt.

Treffen auf Arbeitsebene zu konkreten Projekten verliefen Anfang der sechziger Jahre noch immer nach der Vereinbarung von 1955. Zur Illustration dieser Kontakte soll auch hier die Übersicht für den Zeitraum vom 1. Januar bis 17. November 1965 dienen. Es fanden drei Treffen in der DDR statt: zur Funkabwehr im März, zur Ermittlung in staatssicherheitlichen Straftaten im Juni und zu den Funkverbindungen zwischen beiden Seiten im September. Auf tschechoslowakischem Gebiet fanden weitere zwei Arbeitstreffen statt, die sich mit Fragen der Chiffrierung und laufenden Ermittlungen beschäftigten.

Der direkte Kontakt zwischen dem Innenminister der Tschechoslowakei und dem Minister für Staatssicherheit der DDR blieb bis 1965 unterbrochen. Allerdings fand zwischenzeitlich ein Staatsbesuch auf höchster Regierungs- und Parteiebene statt, vom 14. bis 18. Mai 1962 trafen Antonin Novotný und Walter Ulbricht zusammentrafen. Neben dem Bau der Berliner Mauer und den damit zusammenhängenden Fragen wurden vor allem wirtschaftliche Schwierigkeiten und Probleme der Warschauer Paktstaaten besprochen. Die staatssicherheitliche Problematik stand, folgt man den dazu existierenden Protokollen, nicht zur Diskussion.

Ab Ende der fünfziger Jahre spielten technische Innovationen und der wissenschaftliche Fortschritt eine immer größere Rolle in allen Sicherheitsressorts. Beide Ministerien hatten in gemeinsame Vereinbarungen stets auch Klauseln über die Zusammenarbeit bei der Entwicklung von operativer Technik eingefügt. Wegen des Rückstandes gegenüber dem westlichen Lager gewann dieser Aspekt der Zusammenarbeit immer größeres Gewicht. Zur Kooperation zwischen beiden Sicherheitsapparaten zählten zweifellos auch der Austausch von „speziellem Material", das heisst von Waffen, Munition und anderen Geräten, die von den Apparaten der Staatssicherheit und den anderen bewaffneten Organen verwendet wurden. Ein Ziel der Kooperation war, innerhalb der internationalen Arbeitsteilung Leerlauf auszuschließen und Duplizität bei der Entwicklung und Produktion von Materialien und Komponenten zu vermeiden.

Die hier besonders aussagekräftige bilaterale „Vereinbarung über die Regelung gegenseitiger Lieferungen von speziellem Material" zwischen dem ČSR-Innenministerium und dem MfS der DDR stammt vom 12. März 1959. Sie enthält die voraussichtliche Entwicklung des gegenseitigen Austauschs für den Zeitraum zwischen 1960 und 1965, wobei die Zahlen jedes Jahr in einem Protokoll spezifiziert werden sollten. Dieses bilaterale System wurde noch wesentlich von der „Ständigen Kommission des RGW für die Zusammenarbeit im Bereich der Verteidigungsindustrie" beeinflusst. Die Tschechoslowakei lieferte im Vertragszeitraum das meiste Material an die NVA, namentlich Geschütz- und Panzermunition sowie Übungsflugzeuge. Aus der DDR kamen vor allem elektronische Anlagen wie Radarortungsgeräte, Funkempfänger oder Komponenten für operative Technik. Dieser Warenaustausch verlief auch in den Folgejahren erfolgreich. Ein Beispiel für Lieferungen aus der DDR für die tschechoslowakischen Sicherheitsbehörden sind die Lieferung einer Lochkartenmaschine sowie eines Wasserwerfers für die Polizei der ČSSR im Jahr 1962. Neben gegenseitigen Lieferungen von Fertigprodukten wurde auch die Kooperation bei Entwicklung und gemeinsamen Tests neuer Anlagen und Mittel der operativen Technik fortgesetzt.

Doch zurück zu den persönlichen Kontakten der höchsten Sicherheitsfunktionäre beider Staaten. Nach dem Besuch von Erich Mielke in Prag 1958 blieben mehrere Versuche erfolglos, auf höchster Ebene den Gesprächsfaden weiter zu knüpfen. Die folgende lange Unterbrechung hing offenkundig auch mit dem „Fall Barák" in der Tschechoslowakei selbst zusammen. Dabei handelte es sich um eine Serie von Ereignissen in Verbindung mit dem Minister, die bis zu seiner Verhaftung und Verurteilung im Jahr 1962 führten. Zweifellos wurde dadurch das Innenministerium erschüttert und erst mit der Stabilisierung nach der Übernahme des neuen Innenministers Lubomír Štrougal kam die Zeit für eine erneute direkte Kontaktaufnahme. Die Lage innerhalb des ostdeutschen MfS war während der gesamten Zeit stabil, Mielkes Position felsenfest, weshalb sich die lange Pause der persönlichen Treffen wohl am eindeutigsten durch die Umstände im tschechoslowakischen Innenministerium erklären lässt.

Ende Februar 1964 ersuchte Minister Mielke dringend um ein Treffen mit führenden Funktionären des tschechoslowakischen Innenministeriums mit der Begründung, dass er mit keinem anderen „befreundeten" Land so wenige Kontakte habe wie mit der Tschechoslowakei. Die ostdeutsche Seite schlug eine ganze Reihe von Verhandlungsthemen vor, angefangen von den gängigen staatssicherheitlichen Themen über die Beurteilung der bisherigen Kooperation bei Entwicklung und Produktion von Technik, die beide Länder verwendeten, bis zu Fragen des Reiseverkehrs zwischen beiden Staaten, der seit Beginn der sechziger Jahre Schritt für Schritt geöffnet wurde. Nicht ganz zufällig wirkten deshalb auf dem Gebiet der Tschechoslowakei ab 1971 operative Mitarbeiter der Hauptabteilung VI des MfS, die für die Absicherung des Tourismus, der Hotels und Passkontrollen sowie der Transitwege zuständig war. Als ihm einzig möglichen Termin schlug Mielke die Zeit vom 18. bis 25. März 1964 vor. Die tschechoslowakische Seite antwortete jedoch erst am 20. März und bat aus nicht angegebenen Gründen um eine Verschiebung auf einen späteren Zeitpunkt. Die ganze Terminschieberei könnte den Eindruck befestigen, dass keine Seite wirklich an einem Treffen interessiert war. Doch dürfte das nicht zutreffen, denn im Herbst 1964 lieferte die Spionageabwehrabteilung aus Berlin Informationen an das Innenministerium nach Prag darüber, dass sich Mielke wiederholt beschwert hätte, dass die „… ČSSR das einzige sozialistische Land sei, mit dem er in den letzten Jahren nicht verhandelt habe".

5. Stand der Zusammenarbeit zwischen den Staatssicherheiten der DDR und der ČSSR in der zweiten Hälfte der sechziger Jahre

Der direkte Kontakt zum DDR-Minister für Staatssicherheit wurde erst Anfang 1965 von Lubomír Štrougal wieder belebt, als dieser schon fast vier Jahre im Amt war. Mit einem chiffrierten Telegramm knüpfte er am 6. Februar 1965 an die frühere Initiative von Minister Mielke an und lud ihn zu bilateralen Gesprächen im März oder April 1965 nach Prag ein. Die zustimmende Antwort kam am 12. Februar aus Berlin. Mielke schlug darin die Zeit vom 5. bis 11. April 1965 in Berlin vor. Die Verhandlungen sollten die angestauten Probleme bezüglich der Zusammenarbeit der Sicherheitsdienste, Abwehrdienste und der Entwicklung und Produktion operativer Technik klären. Neben diesen wesentlichen Punkten sollte auch über Details des Austauschs von die BRD betreffenden Archivmaterialien sowie Erfahrungen aus staatssicherheitlichen Ermittlungen gesprochen werden. Ferner stand das Verfahren der Übergabe von Verdächtigen, die eine Straftat auf dem Gebiet des Partnerstaates begangen hatten, auf der Tagesordnung. Am 3. April 1965 meldete sich jedoch der stellvertretende Minister für Staatssicherheit Willi Damm telefonisch beim tschechoslowakischen Innenministerium mit der Information, dass das geplante Treffen abgesagt werden müsse. Grund sei eine Sitzung des westdeutschen Bundestages in Westberlin, die aus Sicht der ostdeutschen Kollegen eine Gefährdung der Stabilität der DDR bedeute. Gleichzeitig regte er ein Treffen zu einem beliebigen Zeitpunkt nach dem 17. Mai 1965 vor. Inzwischen wechselte jedoch in der ČSSR wieder der Innenminister – Lubomír Štrougal wurde von Josef Kudrna abgelöst.

Dieser traf sich letztendlich vom 22. bis 26. November 1965 mit Mielke in Berlin. Themen und Ziele der Verhandlungen entsprachen den früheren Vorgaben, neben den Ministern waren die Leiter der Abteilungen/Verwaltungen für Aufklärung, Spionageabwehr und operative Technik beider Staaten vertreten. Die tschechoslowakische Delegation kam in folgender Zusammensetzung: Minister Josef Kudrna, Leiter des Aufklärungsdienstes Josef Houska, Spionageabwehrchef Miroslav Košnar sowie Jan Bokr, Leiter der Verwaltung für operative Technik. Auf deutscher Seite wurden sie begrüßt von Erich Mielke und Markus Wolf, Leiter der Hauptverwaltung Aufklärung, dem Leiter der Spionageabwehr Bruno Beater sowie Günther Schmidt von der Abteilung für operative Technik. Das Treffen griff bis auf die Vereinbarungen von 1958 zurück und passte die damaligen Festlegungen den neuen Umständen an. Wiederum wurden die wichtigsten Punkte der Zusammenarbeit definiert – der gegenseitige Austausch von Informationen politischer, wirtschaftlicher und militärischer Art, insbesondere über „feindliche Spionagedienste und -organisationen", die Unterstützung und Mitwirkung bei der Durchführung operativer Aktionen, Kontrollen jener Bürger, die aus westlichen Ländern in die DDR oder ČSSR einreisten, fortgesetzter gegenseitiger Austausch von Materialien für die Tätigkeit der Geheimdienste und den Bedarf an Ergebnissen der wissenschaftlich-technischen Entwicklung beider Sicherheitsapparate. Wie schon erwähnt, nahm gerade der letzte Punkt in dieser Zeit an Bedeutung zu, da der technische Vorsprung des westlichen Gegners immer markanter wurde. In der Vereinbarung wurde auch über den Austausch von Erkenntnissen über die auf dem Gebiet der beiden Staaten wirkenden Kirchen und religiösen Sekten sowie über die gemeinsame operative Arbeit bei Messen in der ČSSR oder in der DDR gesprochen. Zur Ausbildung von Mitarbeitern der Sicherheitsdienste kamen die Vertreter der Ressorts überein, gegenseitig „Lehrfilme" auszutauschen.

Die Mechanismen der Zusammenarbeit der Sicherheitsapparate selbst kann man als im Kern bestätigt sehen: Es wurde konspirativ und unter Einbindung einer kleinstmöglichen Zahl von Mitarbeitern agiert. Gewöhnliche Kontakte wurden über die Abteilungen für internationale Zusammenarbeit bei den Ministerien oder über Mitarbeiter des ČSSR-Innenministeriums in Berlin direkt gehalten. Sofern ein Brief oder ein anderes Schriftstück verwendet werden sollte, musste es in wichtigen Fällen chiffriert oder versiegelt werden. Häufig gab es telefonische oder telegrafische Kontakte.

Die zweite Hälfte der sechziger Jahre stellte für die Tschechoslowakei eine Zeit der politischen und gesellschaftlichen Liberalisierung dar. Über die DDR jener Zeit kann

Erich Honecker zu Besuch in der Tschechoslowakei im November 1971.

gesagt werden, dass sich das dortige System nach dem Mauerbau zwar stabilisierte, das kurze kulturelle Tauwetter jedoch bereits 1965 wieder endete. Beide Länder hatten zusehends mit wirtschaftlichen Problemen zu kämpfen. Es sollte sich herausstellen, dass Wirtschaftsreformen ohne politische Veränderungen zum Scheitern verurteilt waren. Die tschechoslowakische Staatssicherheit lockerte daher scheinbar ihre bislang rigide ständige Kontrolle der Gesellschaft; einige Funktionäre wollten ihre Tätigkeit zumindest teilweise in eine Richtung lenken, die den üblichen Aufgaben von Geheimdiensten entsprach. Sie setzten sich unter anderem für eine Hinwendung zu äußeren Angelegenheiten, weg von den gegen die eigene Bevölkerung gerichteten Aktionen, ein. Es gab jedoch in der tschechoslowakischen Staatssicherheit auch Funktionäre an einflussreichen Stellen, die diesen Reformen überhaupt nicht zuneigten. Ihnen verdankte namentlich das MfS einen guten Überblick über die innere Lage in den Sicherheitskräften der ČSSR. Die „Hardliner" trugen Informationen nach außen, gaben ostdeutschen operativen Mitarbeitern Auskünfte über die Einstellungen einzelner Kollegen etc. Im Zusammenhang mit der ablehnenden Haltung der SED zur politischen Entwicklung in der Tschechoslowakei und nach Instruktionen aus Moskau verfolgte das MfS ab dem Frühjahr 1968 eigenständig Kontakte und Verbindungen westlicher Institutionen, Organisationen und Medien in die ČSSR.

Die Lage in der DDR im Bereich der Staatssicherheit war grundsätzlich umgekehrt. Das MfS lockerte seine Kontrolle der ostdeutschen Gesellschaft nicht. Im Gegenteil, die Entwicklung hin zum „Prager Frühling" in der Tschechoslowakei wurde mit großem Argwohn und Unwillen verfolgt und animierte, im eigenen Land umso aufmerksamer zu sein. Das MfS wertete die gesellschaftliche Lage in der ČSSR im Jahr 1968 denn auch als klassische Konterrevolution und befand sich damit selbstverständlich im Einklang mit der Parteiführung. Schnell war die Reaktion des MfS auf die Invasion der Armeen der Warschauer Paktstaaten in die ČSSR am 21. August 1968, und zwar nicht nur auf eigenem Staatsgebiet, sondern auch darüber hinaus. Schon am 27. August erließ Minister Mielke einen Befehl unter dem Decknamen „Sanierung" an zuständige Bereiche des MfS, um feindliche Äußerungen von ČSSR-Bürgern gegen die DDR, die übrigen sozialistischen Länder und ihre Politik zu erfassen. Aktionen hierzu waren für das Gebiet der DDR, der Bundesrepublik Deutschland, der Tschechoslowakei und in Westberlin vorgesehen. Die folgende Unterdrückung des „Prager Frühlings" zeigte auch ostdeutschen Reformern klar, wer im kritischen Moment der wahre Herr der Lage war und nahm ihnen die Illusionen über eine mögliche Transformation in Richtung eines demokratischen Sozialismus.

Aber zurück ins Jahr 1967, als es zwischen beiden Ländern wieder zu Kontakten auf oberster Regierungsebene kam. In diesem Jahr ist ein wichtiges Abkommen geschlossen worden – der Vertrag über Freundschaft, Zusammenarbeit und gegenseitigen Beistand zwischen der DDR und der ČSSR. Der Impuls zum Abschluss dieses Vertrags kam von Walter Ulbricht, der auch Polen einen ähnlichen Vorschlag gemacht hatte. Den Entwurf begründete er unter anderem damit, dass „… ein solcher Vertrag nach Versuchen regierender Kreise in der BRD, die sozialistischen Staaten durch eine differenzierende Politik gegeneinander zu stellen das gemeinsame Bestreben gegen die Wiedererrichtung von Imperialismus und Militarismus in der DDR dokumentieren, das System der bilateralen Freundschaftsverträge zwischen sozialistischen Staaten neben dem Warschauer Vertrag ergänzen und eine neue Stufe der Entwicklung in den freundschaftlichen Beziehungen zwischen der ČSSR und der DDR darstellen sowie auch eine gemeinsame Stellungnahme zu grundlegenden Fragen der Außenpolitik beider Staaten verankern würde." Das tschechoslowakische Außenministerium verwies zwar auf mögliche negative Reaktionen seitens westlicher Länder wegen der Formulierung der Beziehungen zur BRD, letztendlich siegte jedoch die Meinung der sowjetischen Vertreter in der ČSSR, das System bilateraler Verträge zwischen den sozialistischen Ländern sei durch diesen Vertrag zu ergänzen. Die diplomatischen Verhandlungen dauerten bis März 1967, am 17. des genannten Monats ist der Vertrag in Prag unterzeichnet worden.

Nach der Niederschlagung des „Prager Frühlings" ergaben sich auch für die Staatssicherheit einige Veränderungen. Aufgrund der Föderalisierung der ČSSR wurden etliche Strukturen des Sicherheitsapparats formell verändert. Für den Arbeitsalltag der tschechoslowakischen Sicherheitsdienste waren jedoch auch personelle Veränderungen von Bedeutung. Dabei wurden Funktionen und Machtpositionen mit konservativen Funktionären besetzt und Reformisten aus dem System entfernt. Die Zeit der Machtkämpfe in der Tschechoslowakei, und das gilt nicht nur für ihre Sicherheitsstrukturen, beeinträchtigte die internationale Zusammenarbeit, denn natürlich galten die tschechoslowakischen Geheimdienste in diesem Moment als instabil und unzuverlässig. Ihnen wurde vorgeworfen, im „Kampf für den Frieden" versagt zu haben. An dieser Kampagne beteiligte sich das MfS besonders stark. Es sollte mehrere Jahre dauern, bis die „befreundeten" Sicherheitsapparate neues Vertrauen zur tschechoslowakischen Staatssicherheit gefasst hatten und die durch den „Prager Frühling" unterbrochene Kooperation wieder aufgenommen wurde.

Fazit

In dieser Übersicht der bilateralen Kontakte von Sicherheitsapparaten zweier sozialistischer Länder ist gut zu sehen, wie beide nach anfänglicher Scheu schnell zu einer Zusammenarbeit fanden, um ihre totalitären Regime zu erhalten und auszubauen. Zweifellos waren die schweren Hypotheken der Vergangenheit und das Bestehen der Bundesrepublik Deutschland ein verbindendes Element, das die Kooperation beider Staatssicherheiten noch begünstigte. Tatsache ist, dass aus tschechoslowakischer Sicht gerade die Deutsche Demokratische Republik trotz vieler problematischer Gesichtspunkte von Anfang an der wichtigste Partner war, denn die Beziehung zu den sowjetischen Sicherheitsapparaten kann nicht als partnerschaftlich bezeichnet werden, eher ist hier von einem Verhältnis der Unterordnung unter Moskauer Wünsche und Befehle zu sprechen. Dabei ist jedoch nicht zu vergessen, dass die alltägliche Zusammenarbeit der tschechoslowakischen StB und des MfS der DDR trotz ihrer Effektivität nie ganz ohne Probleme verlief und zuweilen von Differenzen überschattet wurde.

Übersetzt von Andreas Weber

Verzeichnis der tschechischen und deutschen Ortsnamen

tschechische Bezeichnung	deutsche Bezeichnung
Alžbětín	Elisenthal
Aš	Asch
Bouřňák	Stürmer
Bratislava	Preßburg
Brno	Brünn
Broumov	Braunau
Bublava	Schwaderbach
České Budějovice	Budweis
Český Krumlov	Krumau
Cheb	Eger
Domažlice	Taus
Doubrava	Grün
Dubina	Eichenhof
Hamry	Hammern
Herlíkovice	Hackelsdorf
Horní Litvínov	Oberleutensdorf
Hradec Králové	Königgrätz
Hranice v Čechách	Rossbach
Hraničná	Markhausen
Jablonec nad Nisou	Gablonz
Jáchymov	St. Joachimsthal
Jílové u Děčína	Eulau
Jiříkov	Georgswalde
Jirkov	Görkau
Karlovy Vary	Karlsbad
Kašperské Hory	Bergreichenstein
Košice	Kaschau
Liberec	Reichenberg
Liščí farma	Fuchsfarm
Litoměřice	Leitmeritz
Litvínov	Oberleutensdorf
Mariánské Lázně	Marienbad
Maxov	Maxhof
Místek	Mistek
Mnichovice	Minichschlag

tschechische Bezeichnung	deutsche Bezeichnung
Nové Sedliště	Neu Zedlisch
Oldřichov	Ulrichsgrün
Olomouc	Olmütz
Opava	Troppau
Palič	Palitz
Pastviny	Friedersreuth
Petržalka	Engerau
Planá	Plan
Plzeň	Pilsen
Poběžovice	Ronsperg
Podhradí	Neuberg
Pomezí	Mühlbach
Protivínu	Protiwin
Spálenec	Brenntenberg
Strážný	Kuschwarda
Střední Fleky u Nýrska	Flecken bei Neuern
Sušice	Schüttenhofen
Tachov	Tachau
Trutnov	Trautenau
Ústí nad Labem	Aussig
Vejprty	Weipert
Varnsdorf	Warnsdorf
Volary	Wallern
Všeruby	Neumark
Zbiroh	Sbirow
Znojmo	Znaim
Železná Ruda	(Böhmisch) Eisenstein

Glossar der Abkürzungen

BND	Bundesnachrichtendienst der BRD
ČTK	Tschechoslowakische Presseagentur
HSTD	Hauptverwaltung für Presseaufsicht beim Innenministerium der ČSSR
HVA	Hauptverwaltung Aufklärung des Ministeriums für Staatssicherheit der DDR
IM	Informeller Mitarbeiter des Ministeriums für Staatssicherheit
KGB	Ministerium für Staatssicherheit in der UdSSR; Nachfolger des MGB
KPTsch	Kommunistische Partei der Tschechoslowakei
MGB	Ministerium für Staatssicherheit der UdSSR; Vorläufer des KGB
MfS	Ministerium für Staatssicherheit in der DDR
MNB	Ministerium für Nationale Sicherheit in der Tschechoslowakei
MTS	Maschinen- und Traktorenstation; Stützpunkt zur Ausleihe landwirtschaftlicher Technik in der Tschechoslowakei
NB	Nationale Sicherheit; Behörde des Beauftragten für Innere Sicherheit in der Tschechoslowakei unmittelbar nach 1945
NVÚ	Besserungseinrichtungen des Innenministeriums der Tschechoslowakei unmittelbar nach 1945
PVAP	Polnische Vereinigte Arbeiterpartei
PTP	Technische Hilfsbataillons; Militärarbeitseinheiten in der Tschechoslowakei
Rudé Právo	Rotes Recht; Zentralorgan der KPTsch und auflagenstärkste Tageszeitung in der Tschechoslowakei
SD	nationalsozialistischer deutscher Sicherheitsdienst
SMERSCH	Militärischer Abwehrdienst der UdSSR
SNB	Korps der Nationalen Sicherheit; Organ der Staatssicherheit in der Tschechoslowakei unmittelbar nach 1945
SNV	Korps der Besserungserziehung des Innenministeriums der Tschechoslowakei unmittelbar nach 1945
StB	Ministerium für Staatssicherheit in der Tschechoslowakei
SVS	Korps der uniformierten Gefängniswache in der Tschechoslowakei unmittelbar nach 1945
TNP	Zwangsarbeitslager in der Tschechoslowakei
UDV	Behörde zur Dokumentation und Ermittlung der Verbrechen des Kommunismus; gegründet in Tschechien in den neunziger Jahren
ÚNZ	Abteilung der Besserungseinrichtungen des Innenministeriums der Tschechoslowakei

UPS	Zentrale Publikationsverwaltung beim Innenministerium der ČSSR
UVAP	Ungarische Vereinigte Arbeiterpartei
VONS	Komitee zur Verteidigung unrechtmäßig Verfolgter; Menschenrechtsorganisation in der ČSSR
ZOB	Hauptverwaltung für Landessicherheit; Nachrichtendienst in der Tschechoslowakei unmittelbar nach 1945